FRÉDÉRIC MARCELIN

LA

POLITIQUE

ARTICLES DE JOURNAUX

DISCOURS A LA CHAMBRE

PARIS

JOSEPH KUGELMANN, ÉDITEUR

12, rue de la Grange-Batelière, 12

1887

LA POLITIQUE

FRÉDÉRIC MARCELIN

LA

POLITIQUE

ARTICLES DE JOURNAUX

DISCOURS A LA CHAMBRE

PARIS

JOSEPH KUGELMANN, ÉDITEUR

12, rue de la Grange-Batelière, 12

1887

Elu en janvier 1882 député de Port-au-Prince, je ne me suis pas présenté aux élections de 1887 pour des raisons qu'il est inutile de dire ici.

Du reste, personne ne songeait à moi... Je me trompe pourtant. Le doyen de la presse haïtienne, M. J.-J. Audain, avec cette brusquerie familière qui est un des signes de son tempérament, s'étonna de ne pas voir mon nom sur les listes. Je ne m'attendais pas, je l'avoue, à cette bienveillante intervention. Elle avait d'autant plus de poids pour moi que l'opinion du rédacteur en chef du *Peuple*, à part l'influence que lui donnent une grande situation et vingt années de services laborieux, était absolument spontanée, n'ayant été ni directement ni indirectement sollicitée.

Le volume que j'offre aujourd'hui au public contient une partie de mes articles publiés dans le journal *L'Œil* et quelques-uns de mes discours à la Chambre.

Je ne fais pas de commentaires, je ne discute pas, je ne cherche pas à expliquer mes actes.

Je laisse ce soin à ceux qui voudront me lire.

Un de nos meilleurs écrivains, et certes un de nos grands patriotes, le général F.-D. Légitime, écrivait il n'y a pas longtemps :

« Nous fallait-il, pour donner des garanties de notre attachement à l'ordre de choses actuel, descendre dans la rue le drapeau rouge à la main? Sincèrement, nous ne l'avons pas cru.

« Nous n'avions jamais été doctrinaire, ni homme de club ; nous n'avions jamais non plus entendu renoncer à notre indépendance, et jamais l'amour des honneurs n'étouffera chez nous la voix de la conscience. »

Je ferme ma préface sur ces lignes.

FRÉDÉRIC MARCELIN.

LA POLITIQUE

LA POLITIQUE

—

Personne ne l'ignore, dès le début, le Président Salomon a eu à lutter contre des difficultés d'un ordre spécial et qui, malheureusement, depuis un certain nombre d'années, semblent devoir enserrer chez nous tous les gouvernements nouveaux.

— Jusqu'ici, disons-le, tous ont plus ou moins succombé à ces difficultés dont nous parlons. — Les uns, comme celui de Domingue, ont été emportés par une convulsion populaire. Les autres, comme celui de Boisrond-Canal, arrêtés à chaque pas par ces obstacles insurmontables, ont traîné une vie languissante et débile. Finalement, ils se sont éteints dans le dégoût et la révolte.

Si tous ont fini de cette triste façon, c'est qu'ils avaient à lutter contre des embûches d'autant plus terribles qu'elles partaient de leurs amis, de leurs serviteurs, de ceux qui se croyaient des droits sur eux, qui prétendaient les avoir créés et mis au monde et qui, comme Saturne, ont dévoré leurs enfants.

Pour expliquer leurs chutes, il nous faudrait entrer dans certaines considérations qui gagneraient à être développées. Malheureusement le cadre de ce

1

journal ne le permet pas. Nous esquisserons rapidement quelques traits de cet étrange état social dont
ils ont été les victimes.

Les fréquentes révolutions qui ont agité Haïti ne
se sont pas produites, on le comprend, sans causer
de grandes perturbations morales. A côté des ruines
matérielles, il y a eu d'autres ruines, hélas ! plus
difficiles à relever que les premières. Quand une
altération morale s'est introduite chez un peuple,
combien ne faut-il pas de temps, de soucis et de
peines pour relever son âme atteinte ! Sous l'empire
de ces chocs successifs, nous sommes arrivés à des
principes singulièrement relâchés. — Aujourd'hui,
on peut dire de nos principes qu'ils se courbent à
volonté selon nos besoins, nos passions, nos caprices
du moment, comme ces règles de plomb dont se ser-
vaient les architectes dans l'antiquité.

Devant l'intrigue et la corruption, la vertu et le
mérite ne signifient pas grand'chose. A tous les degrés de l'échelle sociale, l'ambition, la soif de l'argent, toutes les passions qui s'élèvent chez un peuple
fréquemment agité par les guerres civiles, dominent.
Quand un gouvernement tombe sous le poids de ses
fautes, sous le poids des exigences auxquelles il n'a
pas su résister, nous nous hâtons d'accourir près de
celui qui l'a remplacé, les dents aiguisées par une
longue faim, comme des dogues à la curée. Chacun
de nous réclame sa part — la plus grosse. On n'a pas
le loisir d'attendre lentement, patiemment, qu'on
mette la main à l'œuvre, qu'on crée un édifice solide
qui garantisse à chacun la situation qu'il s'est

acquise. On est pressé. Tous, fonctionnaires, employés publics, commerçants, demandent qu'on se hâte, qu'on se dépêche de leur donner quelque chose. Ne voit-on pas l'orage qui se forme au loin ? — L'esprit plein de doute et d'inquiétude, tous interrogent fiévreusement l'horizon. Avec un peu moins d'empressement, un peu moins de fièvre, ils pourraient consolider ce gouvernement, le maintenir, l'affermir, Mais non, ils subissent l'esprit du temps, de ce temps qui a perdu le sens exact des mots, qui appelle la vertu une sottise, l'instruction, l'éducation des préjugés.

« Que nous parle-t-on de mérite, s'écrient-ils, Nous sommes tous capables ; tous les Haïtiens naissent capables, comme hier encore ils naissaient généraux. Qu'on nous donne des places ; qu'on nous nomme députés, ministres, trésoriers. Nous remplirons nos rôles tout aussi bien que d'autres. Ce ne sont pas les hommes qui font les places : ce sont les places qui font les hommes. Un ministre est un homme comme tout le monde tout le temps qu'il n'est pas au ministère. Le jour qu'il est nommé, il n'y a de changé à sa situation que les 500 piastres qu'il reçoit mensuellement. Et subitement il devient un grand citoyen, un homme capable. Qu'on nous donne des places lucratives, lucratives surtout, et nous aurons de l'étoffe, beaucoup d'étoffe. Mais qu'on se presse ; nous ne savons pas combien de temps cela durera. Et nous avons besoin de faire nos petites affaires. »

C'est ainsi que parlent ces gens-là, le front inquiet, l'œil fiévreux, interrogeant l'horizon. Ils éprouvent

toutes les angoisses de la crainte, toutes les détresses
que cause une débâcle prochaine. Et pourtant ils en
sont les principaux, les seuls auteurs. Leurs rangs
compacts élèvent, au profit de leurs intérêts, une véritable barrière entre le Chef et la Nation. C'est un
prisonnier, le prisonnier de leur convoitise, à qui ils
ne rendront la liberté que quand il aura satisfait à
leurs féroces appétits. C'est un assiégé à qui on ne
laissera un peu de repos que lorsqu'il aura livré la
caisse publique à ces vautours.

On comprend que cette hâte de jouir vite, sans délai, symptôme effrayant de la dépravation d'un peuple, nous attire bien des catastrophes. Quelques malheureux — et ils n'étaient pas les plus coupables —
périssent de temps en temps victimes des passions
populaires. Cela n'empêche pas leurs successeurs de
se conduire de la même façon. Les artisans de pani-
que, les fauteurs de chutes reviennent et trouvent le
même facile accès. Au nom de leurs prétendus services, ils réclament avec fracas places et argent. Devant ces ambitions brutales, sans mesure, sans conscience de leurs aptitudes, les honnêtes gens, les amis
même s'effacent, car alors il devient aussi dangereux
qu'inutile de rappeler de vrais services oubliés.

Est-il besoin de dire qu'avant longtemps les mêmes
causes ramènent les mêmes effets?

Le Président Salomon a eu à combattre ces difficultés. Il les surmontera victorieusement. Peu à peu,
parmi toutes ces intrigues malsaines, tous ces ambitieux sans vergogne, le tassement se fera. Il se fait.
Nous en avons pour garant la parole même du Pré-

sident. Dans ses entretiens du dimanche, véritable
modèle de bon sens et de sagesse politique, il a, plus
d'une fois, affirmé que le mérite serait sa boussole et
son guide.

Il extirpera, nous en avons l'espoir, cette fièvre
de jouissances, cet amour des places lucratives qui
semble être le signe distinctif de notre société. Pour
que son administration produise toute la somme de
bien que nous sommes en droit d'attendre d'elle, il
faut que tout le monde s'inspire de cette pensée que
son gouvernement doit et veut durer.

Le meilleur moyen de prouver qu'on en est pénétré,
c'est la patience et la modération.

(L'Œil, numéro du 7 février 1880.

LA POLITIQUE

I

Les Chambres ont été convoquées à l'extraordinaire pour le 16 février courant. On sait le motif de cette convocation. L'arrivée de M. C. Laforestrie, ministre des finances, et les plans dont il est, dit-on, porteur, ont obligé le gouvernement à prendre cette détermination qui coûtera à la caisse publique une cinquantaine de mille piastres si nos députés ne restent que deux mois en siège, un peu plus s'ils trouvent nécessaire de prendre un temps plus long pour mûrir leurs délibérations.

Nous ne connaissons pas le plan de M. Laforestrie. Nous attendons pour le discuter qu'il soit officiellement communiqué à la presse et au pays.

Mais il est un projet dont il est vaguement question dans le public et que nous avons vu — ce n'est pas la première fois — s'étaler dans un journal de la capitale. Ce projet a pour base le papier-monnaie. C'est ce projet que nous venons combattre avec tout notre patriotisme et aussi, qu'il nous soit permis de le dire, tout notre dévouement personnel au Présis dent de la République.

Chacun sait — il semble pourtant que quelques individus l'aient oublié — chacun sait ce que c'est que le papier-monnaie. Il florissait chez nous, il y a à peine quelques années, avec toutes ses hon-tes, toutes ses souillures, toutes ses crises. C'est une création politique, l'abus de la force brutale d'un pouvoir à bout de ressources, réduit aux abois. C'est un aveu d'impuissance, l'aveu qu'on n'a plus de crédit, qu'on a perdu la confiance nationale. Il ne repose sur rien ; il ne s'appuie sur rien. Mirabeau disait que c'était une orgie du despotisme en délire. En tout cas, c'est un chiffon, rien qu'un chiffon. Dans la langue populaire, ce chiffon signifie émission sans contrôle, dépréciation, contrefaçon. Ces trois phases sont invariables dans son histoire. Elles sont fatales, elles sont inéluctables. Le papier-monnaie n'étant que de la fausse monnaie émise par l'Etat, il est naturel qu'il engendre ces trois produits. Quel magicien pourrait intervertir les lois naturelles et empêcher que cela ne soit? C'est l'idée fausse que la monnaie n'est qu'un signe qui a conduit probable-ment au papier-monnaie. Si la monnaie n'est qu'un signe, s'est-on dit, qu'importe que ce signe soit en or ou en papier? Tâchons que sa fabrication nous coûte le meilleur marché possible. Plus nous en aurons, plus nous serons riches. Avec cette théorie, un jour arrive où tout le monde possède des signes et où les signes n'achètent plus rien. Personne n'en veut. Il est bien plus exact de dire, selon la définition d'un vulgarisateur, que la monnaie est l'*équivalent* de la richesse. Marchandise égale contre marchandise égale, telle est la loi de l'échange. Or, un chiffon n'est l'équivalent que d'un chiffon. Voilà la vérité.

II

. Avant tout, dans cette campagne que des personnes non autorisées, nous aimons à le croire, entreprennent en faveur du papier-monnaie, deux questions se présentent naturellement à l'esprit, questions importantes et qu'on aurait tort de négliger.

. Dans quelle mesure le pays accepterait-il le papier-monnaie? Dans quelle proportion la dépréciation serait-elle? .

Quand le pays s'est soumis à cette nécessité du retrait à 300, il pensait liquider définitivement sa perte, comme on procède vis-à-vis d'un débiteur douteux. Une émission de papier-monnaie ne ferait-elle pas songer à un second retrait? Ayant réglé une première fois vos affaires à 300, qui nous garantira que la même fantaisie ne vous prenne demain?

Le paysan à qui vous avez donné l'habitude de la piastre, l'habitude d'une valeur réelle, se résignera-t-il à accepter votre chiffon contre l'échange de ses produits? N'apportera-t-il pas sur nos marchés que juste ce qui lui est nécessaire pour ses achats hebdomadaires? Pourquoi ne ferait-il pas comme vous boutiquier, vous négociant qui vous dépêchez de convertir?

Le papier-monnaie peut donc être imposé : il ne sera pas accepté.

On comprend sans peine quelle effroyable dépréciation l'accueillerait dès la première émission.

Pour intéresser une certaine classe de citoyens et de commerçants à son sort — la classe des porteurs de titres sur l'Etat — ses partisans proclament qu'il doit être émis pour payer la dette intérieure. Or, voilà six millions de piastres — chiffre auquel s'élève cette dette — qui vont tout d'un coup tomber aux mains de quelques particuliers. Qu'en feront-ils? Vont-ils les garder pieusement dans leurs coffres pour attendre le jour où ils seront réduits à leur valeur naturelle? Cette question n'a pas besoin de réponse. Ces six millions offerts immédiatement au paysan pour ses denrées feront baisser votre papier à 50 0/0 au moins de sa valeur.

III

C'est peut-être le moment de dire un mot de ce dada qui depuis l'arrivée au pouvoir du Président Salomon trotte dans la tête de tous les créanciers de l'Etat. Ils veulent tous être payés immédiatement. Comme presque tout le monde est créancier de l'Etat, on comprend le bruit assourdissant qui se fait autour du chef. On lui répète de toutes parts que son gouvernement s'honorerait en payant la dette intérieure. C'est très beau de payer, mais encore faut-il le faire dans des conditions possibles et justes. On ne saurait décréter la mort de tout un peuple pour faire le bonheur de quelques individus. Que le Président, que son ministre y réfléchissent! Ceux qui soutiennent ce raisonnement sont les plus cruels ennemis du gouvernement. Ils veulent nous ramener à cette époque bienheureuse où un spéculateur politique, en possession d'une presse et de quelques rames de papier, n'était pas obligé de se demander en prenant les armes : « Où trouverons-nous de l'argent? » Ils veulent que l'histoire, qui est le souci constant des hommes de la capacité et de l'intelligence du Président, porte contre lui un jugement sévère et mérité. Ah! réfléchissez, amis imprudents, cet homme a été durant vingt ans la réserve précieuse de la patrie. Durant vingt ans nous avons cru en lui. Nous nous disions qu'il était le salut, qu'il était l'espérance. Eh bien! pensez-vous que ces vingt années de méditation, de travail solitaire viennent aboutir au papier-monnaie? Le dernier mot de la science, de l'expérience de cet homme serait cet expédient rejeté par tous les peuples. La voix la plus autorisée parmi nous ferait cet aveu désolant d'incapacité. Non, ce n'est pas possible, et de cette haute intelligence, nous en sommes persuadé, il sortira autre chose que... le papier-monnaie.

IV

Si encore une situation désespérée pouvait excuser l'emploi d'un tel moyen! Car, enfin, nous le demandons, pourquoi cette campagne en faveur du papier-monnaie? La crise que subit le pays n'est et ne peut être que passagère, si l'ordre et l'économie sont rétablis sérieusement dans nos finances. Il y a quelques jours, dans ces deux mots : *Pas de compensations*, le Président traçait tout un programme financier. On n'a qu'à tenir fermement la main à ce programme. Il n'y a rien qui pousse plus aux folles dépenses, qui absorbe davantage les revenus de l'État, qui crée un plus grand courant d'agio que les compensations. Avec ces mesures générales d'ordre et de régularité, pourquoi ne pas maintenir la caisse d'amortissement telle qu'elle a été instituée? En même temps, pourquoi ne pas s'entendre avec une société de crédit qui rachèterait à votre profit les obligations de ceux qui sont pressés de vendre? Non seulement l'État en retirerait de grands avantages, mais encore il agirait dans l'intérêt des porteurs, qui ne seront plus livrés pieds et poings liés aux accapareurs, lesquels se constituent souvent avec 10,000 piastres de capital créanciers de l'État pour des chiffres formidables.

Il ne faut pas non plus, quand il s'agit des intérêts généraux, se laisser dominer par la rancune politique. Certes, le retrait a été mal fait, nous l'avons dit ailleurs et nous le répétons. Mais est-ce le réparer que de nous ramener au point de départ? Tâchons plutôt d'améliorer la situation qu'on nous a laissée. La Caisse d'amortissement a été, il est vrai, créée par nos adversaires. Qu'importe! Ne les imitons pas quand, dans leur fol orgueil, ils eurent la prétention d'effacer de notre histoire les deux années de Do-

mingue, déclarèrent son gouvernement nul et non
avenu et répondirent, par la bouche d'un de leurs
fonctionnaires, à celui qui écrit ces lignes : « Vous
dites que vous avez été député du peuple sous Domingue. Taisez-vous. Il n'y a jamais eu de député,
il n'y a jamais eu de peuple, il n'y a jamais eu de
Domingue. Nous ne connaissons pas cela. Il y a eu
une interruption dans la vie sociale de ce pays pendant deux ans. Voilà la vérité historique. »

Ne les imitons pas. La Caisse d'amortissement
existe ; usons-en pour le plus grand bien de la nation.

(L'Œil, numéro du 14 février 1880.)

EMPRUNT DOMINGUE

———

I

Rare exemple de patriotisme et dont on doit les remercier : les Chambres convoquées pour le 16 février étaient en majorité le jour même ! Sans doute les devoirs importants qu'elles auront à remplir durant cette session extraordinaire — qui ira, avec un peu de bonne volonté, se fondre dans la session ordinaire — sont pour beaucoup dans cette exactitude à laquelle nos assemblées parlementaires ne nous ont pas habitués. Cette politesse des rois commencerait-elle à devenir chez nous la politesse des représentants du peuple ?

La première question que l'Exécutif soumettra à nos législateurs sera, dit-on, celle de l'Emprunt Domingue. En vérité, il est bien temps de finir avec cette éternelle question.

Nous avons eu, il y a de cela cinq ans, la folle idée de contracter un emprunt à l'étranger. Nous l'avons contracté. Mais soit ignorance de ces sortes d'affaires, soit complicité, soit défaut de surveillance, pas un sou n'est entré dans les caisses de la République. Ce fut une coûteuse fantaisie, et ce fut tout. Le pays se réveilla un jour avec une dette de plusieurs millions sans savoir comment ni pourquoi. On lui présenta, comme s'il était tombé dans une de ces tavernes mal famées où piller le prochain est le seul et unique commandement de Dieu, une carte à payer fantastique. Se sentant l'estomac vide et creux, il protesta que ce n'était pas lui qui avait mangé et qu'il ne payerait pas. Ceux qui parlèrent pour lui en cette occasion eurent grand tort. Dans la vie, il arrive souvent de payer un dîner qu'on n'a pas mangé.

Or, l'emprunt avait été émis par la République. La République n'en avait pas joui, il est vrai. Elle n'était pas moins obligée de payer. Ce qui arrive aujourd'hui où, après des discours sans fin, quinze ou vingt volumes imprimés, des commissions parlementaires permanentes, une décision législative solennelle, après plusieurs centaines de mille piastres gaspillées en dépenses inutiles pour éclairer, élucider, débrouiller l'éternelle question, éternelle question qui se pose de nouveau devant le pays et devant les Chambres; ce qui arrive aujourd'hui prouve bien que nous aurions dû commencer par reconnaître la dette. Du premier mode de règlement qu'avons-nous recueilli? Un peu plus de discrédit. Notre façon de faire, on le comprend, ne pouvait convenir aux intéressés.— Une des règles essentielles de la justice, une des bases fondamentales de la morale était violée. Certes, ce n'est pas seulement nous qui ne

payons pas nos dettes. Nous partageons ce triste
honneur avec maints peuples du globe. Mais le curieux raisonnement que nous avons tenu à la chute
de Domingue souleva contre nous une légitime indignation. Nous avons dit aux porteurs de titres :
« Ce gouvernement avec qui vous avez contracté,
une décision législative vient de le déclarer nul et
non avenu. Nos députés ont prouvé dans de longs
discours que vous auriez bien fait de lire, ne serait-
ce que pour y puiser des consolations, qu'il avait
violé la loi constitutionnelle, qu'il était donc illégal.
Comme rien d'illégal ne peut exister dans notre
pays, il n'a donc pas existé. S'il n'a pas existé, il n'a
pas pu légalement contracter avec vous. Et s'il n'a
pas pu légalement contracter avec vous, nous ne
vous devons légalement rien. »

Ce langage ne fut pas du goût de tout le monde, et
on trouva généralement en Europe que pour des fils
de l'Afrique nous étions un peu trop Grecs.

On protesta donc contre l'arrangement arbitraire
que nos Chambres votèrent.

II

Il y a dans Beaumarchais un mot charmant.....
pour les débiteurs : « J'aime mieux devoir toute ma
vie que de nier ma dette un seul instant. » Beaucoup
d'Etats professent cette maxime et s'en trouvent,
paraît-il, fort bien. De temps en temps, pour prouver
à leurs créanciers qu'ils ne nient pas leurs dettes ni
ne les oublient, ils font un nouvel emprunt. Et ce

qui démontre que Beaumarchais avait raison, ils trouvent toujours des souscripteurs. « Nous vous devons 50 millions, disent-ils, prêtez-nous-en 50 encore. Cela fera 100 millions Nous aimons les chiffres ronds. Nous payerons le tout ensemble. »

Ces Etats payent ainsi..... en une promesse indéfinie de payer. C'est la seule monnaie qu'ils connaissent.

Nos hommes politiques de l'époque auraient pu choisir ce moyen. On le leur avait même proposé. Mais leur tempérament — et non pas leur vertu comme on pourrait peut-être le croire — ne pouvait l'admettre. Ils avaient répudié Domingue ; ils répudièrent l'emprunt.

Mais la réaction ne devait pas tarder. Elle arriva sous Boisrond-Canal même. Le gouvernement prêta l'oreille à certaines propositions qui lui furent faites au nom des actionnaires, Une convention fut conclue par l'entremise du comte de Rochechouart, ministre de France, entre le gouvernement de la République et les représentants du Crédit général français, mandataires des souscripteurs. Cette convention, librement consentie entre les parties, reconnaissait l'emprunt à 375 francs.

Si de tristes et regrettables événements n'étaient survenus dans l'intervalle, nul doute que cette convention votée par les Chambres n'eût réglé définitivement la question.

En tout cas, voilà aujourd'hui la position du débat. Nous sommes en présence de la convention Rochechouart, acceptée par les représentants du Crédit

général français, mandataires des porteurs. Elle reconnaît, nous l'avons dit, l'emprunt à 375 francs.
Faut-il la ratifier purement et simplement ? Faut-
il, au nom de la justice et de la morale, au nom de
notre crédit futur, faire un pas en avant et reconnaître à 500 francs ?

III

Une note qui affecte certaine allure officielle a paru
la semaine dernière dans un journal de la capitale.
Cette note déclare que le seul contrat sérieux qui
existe actuellement entre l'Etat et le souscripteur
est celui de Domingue.

Mais de quelle annuité déjà consacrée au service
de la dette veut-elle parler? De quelle meilleure
distribution de la somme allouée aux porteurs? Est-ce
de l'annuité consacrée par Domingue? Est-ce de la
somme allouée par lui? Si le seul contrat sérieux
qui existe est celui de Domingue, c'est donc l'annuité,
c'est la somme allouée par son gouvernement dont
vous demandez le vote. Or, ce n'est pas seulement
le *principe* de la dette — puisque vous avez établi
cette distinction — que vous proposerez de reconnaître. C'est la dette elle-même.

Que faut-il entendre par *donner au souscripteur*
toute la satisfaction que nos ressources nous permet-
tent de lui donner sans que nos charges en soient aug-
mentées? Ce n'est pas assurément une satisfaction.....
morale comme celle de Beaumarchais que vous
comptez lui offrir. Qu'est-ce donc?

Les gens bien informés répondent que les Chambres voteront la reconnaissance de l'emprunt à 500 francs. Voilà la satisfaction donnée au souscripteur.

Le ministre promettra *de faire son possible* pour obtenir une réduction d'intérêts. Voilà pour l'augmentation de nos charges. Des calculs — nous ne les avons pas vérifiés — démontrent, affirme-t-on, que la convention Rochechouart est exactement la même chose que l'emprunt à 500 francs, à intérêt réduit à 5 0/0, taux que le ministre espère obtenir, sans s'engager pourtant, et *après le vote du principe.* S'il en est ainsi, nous ne voyons pas en quoi votre projet est plus moral que l'autre. Pour être logique, il faudrait reconnaître l'emprunt tel qu'il a été émis avec toutes ses clauses. Est-ce possible?

Vous nous parlez de l'assemblée générale des actionnaires..... Ah! le bon billet qu'a la Châtre! Cette assemblée générale — oui générale — tiendrait aisément dans une chambre de deux pieds carrés. S'ils sont dix porteurs de titres, c'est tout juste. On sait que les quelques Français qui s'étaient fourrés dans cette galère ont vendu leurs titres immédiatement après la répudiation partielle décrétée par les Chambres. En réalité, aujourd'hui les titres émis se trouvent aux mains d'une douzaine d'individus, de spéculateurs qui connaissent bien Haïti, qui ont fait des affaires avec elle, qui en font journellement et qui savent que c'est toujours une excellente spéculation que d'acheter son papier quand personne n'en veut, parce que, en définitive, malgré ses protestations, elle finit toujours par payer. Les uns possè-

dent 1,800,000 francs, les autres 2,000,000. Il y en a
qui en ont plus. Tous ces titres ont été achetés à
80 fr., 90 fr. au plus. Quelques négociants parisiens ont
aussi quelques millions en main, mais ce sont des
individus en affaires avec Haïti qui les leur ont donnés en règlement de comptes véreux. Voilà quelle
est votre assemblée générale des actionnaires. Vous
voyez que le petit rentier, toujours digne de pitié,
ne figure pas là-dedans. Il a depuis longtemps vendu
ses titres, et son opinion est faite sur votre compte.
Notre dette extérieure, de même que notre dette intérieure, est centralisée entre les mains de quelques
individus qui l'ont eue à 90 0/0 d'escompte.

IV

Mais, objecte-t-on, comment pouvons-nous songer à créer une Banque ici, si au préalable nous ne
faisons pas une réparation éclatante aux principes
que nous avons foulés aux pieds ? — Est-on bien sûr
que la reconnaissance de l'Emprunt nous réhabilite?
Ah ! le doute est permis..... Le crédit est une chose
très délicate, et quand une fois il a reçu quelque
atteinte, il est bien difficile de le rétablir dans son in-
tégrité. Voyez-vous, c'est comme dans votre magasin. Un monsieur entre, fait un bordereau, prend la
marchandise et s'en va. Le jour où vous envoyez
chercher votre argent, il fait des difficultés, chicane
sur les prix et finalement réclame une réduction.
Si demain il lui prenait, à ce même monsieur, fantaisie de vous payer, et qu'il manifestât l'intention

d'ouvrir un nouveau crédit, quelle confiance auriez-vous en lui?

Au surplus, est-il bien exact de dire que la moindre hésitation relative à la reconnaissance de l'Emprunt peut faire manquer la Banque d'émission et de circulation que l'on projette de fonder? Nous pensions que dans la Banque, telle que la rêvent les vrais patriotes, les amis du pays, il y aurait un intérêt, un dédommagement à accorder à l'Etat pour le droit d'émission octroyé à cette Banque, pour le privilège qu'elle ne manquerait pas de réclamer. N'insistons pas sur ce point qui fera l'objet d'une étude spéciale.

En résumé, nous croyons que les Chambres agiront sagement en votant la convention Rochechouart. Il faut savoir ce que l'on vote. Et le moindre inconvénient de la proposition que nous venons d'analyser est de manquer de cette base essentielle. La convention Rochechouart a été librement débattue entre les parties et finalement acceptée. Il ne lui manquait que la sanction législative. Donnons-la-lui. Mais qu'elle soit loyalement observée et qu'on la dégage surtout de tous les bruits, nous voulons bien croire calomnieux, qui marquèrent son origine. Les Chambres feront bien de la voter sans enthousiasme, comme un devoir pénible à remplir. Messieurs les porteurs qui n'attendaient que ce moment pour vendre célèbreront leur patriotisme et leur vertu. Elles accepteront, sans doute, ces compliments avec modestie. Une réflexion pour finir.

Hier, nous avons renié l'Emprunt; aujourd'hui

nous voulons le reconnaître. Que deviendrait le crédit d'un particulier qui agirait de la sorte? Ce qu'est devenu le nôtre. Et dire que ce résultat était prévu, qu'on avait dit aux maîtres du jour qu'ils n'avaient pas le droit de décider aussi autocratiquement, qu'en agissant ainsi, ils compromettaient les intérêts de toute une nation. Ils s'en souciaient bien. Ils assistent présentement au néant de leur œuvre..... Et c'est nous qui supportons le poids de leurs folies et de leurs passions !

(L'*Œil*, numéro du 21 février 1880.)

BAL DU COMMERCE

Dans les premiers jours de 1881, le commerce de Port-au-Prince offrit une fête au général Salomon. Comme président du tribunal de commerce, je prononçai le discours suivant :

« Président,

« Je n'ai pas besoin de vous dire le sentiment de profonde affection qui anime le commerce de la capitale en offrant cette fête au premier magistrat de la République. Je préfère prier Votre Excellence de jeter les yeux autour d'elle. Cette brillante société qui vous entoure, ces citoyens distingués, les premiers de leur profession, ces honorables commerçants que leur long séjour dans le pays a faits en quelque sorte citoyens d'Haïti, ce paisible contentement qui règne sur les visages, tout enfin témoigne que c'est bien plutôt une fête de famille qu'un banquet officiel où les sentiments du cœur ne sont rien, où l'apparat et la politique sont tout.

« En effet, Président, en vous le commerce fête le symbole de la paix nécessaire à son développement.

En vous il fête le gage de la sécurité indispensable à
ses relations. Les succès de votre gouvernement sont
donc intimement liés au succès de notre fortune individuelle. Et, à ce titre, nous sommes tous ici des
collaborateurs, des collaborateurs prêchant l'ordre,
le travail, la paix, partout où notre voix peut être
écoutée, partout où notre influence peut s'exercer.

« C'est là le rôle du commerce dans le monde entier : sa nature et son essence l'obligent à être conservateur. C'est la condition première de son existence.

« Toutefois, vous le savez, dans les pays souvent
agités par les révolutions, on n'est pas impunément
conservateur. Il n'est pas toujours sans danger d'aimer la paix, le travail et l'ordre. Certains individus
trouvent parfois étrange qu'on ait d'autres goûts
qu'eux. Et n'est-ce pas à cet esprit de puérile jalou-
sie et de mesquines persécutions qu'il faut attribuer,
à d'autres époques heureusement éloignées de nous,
ce vertige qui a fait voir des ennemis là où, en réalité, sont les amis les plus sûrs, les plus dévoués
et les plus fidèles ?

« Aujourd'hui, grâce à l'esprit éclairé de Votre
Excellence, ces équivoques disparaîtront, ces malentendus ne pourront plus renaître. Dès vos premiers
pas vous avez fait sentir que nous étions vos alliés
naturels dans l'œuvre que vous méditez d'accomplir
pour le bonheur commun... Qui plus que le commerce est appelé à profiter des divers bienfaits que
vous rêvez pour la patrie? Qui plus que le commerce
doit recueillir le fruit d'une bonne administration,

de l'économie devenue la règle de nos hommes d'Etat, de l'établissement d'institutions de crédit multipliant la fortune publique?

« Pour une semblable tâche, notre concours vous est assuré et nous ne vous marchanderons pas l'éloge. Déjà, et après quelques mois d'administration, l'estime publique, qui reconnaît en vous un homme viril et croyant, vous a témoigné toute sa reconnaissance.

« Mais au premier rang des mérites qui vous ont acquis cette estime publique, précurseur souvent du jugement de la postérité, il est une qualité qui vous est personnelle et qui rehausse singulièrement votre gouvernement. J'ai nommé la modération. La modération! cette vertu qui élève, soutient et grandit les chefs d'Etat. La modération, indispensable dans un pays où il y a tant à guérir, tant à pardonner!

« De votre long séjour chez un grand peuple vous avez rapporté et conservé cette fleur charmante qui, hélas! s'étiole si aisément chez nous.

« Oui, je le sais, les responsabilités du pouvoir sont bien lourdes. Mais quand on peut, dans l'accomplissement du devoir, allier aux sévérités de la loi les égards dus à la créature humaine égarée..., eh bien, je l'affirme, vos ennemis, loin de vous causer le moindre tort, consolident votre autorité et vous dressent un piédestal!

« Que cette vertu des gouvernements forts marche à vos côtés, Président. Il n'y a que les forts qui peuvent être modérés ; il n'y a que les forts qui peuvent pardonner, car aucune considération de faiblesse ou

de peur ne leur fait du salut public une loi suprême.
Et, si vous avez beaucoup souffert, c'était sans
doute pour que vous eussiez beaucoup à pardonner,
aujourd'hui que vous avez la puissance et la force !

« L'année, Président, vient de finir... Voyez avec
quelle joie dans cette ville, naguère frappée de si
amères douleurs et où les jours de fête semblaient
tout pleins de deuil et de tristesse, voyez avec quelle
joie le peuple a salué l'aurore nouvelle !

« N'est-ce pas un fait significatif et dont vous devez vous glorifier ? Oui, les cœurs de vos concitoyens,
si longtemps fermés aux douces affections, se sont
ouverts à la joie, au bonheur. L'espérance, que les
discordes civiles avaient chassée, est revenue parmi
nous. Elle plane dans un ciel serein et dans les cris
de joie de ce peuple, nous l'avons vue étendant ses
ailes d'or et de pourpre sur le toit du riche aussi bien
que sur celui du pauvre !

« Le commerce de la capitale, en offrant cette fête
à Votre Excellence, a voulu célébrer cette manifestation de la joie nationale. Certes, il eût pu, avec
plus de temps, préparer une réception plus imposante, plus digne de vous et de lui, mais la signification qu'il a voulu attacher à cette réunion lui aurait échappé.

« Au nom du commerce, je vous prie, Président,
d'accepter cette fête comme nous l'avons conçue :
comme un élan spontané de nos cœurs.

« Messieurs, nous allons boire à Son Excellence
le Président de la République. Nous allons boire à
l'homme profondément humain, profondément pa-

triote que le pays a à sa tête. Tous, nous allons nous unir dans une même pensée, dans une même espérance, et pendant un instant nos âmes, dans une communion idéale, vont vivre de la même vie et palpiter du même souffle !

« Messieurs,

« Au Président Salomon ! A l'hôte distingué que le commerce reçoit ! A celui à qui nous promettons notre concours loyal et sincère pour tout le bien qu'il voudra faire ! »

(L'*Œil*, numéro du 15 janvier 1881.)

LE 14 JUILLET

Il y a quatre-vingt-douze ans une vieille forte-resse tombait sous l'effort d'une foule héroïque.....

Ses murs de quarante pieds d'épaisseur, sa garni-son de soldats aguerris étaient impuissants à la défen-dre. Elle dominait pourtant Paris de son ombre, et bien des générations s'étaient succédé qui avaient pleuré, sans les attendrir, sous ses tours silencieuses. Les penseurs de tous les pays, les cœurs généreux du monde entier, successivement, avaient maudit cet amas colossal de pierres qui semblait peser sur la poitrine, non pas seulement d'un peuple, mais de toute l'humanité. Son nom dans toutes les langues signifiait tyrannie et despotisme. Elle était l'image du bon plaisir, de la volonté arbitraire et person-nelle, du caprice hautain disant du haut de la forte-resse imprenable : Vois comme je suis fort et viens mourir à mes pieds d'impuissance et de rage !

Elle était aussi l'oubli, le silence, la tombe. Un des libérés de ce jour glorieux et qui avait peine à

regarder le soleil demandait des nouvelles de
Louis XV.

Oui, ceux qui l'avait construite, la vieille forte-
resse, avaient pris leurs précautions. Aucun bruit
n'en sortait. Le peuple savait bien qu'on mourait là
froidement, lentement ; mais aucun râle n'arrivait
au dehors. Il n'en haïssait que davantage cette tombe
muette. Cette force créatrice que Dieu lui a dépar-
tie, avec laquelle il déifie les objets de son amour ou
flétrit à jamais ceux de sa haine, il l'avait employée
contre la Bastille.

Dans son esprit, la Bastille n'était plus une prison
comme une autre ; ce n'était plus la matière inani-
mée et impeccable d'un donjon d'Etat.

La Bastille vivait ; elle était un symbole. Remon-
tant plus loin que son origine, elle personnifiait tous
les excès de la monarchie, de son enfance à sa vieillesse. Elle n'était pas tel crime spécial ; elle n'était
pas tel acte déterminé d'oppression et de tyrannie :
elle était le crime, elle était l'oppression, elle était la
tyrannie.

Aussi l'ouvrier du faubourg, sortant à peine de la
nuit séculaire qui avait pesé sur la France, la sa-
luait-il le matin en se rendant à l'ouvrage d'un regard plein d'une sombre haine.

Le soir, la besogne faite, regagnant son misérable
foyer, il la voyait encore dans l'obscurité qui des-
cendait sur la ville. Elle semblait narguer de sa masse
brutale les rêves nouveaux de liberté et de bonheur
qui commençaient à l'agiter. Elle écrasait ce malheureux perdu à ses pieds. Elle était une menace

étendue sur sa tête, menace du géant au nain, où il entre plus de pitié et de dédaigneux mépris que de colère.

Entre elle et lui, c'était un duel. Il sentait qu'il ne serait jamais un homme tant que cette vieille prison, négation de tous les droits, ouvrirait sur Paris tremblant et muet son large rictus de canons et de pierres.

Ne lui disait-elle pas chaque fois qu'il levait les yeux sur elle : « Moi vivante, jamais tu ne vaincras. Je suis le fétiche de la royauté. Je tiens captive dans mes murs la pensée universelle. Ton âme, l'âme de la patrie que tu cherches et que tu ne trouves pas, c'est moi qui les garde. La monarchie me les a confiées. Viens les prendre, si tu l'oses. »

L'ouvrier osa. Le 14 juillet 1789, il eut cette foi qui soulève les montagnes Et cela est littéralement vrai. Dans un élan de délire prophétique et guerrier, et comme si un souffle invisible l'inspirait, il prit la Bastille, détruisit le fétiche et rendit à la liberté la pensée universelle, l'âme humaine, prisonnières depuis tant de siècles ! Dès ce jour, le charme fut rompu et le monde respira librement le 14 juillet 1789.

*

A dix-huit cents lieues de France, par delà les mers, il existait une Bastille, autrement sombre, autrement cruelle, autrement sanglante que celle de la métropole. Quatre cent cinquante mille captifs y étaient enchaînés. Ils mouraient dans les tortures et

dans le désespoir. Jamais on ne vit prison plus
effroyable ; jamais on n'en vit d'aussi vaste.

Les cris, les gémissements, les sanglots montaient
chaque jour vers le ciel. Mais le ciel était fermé et
sourd à ces malheureux. Vainement tendaient-ils
leurs mains vers lui..... Rien ne leur répondait. Jamais une larme de pitié n'avait été versée sur
leurs infortunes. Et tous les jours se levaient semblables au jour précédent : tortures, supplices et
cruauté. Pas de répit dans la souffrance, pas de las-
situde dans la main toujours levée des bourreaux.
Au sein d'une nature splendide, sous un ciel de poé-
sie et de rêves, quand tout autour d'eux invitait au
bonheur et à l'ivresse de la vie, eux seuls étaient
condamnés à souhaiter la mort. Ce pays où ils souf-
fraient si cruellement n'était pas le leur. Volés sur
les côtes de l'Afrique, on les avait transportés
dans ce bagne pour travailler quand les autres jouis-
saient, pour gémir quand les autres s'enivraient,
jusqu'à en mourir, d'une existence de débauches et
de luxure. Quand, obéissant à la nature, ils tentaient
de s'évader, on les pendait, on leur coupait le poi-
gnet, les oreilles, on les marquait d'une lettre ignoble
à la face. Le bruit de leurs supplices se confondait
chaque jour avec celui des orgies de leurs maîtres.
Et il y avait si longtemps que cela durait, si longtemps que Dieu, qui semblait complice de ces atroci-
tés, les regardait d'un œil impassible, qu'on pouvait
croire que les captifs, soumis à leur sort, avaient
cessé de l'implorer pour leur délivrance. Dans aucun
temps, il n'y eut en ce monde opprimés plus misé-

rables, et l'imagination seule du poète de Florence, qui créa un enfer pour les tyrans de sa patrie, pourrait nous dire ce que fut l'enfer colonial.

Ainsi les captifs mouraient de cette vie barbare et sans issue, laissant à leurs enfants leurs chaînes pour tout héritage.....

Soudain un cri a traversé les mers : « La Bastille est prise ! » Voyez ces quatre cent cinquante mille créatures humaines courbées dans l'oppression et la nuit relever lentement leurs fronts vers la lumière. Ici, comme là-bas, le charme qui les tenait captifs est brisé. Vincent Ogé regarde bien en face ceux qu'on ne regardait qu'en tremblant et leur dit :

« La liberté, le premier des biens, est faite pour tous les hommes et on doit la donner à tous les hommes ! »

Le long sommeil dans lequel dormaient ces malheureux se dissipe. La pensée se réveille chez eux peu à peu. Un jour elle éclate, et ses éclairs brûlent le sol comme pour le purifier de toutes les souillures, de tous les crimes dont il fut témoin. C'est un incendie grandiose, c'est un volcan splendide aux clartés duquel le monde terrifié, comme dans une apothéose, a vu tomber la Bastille coloniale !

*

Jour glorieux, tu nous appartiens au même titre qu'à la France ! Nous pouvons te célébrer ensemble avec le grand peuple dont tu symbolises depuis deux ans le retour à la liberté et à la République ! Tu es la vraie date de notre émancipation ; c'est toi qui nous a mis l'étincelle au cœur. Chacun des coups que tu portais à la vieille prison des rois démolissait là-bas, édifiait ici la future patrie des Africains déshérités ! Nous sommes les fils de la grande Révolution ; nous sommes un de ses glorieux triomphes. Ce n'est pas elle qui a été vaincue à Saint-Domingue. Ce ne sont pas les principes d'égalité, de fraternité, de liberté qu'elle proclamait et qui ont fait naître un monde nouveau à la place de celui qu'elle détruisait, ce ne sont pas ces principes qui ont succombé dans les luttes de notre indépendance. Les vaincus de Saint-Domingue, ce sont les colons, traîtres à leur pays et qui le vendirent aux Anglais ; c'est l'empire, traître à la République et parjure à la liberté. Ceux-là, nous les avons battus et chassés, et notre victoire est fille de la victoire populaire du 14 juillet 1789.

Oui, l'ouvrier français qui versait son sang sur les remparts de la Bastille ne combattait pas pour lui seul. Il combattait aussi pour ses misérables frères les nègres de Saint-Domingue. Il combattait aussi, lui le pauvre, l'infime, lui qui la veille encore n'avait rien et qui le lendemain pouvait faire au monde ce cadeau magnifique de la liberté universelle, il combattait aussi pour l'humanité tout entière.

Oh ! la voilà la vraie puissance de la France ! C'est par le cœur surtout qu'elle est vraiment grande. Aucun de ses émules de gloire ne peut lui disputer cet empire des cœurs où elle règne sans partage. Nul peuple, dans aucun temps, n'a montré cette passion, cet amour qui franchit les bornes étroites d'une frontière et s'étend sur tous les hommes. Nul n'a eu moins d'égoïsme et de détachement des intérêts personnels, et c'est ce beau privilège, cette puissance admirable d'expansion et d'amour qui la rend l'idole de l'univers. Y a-t-il lieu de s'en étonner ? Pour être aimé, il faut savoir aimer, et aucun peuple ne le sait comme la France.

C'est pourquoi le 14 juillet 1789 l'humanité communie avec elle dans un même sentiment de reconnaissance et de fraternité. Car ce jour-là, ce ne sont pas seulement les chaînes du peuple français qui ont été brisées. Sous toutes les latitudes, celles de tous les malheureux qui souffrent, qui implorent, qui ont faim, qui ont soif par le fait de l'arbitraire et du despotisme, ont été secouées si violemment que les oppresseurs ont douté que leur règne fût éternel. Ce jour-là, la France a proclamé l'évangile nouveau, cet évangile dont le triomphe est lent, mais certain, malgré les obstacles, malgré les éclipses fréquentes du droit et de la raison. Ce jour-là l'homme a cessé de marcher sans guide, à l'aventure. Il a vu le but à atteindre, le but vers lequel une force invisible le pousse. Désormais il sait où il va, et les tyrans ne sont plus seuls à avoir ce privilège.

Depuis cette date mémorable, il n'y a plus d'opprimés, il n'y a plus de vaincus dont l'oppression, dont la défaite soit sans appel. Tous espèrent et sont en droit d'espérer le jour du relèvement. Les victimes de l'arbitraire, ceux sur qui pèsent la violence, les souffrants et les misérables en quelque lieu qu'ils

soient, ceux qui ne verront peut-être plus la lumière
du jour, les désespérés de Sibérie, ceux-là le 14 juillet, quelle que soit la profondeur de leurs cachots, y
voient descendre un rayon de soleil, de ce soleil qui
réchaufferait les morts. Ah ! si toutes les Bastilles ne
sont pas tombées, du moins elles sont toutes ébran-
lées. L'homme sait qu'elles sont vulnérables, et c'est
là le grand bienfait de la Révolution française. Béni
soit donc le jour glorieux qui a ramené la vie, qui a
ramené l'espérance dans l'existence humaine !

L'Œil, numéro du 16 juillet 1881.)

LA POLITIQUE

———

Dans quelques mois, les élections générales pour le renouvellement de la Chambre des députés auront lieu dans toute la République.

Dès à présent, il convient d'envisager cet acte important avec tout le sérieux qu'il comporte. Il ne faut pas que les hommes intelligents et patriotes que le parti national compte dans son sein se désintéressent de la lutte électorale. A tous les points de vue, cela serait du plus fâcheux effet.

Une Chambre rétrograde et systématiquement opposante créerait, et sous les plus frivoles prétextes, des obstacles à la bonne marche des affaires. Une Chambre ignorante ou indifférente aux intérêts de la patrie serait un danger non moins grand. Sans programme, obéissant aux passions et aux caprices privés des petites ambitions déçues, elle ne donnerait pas une idée bien favorable de la valeur politique d'un ministère qui, appelé non pas sans doute à diriger les élections, mais à les faire incliner vers l'intelligence et la capacité, laisserait se faire, avec ou sans sa participation, une sorte de Chambre introuvable.

Non, la Chambre des députés en 1882 doit en quelque sorte résumer, autant qu'il se pourra, tout ce que le grand parti national possède d'hommes

convaincus et honorables ! La période d'agitation, de
développement laborieux est heureusement passée.
Celle des consolidations, des triomphes définitifs est
ouverte. Pour cette œuvre-là, il faut des citoyens
dont l'intelligence soit éprouvée, dont surtout la
conduite politique ne prête à aucunes ambages
à aucune équivoque ! Il faut des citoyens qui ont
en eux-mêmes une force, une puissance morale,
et non des citoyens qui, dépourvus de toute force
et de toute puissance, pensent que celles dont dispose le pouvoir peuvent suppléer à tout ce qui
leur manque !

Journalistes, hommes d'Etat, gouvernement, tous,
dans la prochaine campagne, nous avons de grands
devoirs à remplir, si sincèrement nous aimons notre
pays, si sincèrement nous désirons son relèvement
par une administration honnête et éclairée !

L'Œil ne faillira pas à la tâche. Il patronnera énergiquement ceux qui, selon lui, posséderont les mérites qu'il vient d'énumérer. Puisse chacun s'inspirer, comme lui, de ces grands devoirs ! Puisse chacun
se pénétrer de l'importance qu'il y a pour le pays à
envoyer à la députation nationale des hommes
loyaux et sincères, franchement attachés à l'ordre de
choses établi, des hommes qui se dévoueront non
seulement pour conserver au pouvoir la gloire d'a-
voir rétabli la paix publique, mais qui l'aideront encore dans tout ce qu'il entreprendra pour le bien
de la patrie, pour son développement moral et matériel !

(L'Œil, numéro du 27 août 1881.)

QUESTION SOCIALE

Il a été abordé la semaine dernière dans les colonnes de ce journal une question d'une haute importance, celle de la contrainte par corps en matière commerciale.

L'*Œil* manquerait à sa mission s'il n'appelait sur ce sujet l'attention de tous ceux qui ont souci de notre avancement social. Il se trouvera, sans doute, dans les Chambres quelques cœurs généreux qui n'hésiteront pas à demander que ce triste héritage des temps barbares cesse de souiller plus longtemps notre législation.

Ces cœurs généreux tiendront à honneur de mettre nos lois au niveau de celles de tous les pays civilisés. L'abolition de la contrainte par corps en matière commerciale est une de ces réformes urgentes que l'esprit éclairé du siècle dans lequel nous vivons réclame impérieusement,

Nous ne saurions plus longtemps refuser de donner satisfaction à l'humanité. Nous ne pouvons plu-être seuls à avoir le triste monopole d'être des rétrogrades quand tout marche vers des idées de charité et de fraternité, quand partout dans le monde les destinées de l'homme s'élargissent sous l'effort du sentiment de la solidarité humaine.

Cette défroque du passé jure dans l'harmonie de nos lois modernes. Elle fait l'effet d'un de ces carcans hérissés de pointes que de temps en temps nous rencontrons dans les cavernes de nos forêts et qui témoignent de la façon toute paternelle avec laquelle les maîtres traitaient jadis leurs esclaves.

Le Concordat a trouvé un député assez indépendant pour l'attaquer et le vaincre. Nous pensons qu'un des *leaders* de la Chambre ne manquera pas de s'attacher ce renom impérissable de contribuer à l'abolition de la contrainte par corps en matière commerciale.

Nous ne voulons pas établir de différence ni de comparaison dans les services rendus à la cause de l'humanité. Quand il s'agit de justice et de vérité, tous les services se valent. Il n'y a pas de catégories là où l'on combat le mensonge et l'erreur. Mais comment ne pas envier le mortel assez favorisé du sort qui portera le premier la main sur ce redoutable débris des âges primitifs?

En vérité, en votant une loi semblable, jamais législature au terme de sa carrière ne prendrait congé du peuple d'une façon plus imposante.

Le dernier acte de sa vie politique, à défaut de tant d'autres qui attestent hautement du sincère amour du bien public dont elle a toujours été animé, suf-

firait à lui seul pour lui mériter l'estime et la reconnaissance de ses concitoyens !

**

Nous n'avons pas besoin de remonter jusqu'à l'antiquité la plus reculée pour établir les origines de la
contrainte par corps. L'érudition pédantesque n'est
pas le fait de ce journal. Tout le monde sait, du
reste, que la contrainte par corps a de tout temps
existé.

Cruelle et barbare aux premières époques de l'histoire, elle se transforme peu à peu sous l'influence
d'une civilisation plus avancée.

Chaque fois que l'idée morale s'agrandit, chaque
fois que les devoirs de l'homme envers l'homme se
définissent plus nettement, ce moyen de coaction
dépouille peu à peu son caractère sauvage et grossier. Finalement, nous l'avons vu disparaître de la
civilisation de tous les peuples. Depuis cette époque,
il ne nous semble pas que la mauvaise foi se soit
développée davantage dans le monde. Et en serait-il
ainsi que rien ne nous prouverait que la contrainte
par corps ait assez d'efficacité pour remédier au
mal ?

On prétend que retirer ce moyen au créancier,
c'est enlever au commerce toute sécurité. L'expérience faite dans les autres pays a démontré le contraire.

Il y a ici des gens qui ont la fâcheuse habitude,
quand on leur parle d'une réforme quelconque, de

répondre doctoralement que le pays n'est pas assez mûr... Nous espérons que, pour cette fois, on nous fera grâce de ce raisonnement spécieux, car dire que nous ne sommes pas mûrs pour l'abolition de la contrainte par corps en matière commerciale, c'est dire que nous sommes trop mûrs dans le vice... C'est ce qui expliquerait pourquoi la contrainte par corps n'est pas abolie en Haïti quand elle l'est partout ailleurs. Eh bien ! cela n'est pas vrai.

La tenue morale de ce peuple est aussi bonne ici que chez les nations les plus policées. L'idée du devoir et de l'honneur y est aussi nette, aussi précise que chez les autres peuples. Et même, puisqu'il est prouvé que plus les peuples sont vieux plus ils sont vicieux, nous avons peut-être le droit, en vertu de notre jeunesse, de nous croire plus honnêtes que les populations séculaires de l'Europe !

Contentons-nous d'être aussi moraux pour le moins que ces Etats vieillis dans le luxe et les mauvaises passions que le luxe entraîne à sa suite, et hâtons-nous de faire disparaître de nos lois ce brevet immérité d'immoralité que nous nous décernons à nous-mêmes.

Au reste, et c'est là une chose sur laquelle il est bon d'appeler l'attention, le créancier au profit duquel un jugement avec contrainte par corps est rendu hésite parfois à en faire usage. C'est qu'on sent que si on a la loi pour soi, on n'a plus le droit. Malgré l'affirmation des hommes, la conscience objecte et murmure. De là l'hésitation.

Disons en passant un mot de cette affreuse plaisanterie à laquelle donne lieu la contrainte par corps. Nous voulons parler de la *recommandation*. *Recommandé!!* N'est-ce pas là une amère dérision? Combien de ces *recommandés* se passeraient volontiers d'une telle *recommandation*?

Allons! il est bien temps de faire disparaître de nos codes toutes ces choses surannées. Le mot *recommandé* nous choque particulièrement. C'est de l'esprit à trop bon marché sur le dos d'un infortuné.

*

Vous avez lu le *Marchand de Venise* de Shaskespeare? Shylock a le droit, si ses trois mille ducats ne sont pas payés au jour de l'échéance, de couper une livre de chair sur le corps de son débiteur.

La loi haïtienne est plus dure que Shylock. Elle prend tout le *corps* du débiteur pour un, deux ou trois ans. Hélas! pourtant, combien de gens voudraient, au prix d'une livre de chair, surtout ceux qui ont un excédent d'embonpoint, acquitter ainsi leurs dettes!

L'abolition de la contraite par corps en matière commerciale est une des faces du grand problème social. Tout citoyen ayant conscience de la dignité de son être doit faire en sorte que ce problème soit résolu dans le sens des progrès du siècle.

Sur qui pèse cette mesure inique et rétrograde? Sur les pauvres, les infimes, les souffrants, sur ceux qui n'ont plus que leur peau à offrir à leur créancier. Elle pèse sur le peuple, sur le peuple miséra-

ble, malheureux, ayant peine à faire le pain quotidien. Est-ce que la contrainte par corps est faite pour
le riche ? Le recors a-t-il jamais hanté sa somptueuse
demeure ? Ce sont les pauvres chambrettes, les
chambrettes de ceux dont le premier devoir d'un
gouvernement éclairé doit être l'amélioration de l'é-
tat précaire, ce sont ces chambrettes-là qui sont
familières au recors !

Quand parfois le riche tombe sous le coup de la
loi, jamais on ne l'emprisonne. Il trouve toujours le
moyen de se mettre à l'abri. Il peut rester caché
jusqu'à ce qu'il s'entende avec son créancier. Il a
de quoi manger au gîte.

Eux, les pauvres, sont obligés de sortir ; ils ne peuvent rester cachés. Ils savent que le recors, comme
le chasseur à l'affût, les guette, et pourtant le souci
de l'existence quotidienne les pousse dehors. La faim
ne raisonne pas.

C'est vraiment une chasse, chasse curieuse où
l'homme est chassé par l'homme, chasse qui n'existe
presque plus que dans ce coin d'Amérique.

Ces misérables ne sont-ils pas dignes de toute notre pitié ? Qu'importe que dans leur nombre il se
trouve quelques coquins ? Il vaut toujours mieux
que quelques coquins restent impunis qu'un seul
homme de bien soit injustement persécuté !

Soyons charitables envers ceux qui n'ont rien, et
dont le crime est d'être condamnés à vivre dans une
société mal faite, mal équilibrée.

On dit parfois que les tribunaux de commerce en
Haïti usent trop largement de la faculté que la loi

leur donne d'accorder des délais. Eh bien! nous n'hésitons pas à le déclarer, cela tient à la contrainte par corps. Songez donc quelle chose affreuse si par une fausse appréciation de la position d'un débiteur, un tribunal de commerce le condamnait à payer dans un délai trop court et plus qu'il ne peut payer!

Ce serait condamner infailliblement ce malheureux à la prison... Dans ce doute que leur conscience éprouve, les juges des tribunaux de commerce sont généralement portés à la modération, et ils ont raison.

En finissant, on nous permettra de déclarer que nous n'avons jamais été sous le coup d'aucun jugement entraînant la contrainte par corps en matière de commerce. Nous ne laissons pas de plaidoyer PRO DOMO SUA. Nous sommes complètement désintéressé dans la question. Le seul intérêt qui nous guide est celui des classes souffrantes et malheureuses.

C'est pour le peuple que nous invoquons les lois éternelles de la justice et de la morale. C'est pour lui que nous invoquons le respect de l'homme par l'homme.

C'est là le sentiment supérieur qui nous anime dans la campagne nouvelle que nous entreprenons dès ce jour contre la contrainte par corps en matière commerciale!

(L'*Œil*, numéro du 1er octobre 1881.

LA POLITIQUE

La politique chôme..... Rien de saillant..... Les Chambres sont plongées dans l'examen des comptes budgétaires. La session parlementaire va finir. Il faut se hâter. Le vote du budget en sera, sans doute, le dernier acte.

Nos députés s'apprêtent à rentrer chez eux. Encore quelques jours, et ils se trouveront en face de leurs mandants. Nous souhaitons pour eux que le verdict populaire ratifie tout ce qu'ils ont fait. Quelques-uns d'entre eux peut-être exposeront solennellement, par lettre ou discours à leurs mandants, les motifs de leur conduite ; ils diront la voie qu'ils ont suivie, et probablement demanderont au peuple de consacrer par un nouveau verdict l'alliance qui a existé entre lui et son député.

Nous ne pouvons juger, quant à présent, de la carrière politique de la législature qui va finir.

Nous ne pouvons en donner aucune vue d'ensemble : attendons qu'elle ait vécu ses derniers jours.

Quand elle sera l'histoire, il y aura assez de temps pour la faire comparaître à la barre de l'opinion publique. Mais on peut dire, dès à présent, qu'elle laisse après elle des actes qui marqueront.

Parmi ces actes, il y en a un qui se recommande hautement à l'attention publique, et qui contient en germe tout un avenir fécond.

Sur la proposition de notre éminent secrétaire
d'Etat de l'intérieur, elle a voté une loi qui permettra
prochainement, nous l'espérons, l'établissement
d'une raffinerie nationale. Il y a quelques mois, un
groupe de CITOYENS recommandables à tous égards a
présenté à M. D. Légitime sur cet objet un projet de
contrat d'une portée tout à fait pratique et ne néces-
sitant ni grands capitaux, ni un trop long espace de
temps pour sa réalisation.

On sait l'ardeur que M. D. Légitime apporte dans
toutes les questions qui tiennent au développement
social. Qu'on nous permette le mot, c'est un affamé
de progrès et de civilisation.

Tout ce qui a trait au relèvement de la patrie le
trouve, non pas seulement attentif et bienveillant,
mais encore résolument convaincu et prêt à la
lutte.

Sa foi patriotique, son inébranlable confiance dans
l'avenir ne connaissent pas d'obstacles. Et quand il a
la chance de rencontrer des CITOYENS intelligents et
honnêtes, des travailleurs qui veulent l'aider à ramener la richesse dans notre beau pays, il est toujours
disposé à leur donner son plus ferme concours.

C'est sous cette inspiration qu'il a présenté le
projet aux Chambres et qu'il a sollicité leur vote.

Maintenant que le projet est voté, on peut espérer
qu'avant longtemps une source nouvelle de revenus
va s'ouvrir pour les habitants de cette République.

Le contrat qui a été soumis par le secrétaire
d'Etat donne satisfaction à tous les intérêts. On com·
prend que nous n'entrerons pas ici dans tous ses

détails. Mais nous savons que dans un temps relativement court, il peut changer la face de nos plaines, et là où il y avait la misère et le découragement faire naître la richesse et l'émulation.

C'est un projet strictement pratique. Ce n'est pas sur le papier seulement qu'il est beau ; c'est surtout dans la réalité qu'il le sera.

Si l'honneur national exige que nous fabriquions au moins le sucre que nous consommons, il ne faut pas toutefois oublier que nos ressources limitées nous obligent à n'envisager que ce qui est strictement possible. A quoi bon faire un beau projet que le manque d'argent ferait misérablement avorter, en engloutissant sans fruit pour personne l'appui pécuniaire que le gouvernement pourrait accorder ?

Il y a déjà trop de ruines de ce genre ; n'en créons plus de nouvelles.

Le projet de la Raffinerie Nationale, présenté par le secrétaire d'Etat, combine d'une façon admirable les divers besoins de notre état social.

Il réussira, il n'en faut pas douter. Et dans quelques mois la tasse de café que l'Haïtien prend chaque matin sera sucrée par le produit de la Raffinerie Nationale de Port-au-Prince !

Ce jour-là, nous tous Haïtiens, nous trouverons, n'est-ce pas? notre tasse de café meilleure. Et M. D. Légitime ressentira ce jour-là la plus belle joie, la plus pure qu'un cœur de patriote puisse ressentir !

(L'Œil, numéro du 8 octobre 1881.)

LA POLITIQUE

—

Aux termes des articles 160 et 161 de la Constitution, les électeurs de toutes les communes de la République vont être invités à s'inscrire pour les élections générales à la députation nationale qui auront lieu en janvier prochain.....

Est-ce un acte décisif de la vie publique qui va s'accomplir ? Cet acte apportera-t-il au pouvoir un supplément de force et de vigueur ?

La Chambre future sera-elle digne de la haute mission que le pays lui aura confiée? Saura-t-elle consolider autant qu'il dépendra d'elle l'édifice que le patriotisme du Président Salomon a élevé, à force de patience et d'habileté, sur les ruines qui nous environnaient de toutes parts?

La génération nouvelle, qui aspire à vivre d'une vie politique plus large et plus saine, trouvera-t-elle dans la Chambre de 1882 la réalisation de ses espérances et de ses croyances?

Ou bien les élections du 10 janvier ne seront-elles que la banale application des articles 160 et 161 de la Constitution? Ne seront-elles que cela et pas autre chose ?

Ces questions s'imposent à l'attention publique.

Elles s'imposent surtout à l'attention du gouvernement. Et il manquerait à un de ses plus grands devoirs s'il ne leur accordait pas toute l'importance qu'elles méritent.

Hâtons-nous d'ajouter qu'il lui appartient que les élections du 10 janvier soient faites dans le sens le plus favorable à notre développement social.

Il lui appartient que ces élections soient une éclatante manifestation de l'esprit progressiste qui anime le peuple. Il lui appartient qu'elles marquent sans équivoque et sans retour la rupture définitive du pays avec les agitateurs de toute espèce et de tout rang. Il lui appartient qu'elles démontrent l'inauguration de la politique de paix et d'améliorations intelligentes à l'ombre de laquelle le parti national veut asseoir les destinées de la République.

Oui, cela appartient au gouvernement! Une grande responsabilité pèse donc sur lui. Et ce serait une faute, une faute irréparable s'il laissait les élections se faire un peu partout à la débandade, s'il laissait à ses amis ou à ceux qui se disent ses amis et dont la conduite tendrait parfois à prouver tout le contraire, le soin de patronner en son nom des candidats dont il n'aurait pas scruté le mérite, dont il n'aurait pas pesé la valeur.

On a souvent vanté à tort, selon nous, les lumières et l'intelligence des Chambres exclusivement nommées sous l'empire de la faction libérale.

Nous savons que dans ces Chambres-là on se bornait à faire élire une dizaine de grands prêtres de la doctrine... Du reste des lévites on ne s'en occupait pas et on semblait croire que plus ce reste était ignorant, mieux cela valait. Cela permettait aux dix de briller davantage. Voilà ce qu'on appelait une Chambre intelligente, selon la méthode libérale.

Eh bien ! il s'agit aujourd'hui de prouver que le parti national peut opposer au clinquant d'une éloquence frelatée, à l'emphase ridicule et pédantesque, au génie de l'intrigue d'une dizaine de personnalités bruyantes et creuses, toute une assemblée composée de nos patriotes les plus intelligents et les plus capables !

C'est une joute solennelle à laquelle le pays est convié. Le succès dépend du ministère. Nous avions raison de dire que sa responsabilité est grande !

*
* *

Oui, il faut que les élections à la représentation nationale prennent ce caractère imposant. Il faut que nous élargissions le cercle où elles ont tourné jusqu'à ce jour. Il faut qu'elles soient une démonstration nationale !

Nous avons répudié ceux qui se drapaient dans les dehors d'une science mensongère. Ils nous contaient dans de vaniteux discours les féeriques splendeurs de leurs châteaux en Espagne, et le jour où nous avons été tentés de les écouter, ils nous ont laissé le meurtre, le sang, les ruines ! Aujourd'hui nous rêvons l'alliance féconde de la force et de l'intelligence !

Nous voulons une Chambre née de nos croyances nationales, vivant de la même vie politique que nous et à qui on ne puisse rien reprocher sous le rapport des lumières.

Pour le bonheur de notre pays, pour la gloire du gouvernement, cet accord est indispensable. Et il est facile à réaliser.

Dans un article qui a eu le retentissement que l'on sait, ce journal a soutenu que le parti national compte dans son sein des hommes capables et intelligents. Nous l'affirmons de nouveau. Il est temps d'appeler ces hommes à l'œuvre. Il est temps de les mettre aux prises avec les difficultés matérielles de la politique. Jamais plus belle occasion ne s'est offerte à ceux qui ont l'honneur de diriger les affaires publiques !

Vainement prétendraient-ils se désintéresser des élections. Ils n'en ont pas le droit. En France et dans tous les pays démocratiques, les gouvernements ne se désintéressent jamais de ces importantes questions. C'est pour s'en être désintéressé que Salnave, dès son arrivée au pouvoir, avant même d'avoir mis la main à l'œuvre, a eu à lutter contre une Chambre systématiquement hostile !

Certes, il n'en saurait être ainsi dans la période actuelle. Après la rude leçon que le peuple a donnée à ses ennemis, on peut dire que le programme national, comme un dogme nouveau, a fait le tour de l'île. Pas une commune, pas une bourgade où ce dogme n'ait pénétré et triomphé !

Mais le danger n'est pas moins grand ; il est plus

grand peut-être si les élections ne se faisaient pas sous l'influence d'une haute pensée d'avenir et de progrès.

Quelle tristesse pour les patriotes si le suffrage universel allait nous envoyer des individus peu susceptibles de comprendre la tâche qui s'impose à eux !

Quelle tristesse si des non-valeurs venaient s'asseoir au Palais du Corps législatif !

Selon que le désirera le ministère, les élections seront bonnes ou mauvaises. Et qu'il le sache, même s'il avait le malheur de s'en désintéresser, ce sera son nom, son influence qu'on fera agir, qu'on mettra en avant. Seulement sans direction, sans but, sans visée politique, les ambitions personnelles se donneront libre carrière. Au lieu d'avoir une Chambre digne de ce peuple généreux, nous pourrions bien avoir une sorte de Chambre introuvable !

Nous le répétons, le présent n'est pas en jeu. Le présent est solidement étayé dans le sentiment de vénération profonde que le peuple ressent pour le Président Salomon. Mais l'avenir, c'est lui qu'il s'agit de consolider. Il nous faut creuser de jour en jour davantage le fossé, l'abîme qui sépare le parti vaincu du pays tout entier. Et le meilleur moyen, c'est d'avoir une bonne Chambre des députés !

Que les ministres y réfléchissent !

*
**

Résumons-nous : le gouvernement actuel est l'expression vraie du sentiment populaire. Une transformation sérieuse s'est accomplie dans le pays. Les plus sceptiques le voient! Il n'y a plus de parti, ou du moins le parti qui s'intitule libéral ne figure plus dans la langue courante que comme un vieux mot qui rappelle une chose éteinte. La génération qui vient demandera sans doute des explications pour savoir ce que cela signifie, ce que cela a signifié. Autant que les prévisions humaines peuvent permettre d'affirmer, nous affirmons que le pouvoir a passé dans nos mains, a passé aux hommes nouveaux, et que ce pouvoir nous saurons le garder!

Même en admettant des fautes invraisemblables, il ne nous échappera pas. C'est une loi naturelle dont l'évolution rigoureuse se déroule à nos yeux. Une société nouvelle s'est affirmée qui républie les erreurs, les fautes de l'ancienne. Certes, nous sommes loin, bien loin encore de cet idéal d'une patrie heureuse et prospère qui fait le but de tous nos efforts. Mais nous y marchons.

Or, le pouvoir n'est pas seulement le fait matériel qui détermine la situation de quelques individus. C'est un assemblage d'idées, de tendances, de croyances, tout un corps de doctrine. Cette doctrine doit avoir ses disciples.

Une Chambre des députés, composée de citoyens intelligents, animés des sentiments que professe la majorité des habitants de cette République, remplirait admirablement sa mission et nous ferait faire un grand pas en avant.

Il nous faut grouper en 1882 tout ce que le parti

national possède de capacités et d'intelligences dans le pays !

Que le ministère se pénètre bien de l'importance de ses devoirs !

Qu'il n'oublie pas que le mouvement qui a créé l'ordre de choses actuel n'est pas seulement une Révolution.

C'est mieux que cela. C'est une rénovation. Et cette rénovation, pour être efficace, veut toute une succession non interrompue de gouvernements nationaux !

(L'Œil, numéro du 15 octobre 1881.)

LA POLITIQUE

C'est avec un sentiment de profonde tristesse que l'*Œil* a assisté aux derniers débats qui ont marqué la fin de la session législative.

De même que ce journal n'a jamais marchandé la vérité aux ennemis de la cause nationale, de même aussi il ne la marchandera pas aux députés dont le mandat vient d'expirer.

La presse a souvent une mission difficile à remplir ; mais c'est en la remplissant comme il convient, sans faiblesse et sans défaillance, qu'elle reste digne de son rôle et qu'elle sert efficacement le pays.

L'*Œil*, autant que personne, a le droit de dire toujours et partout la vérité. Et quand cette vérité peut être utile au gouvernement et au peuple, ce n'est pas seulement un droit, c'est un devoir qu'il nous faut remplir, sous peine de trahir la cause que nous avons juré de défendre au prix de tout notre sang !

La profonde vénération que nous professons pour la personne du chef de l'Etat nous oblige aussi à élever la voix pour blâmer les actes qui ne peuvent qu'entraver la marche de son administration !

Ces jours derniers, on s'est demandé et avec raison quel vent soufflait sur la Chambre des députés. Le budget était en déficit, les recettes ne balançaient pas les dépenses, et c'était précisément le moment que la Chambre des députés choisissait pour voter, dans une crise de générosité que rien ne justifiait, des sommes considérables à droite et à gauche.

Chaque matin, le public apprenait un vote nouveau, et c'était à se demander avec inquiétude où s'arrêterait ce torrent de libéralités.

Assurément nous ne voulons entrer dans aucune considération particulière. Nous ne voulons pas rechercher si ces donations étaient méritées ou non. Cela n'est pas notre affaire et n'est pas non plus l'affaire du public.

Une question plus haute domine le débat et s'impose à notre attention.

Le moment était-il véritablement opportun pour augmenter ainsi le fardeau de la dette publique ?

Quand sur les marchés de l'Europe les nouvelles du café sont de plus en plus mauvaises, quand la fortune publique se ressent douloureusement de cette baisse et que chacun prévoit une campagne qui laissera, hélas ! bien en deçà toutes nos évaluations budgétaires, quand il convient de chercher le moyen de combler un déficit non pas probable, mais certain, les mandataires du peuple haïtien, pour équilibrer sans doute le budget, votent de nouvelles charges !

Selon le dicton vulgaire, on a pensé qu'un peu plus, qu'un peu moins ne faisait rien à l'affaire.

Eh bien ! on a eu tort.

Généralement, dans les assemblées sérieuses, en créant une dépense, on prévoit une recette quelconque. Nous voudrions savoir sur quelles recettes on a compté en établissant ces dépenses. La Chambre a-t-elle mis, par de nouvelles voies, le ministre des finances à même de faire face à tout ce qu'elle votait? On sait par quelles difficultés il a fallu passer pour arriver au payement des 37,500 piastres qu'elle s'était adjugées.

En agissant ainsi, on ne peut que créer des entraves à la bonne marche de l'administration ; on ne peut que compliquer notre situation financière. Et ce n'était pas à la Chambre qui, en définitive, a une mission tout opposée, à prêter ainsi le flanc à de semblables critiques.

Ce serait aussi une profonde erreur si on pensait que l'opinion publique reste indifférente devant de tels votes.

Chacun de ces votes la faisait bondir...

Le devoir des patriotes qui rêvent l'ordre et la régularité dans les affaires publiques et qui veulent que l'on ait souci de l'opinion est de bâmer ces actes qui discréditent une assemblée.

Ils ne sont pas les amis du gouvernement ceux qui y poussent ! Car ce n'est pas être de ses amis que de vouloir lui créer, sans réflexion, une situation difficile. Ce n'est pas être de ses amis que de le mettre dans l'impossibilité matérielle de tenir ses engagements.

Nous n'avons jamais rappelé les services que nous avons rendus à la cause nationale que lorsque le souvenir de ces services pouvait nous être de quelque utilité pour empêcher le mal.

Eh bien ! aujourd'hui nous usons de ce droit. Nous en usons, afin que la Chambre future ne se croit pas autorisée par l'exemple de sa devancière à agir de la même façon !

(L'*Œil*, numéro du 22 octobre 1881.)

LA POLITIQUE

Tout en approuvant fortement ce que nous avons dit à l'égard des folles dépenses créées par la Chambre des députés, on nous a toutefois fait l'observation judicieuse que le Sénat ne mérite pas moins toute la sévérité de la presse.

Nous nous empressons d'en convenir. Et nous ajoutons que la conduite du Sénat est encore plus répréhensible que celle de la Chambre.

Non seulement ce grand corps votait sans sourciller toutes les dépenses, mais il trouvait le moyen de les amplifier, de les exagérer !

Tel chiffre voté par la Chambre, soumis aux délibérations du Sénat, en sortait extravagant, monstrueux. C'est ainsi que le Sénat a violé cette fois toutes les anciennes traditions qui faisaient de lui un corps expérimenté, prudent et sage.

Pour notre part, nous acceptons une opposition loyale, franche. Nous trouvons qu'elle est le nerf, l'aiguillon de tout gouvernement de progrès et d'initiative. Et il est même désirable qu'un gouvernement populaire comme l'est celui du Président Salomon entende toujours la vérité. C'est même nécessaire.

Nous ne sommes plus dans l'âge adulte ; nous sommes dans toute notre virilité, dans toute notre force. Nous pouvons digérer la vérité sans que notre robuste constitution en éprouve le moindre ébranlement.

Bien au contraire, c'est là une nourriture fortifiante qui nous convient à merveille quand elle est de bon aloi. Et quand c'est une vérité frelaté, une vérité de contrebande qu'on veut faire circuler, nous avons assez de confiance dans l'intelligence du peuple pour être persuadé qu'il en fera bonne et prompte justice !

Pour s'en convaincre, on n'a qu'à se rappeler ce qui se passe quand les émigrés de Kingston jugent le moment opportun pour eux de lancer un factum nouveau. Au frémissement populaire, on sent que la nation est debout, l'œil ouvert, prête à châtier les imprudents et les fous !

Au reste, tout le monde sait que le Président Salomon est un esprit trop éclairé, trop érudit pour ne pas aimer la franchise et la loyauté. Il ne les aime pas seulement d'instinct, c'est encore une nécessité de son éducation. Il a trop vu, trop lu, trop médité pour qu'il en soit autrement. Il en a donné maintes preuves depuis son arrivée au pouvoir !

Mais ce que l'on ne saurait tolérer et ce que l'on a essayé de faire au sein du Corps législatif, c'est la petite guerre cachée, inavouable et inavouée, antipatriotique, la guerre de coups d'épinge ! C'est la guerre des ambitions déçues, des convoitises maladroites, n'ayant aucun droit pour parler au nom des grands intérêts publics, n'ayant aucune aptitude pour traiter des grandes questions d'utilité générale et poussant dans l'ombre, obscurément, tous les appétits à la curée pour désorganiser l'Etat !

Il faut espérer que le renouvellement partiel du Sénat remédiera à cet état de choses !

Il faut espérer que la prochaine législature n'obéira plus à certaines influences coupables qui ont cherché par tous les moyens possibles à discréditer les Chambres, pensant ainsi discréditer le gouvernement du Président Salomon !

Que de ménagements, quelle politique habile n'a-t-il pas fallu au chef de l'Etat pour déjouer leurs manœuvres !

Elles pensaient, sans doute, à force d'intrigues, pousser le gouvernement à quelque résolution extrême !

Elles ont été déçues dans leurs espérances et elles n'ont réussi qu'à une chose : à tenir les yeux du pouvoir constamment fixés sur leurs menées.

Elles n'ont réussi qu'à une chose : à discréditer dans l'opinion publique les derniers moments d'une assemblée qui pouvait occuper une belle page dans l'histoire, page aujourd'hui bien compromise grâce à elles !

(L'Œil, numéro du 29 octobre 1881.)

LA POLITIQUE

La paix la plus profonde règne dans toute la République. C'est là la bonne nouvelle, selon le mot heureux du chef de l'Etat. Depuis deux ans, cette paix n'a pas été troublée un seul instant. Dans un pays si profondément miné par les révolutions, il ne s'est trouvé ni un imprudent ni un fou pour oser, durant ces deux années, la plus légère tentative.

On a, sans doute, conspiré ; on s'est consumé dans des vœux stériles, impuissants. On a beaucoup parlé, on a beaucoup médit, on s'est beaucoup remué. Le gouvernement a laissé parler les uns, médire les autres, se remuer tout le monde. De toutes les intrigues, il est sorti plus fort que jamais. Et aujourd'hui, les hommes impartiaux peuvent constater avec plaisir que l'apaisement le plus complet s'est fait.

La paix règne non seulement dans les rues, elle règne dans les esprits. Ce n'est pas seulement la force matérielle du gouvernement qui le maintient, c'est aussi sa force morale.

Si on veut bien se rappeler que notre pays était déshabitué de la tranquillité, que sous les gouverne-

ments précédents il ne se passait pas de mois sans
une prise d'armes nouvelle ; si on veut bien se souvenir de la désorganisation qui régnait dans l'administration, de l'étrange confusion des idées, des
devoirs, qui dominait alors et qui mettait tout en
péril, on appréciera comme un immense bienfait ces
deux années de paix qui viennent de s'écouler.

On en fera hommage à l'excellence des principes
qui distinguent le parti national, principes de progrès et d'ordre avant tout.

On en fera hommage à la politique habile du Président Salomon, qui a su avec une science de gouvernement profonde mettre ces principes en action.

Ces deux années de paix que le Président Salomon
nous a données sont un gage pour l'avenir.

Il saura, nous en sommes persuadés, consolider
de plus en plus l'œuvre qu'il a commencée. Nous
croyons que l'on verra des réformes profondes et
durables. Selon un dicton vulgaire : « Paris ne s'est
pas bâti dans un jour. » Attendons avec confiance !

(L'Œil, numéro du 5 novembre 1881.)

EN PLAINE!

———

Les lecteurs de ce journal seront étonnés sans doute de trouver ici, au lieu de la chronique politique habituelle, un article qui ne touche en aucune façon à cette matière brûlante et si souvent stérile.

Je comprends leur étonnement. La politique a le don de tant nous passionner que nous ne croyons pas qu'il existe en dehors d'elle rien d'intéressant, rien qui vaille notre attention.

Pourtant il est permis de penser qu'à côté d'elle et même au-dessus d'elle il y a d'autres sujets qui méritent d'attirer les regards. Dans la vie des peuples, il n'y a pas qu'un horizon unique. Celui qui regarde d'un seul côté et toujours le même objet ne peut avoir qu'une vue très incomplète des choses. Volontairement il affaiblit la puissance visuelle que Dieu lui a donnée pour embrasser la création tout entière. A fixer le même point, on devient presque aveugle.

Tel le hibou trop longtemps attardé dans la nuit,

le peuple trop longtemps attardé dans la politique a les yeux blessés par l'éclat du jour !

Ailleurs la politique peut être, elle n'est pas toujours cependant, une des formes du développement social. Chez nous, elle est une des causes, elle est la première cause de notre décadence.

Elle est si absorbante, si encombrante, on la trouve si intimement mêlée à tous les instants de notre existence, elle fait si bien partie de notre être, qu'en vérité on peut dire que nous ne vivons que par elle et que d'elle. A chaque pas qu'on fait dans la rue, soit que l'on courre à ses affaires, soit que l'on fasse une simple promenade d'amateur, on la trouve à tous les carrefours vous barrant le passage et vous posant un de ses rébus indéchiffrables. On voudrait passer outre, car on ne voit pas exactement quelle nécessité il y a à s'occuper du soir au matin, du matin au soir, de tel ou tel fonctionnaire public.

On ne voit pas bien en quoi l'histoire des faits et gestes de tel ministre peut dissiper les soucis d'un malheureux père de famille. Si encore on aspirait à lui succéder !... Mais la plupart du temps on n'y aspire que d'une façon vague, indéterminée et seulement parce que l'expérience enseigne que chaque Haïtien a en lui l'étoffe de plusieurs secrétaires d'Etat !

Pourtant, quoi que l'on pense, il faut donner de la voix comme les autres et faire sa partie dans le grand concert national.

Eh bien ! une telle vie n'est pas saine ; elle est plutôt délétère et dissolvante.

Assurément, ce n'est pas elle qui doublera la pro-

duction de nos cafés, qui enseignera à nos paysans
une façon moins primitive de les sécher et de les
préparer. Ce n'est pas elle qui nous mettra à même
de supporter la concurrence des autres nations et les
baisses persistantes des marchés européens. Ce n'est
pas elle qui créera de nouveaux produits exporta-
bles, qui défrichera nos champs partout abandonnés,
qui rétablira nos routes publiques négligées.

Ce n'est pas elle surtout qui mettra au cœur du paysan l'amour de la terre et la conviction nécessaire
que hors du sol point de salut, ni pour lui ni pour le
pays. Ce n'est pas elle qui lui enseignera ce que la
vie des champs a de beau, de grand, de patriotique.
Bien loin de lui montrer la dignité et l'indépendance
qu'elle donne à l'homme, elle lui prouvera qu'il est
du mauvais côté de la vie, et qu'il en existe un autre à la portée de tout le monde où un coup de dés
donne les honneurs et la fortune !

Ah ! quoiqu'il doive en coûter, il faut rompre avec
cette vie, si nous voulons payer nos dettes et équilibrer nos finances. Il faut rompre avec cette vie, si nous
voulons songer enfin à cet avenir glorieux auquel nous
rêvons parfois sans rien faire pour en être dignes !

La politique est comme la lave ardente d'un volcan où rien ne peut germer. Elle dessèche tous les
pays où elle domine.

Sur les bords éteints du Vésuve, on ne récolte
qu'un petit vin aigrelet... Notre petit vin à nous, trop
faible, en vérité, pour combattre l'anémie qui nous
mine, ce sont nos 60 millions de livres de café. Rente
mesquine et vraiment dérisoire des magnifiques ri-

chesses que nous avons hypothéquées en faveur de
la politique !

***

. En plaine !!

Nous voilà partis à 4 heures du matin sur la gra-
cieuse invitation de M. Ch. Fatton, propriétaire à
Dumornay. La route est large, spacieuse. A un certain moment, nous sommes pourtant obligés de
l'abandonner et de prendre à travers champs. Un
docteur en droit que tout Port-au-Prince a applaudi
l'autre soir à la salle des conférences du Palais de
l'Exposition, et qui nous fait l'honneur de chevaucher
avec nous, éprouve une légère hésitation devant
une nappe de boue qui couvre la route dans toute sa
largeur.

L'éminent docteur n'a pas encore pris ses degrés
en équitation... Nous respectons ses scrupules et
nous prenons un petit chemin de traverse qui finit
tant bien que mal par nous conduire à Dumornay.

La grande case a revêtu un aspect de fête rustique.
On a planté un peu partout des bananiers au feuil-
lage touffu, des cannes aux longues tiges ver-
doyantes. Les poteaux de la maison sont décorés de
feuilles de cocotier; les murs en sont couverts. Bref,
partout le coup d'œil le plus charmant, le plus ré-
jouissant que la verdure tropicale peut offrir.

Mais tout cela n'est pas à notre intention..... Ras-
surez-vous, lecteurs, ces bananiers, ces cannes à sucre, ces feuilles de cocotier qui s'entrelacent sur nos

têtes, tous ces apprêts ne sont pas pour nous. Les grands de la terre seuls, vous le savez, en ont dans notre pays le monopole traditionnel. Si l'atelier est en liesse, si le tambour de basque résonne dans les cases voisines ; si les paysans dans leurs meilleurs habits se pressent dans la grande cour, c'est que le maître de céans reçoit M. le secrétaire d'Etat de l'agriculture.

A neuf heures, le ministre arrive en voiture..... Il est accompagné de deux agronomes distingués dont je ne veux pas citer les noms de crainte de blesser leur modestie bien connue.

On se met immédiatement à table. Menu exquis, vins de haut cru.

Nous visitons ensuite le moulin, la guildive, les champs de canne, la plantation de tabac. En passant devant une vieille grosse cloche, je m'arrête pour y lire une inscription qui explique qu'elle a été fondue à Nantes en 1762, si je ne me trompe.

Cette vieille cloche appelait il y a quelque cent ans nos pères esclaves au travail !

Depuis elle a bien souvent appelé pour le même objet les fils aujourd'hui libres !

Pourquoi n'ont-ils pas toujours répondu ? Pourquoi le travail libre n'est-il pas au moins l'équivalent du travail esclave ?

Cette vieille cloche est, je crois, la seule trace coloniale que l'on trouve à Dumornay. Sur l'habitation voisine, à Caradeux, on y voit encore les belles ruines d'un aqueduc qui amenait l'eau au moulin. Adossée à l'aqueduc s'élève une tour massive au sommet de laquelle il existait, il y a à peine quelque temps, une élégante construction entourée d'une balustrade en fer. C'est là que M. de Caradeux, marquis de La Caille, celui qu'on appelait Caradeux « le cruel », venait jouer avec ses amis, les colons du voisinage. Il se livrait là des batailles formidables, de grandes luttes qui se poursuivaient jusqu'au lever du jour. L'esclave entendait dans son sommeil troublé d'étranges bruits d'or résonnant sur la pierre. C'était son sang, sa vie qui là-haut se jouaient, et quand le maître avait perdu, pour remplir ses coffres épuisés, il savait qu'il lui restait à mourir sous le travail et sous le fouet du commandeur !

La culture est en pleine renaissance à Dumornay. M. Charles Fatton, admirablement secondé par M. Edmond Elie, si plein de courage et de dévouement, a la plus grande confiance dans l'avenir. Aidé de quelques Cubains qu'il a fait venir de l'île espagnole, il a entrepris la culture du tabac. Il en espère les meilleurs résultats. Il a raison d'y compter. La consommation de tabac qui se fait dans le pays est énorme. Il y a *au bord de la mer* bien des magasins qui en vendent chacun par semaine environ 3 à 4,000 livres. Et si on songe que tous les magasins tiennent cet article de première nécessité, on voit que la production a là un vaste débouché, surtout depuis que les droits de douane ont été doublés sur ce produit.

Le tabac, si cette culture peut se développer dans le pays, est appelé à jouer un grand rôle dans notre commerce intérieur ; un rôle aussi important que celui que remplit actuellement le tafia.

Dans l'après-midi, nous nous sommes assis à un splendide banquet. Je regrette de ne pas avoir assez de place pour répéter ici toutes les bonnes choses que j'ai entendues. Je me coutente de mentionner le toast du *citoyen* C. Lespinasse, un des planteurs les plus intelligents de la plaine.

Je l'appelle *citoyen*, parce que je suis persuadé que cette appellation lui fera plaisir. Dans un langage ému, il a parlé du *citoyen* Thiers, ci-devant président de la République française, qui a dit que tout homme d'Etat doit songer à la mémoire qu'il laisse après lui. A quoi le ministre de l'agriculture a répondu que le soin de laisser après lui une mémoire pure et sans tache était son grand souci.

« Je sortirai pauvre du pouvoir, s'est-il écrié, mais à défaut de fortune, mon nom sera riche d'honneur et de patriotisme. Je vous l'affirme. »

Je dois mentionner aussi le toast plein de galanterie aux femmes d'Haïti. Et quand je dirai qu'il a été court et expressif, tout le monde devinera qu'il a été porté par celui qui récemment, dans une circonstance solennelle, a prononcé cette phrase profonde... comme un long poème : « Ne perdons pas de temps en de vaines paroles ! »

Le banquet s'est prolongé assez tard, et quand nous sommes rentrés en ville chacun souhaitait le plus grand succès à cette politique qui doit développer les richesses de notre sol. La voilà la politique qui doit nous sauver, la politique de paix, de travail, de développement pacifique qui doit remplacer la politique batailleuse, stérile des agitations de partis !

Puisse celle-là tuer celle-ci ! C'est elle, cette politique de l'avenir, qui fécondera nos champs que l'autre dépouille sans cesse ! C'est elle qui nous donnera la richesse et la paix au lieu de la misère et de la guerre civile qui sont le lot de l'autre !

**

Dans la grande salle de Dumornay, j'ai fait un rêve..... Il me semblait que tout ce que je voyais était.... la réalité. Il me semblait que ces cris de joie qu'on entendait, que ces paysans que l'on voyait, dans la cour heureux et gais, que ces danses bruyantes et pittoresques, que toute cette vie, toute cette animation était le train ordinaire de l'existence fortunée que l'on mène dans la plaine. Un instant j'ai oublié que ce que j'avais sous les yeux était les apprêts d'une fête, et me laissant aller à mon illusion, admirant ce nombreux personnel de serviteurs, cette profusion de mets qui couvraient la table ; ce luxe de vins de toutes sortes, le champagne pétillant dans les verres, j'enviais le bonheur de ce grand propriétaire qui pouvait vivre si somptueusement.

Ma rêverie étendant ses ailes, je voyais dans toute la plaine la même chose. La fortune avait rétabli les liens sociaux , le plaisir de se visiter, de se distraire en commun des travaux du jour. La vie luxueuse et confortable régnait dans toutes les habitations. Le travail libre était aussi fécond qu'aux plus beaux jours de l'ancienne colonie française !

Les planteurs étaient devenus des gens influents,

considérables. Sous leur action bienfaisante des écoles s'établissaient partout. Ils s'enrichissaient au milieu des bénédictions d'une population moralisée par le travail, par l'instruction et par le bien-être.

La charrue traçait dans toute l'étendue de cette vaste plaine les sillons où devaient germer nos futures récoltes..... Partout l'ordre, l'aisance, la richesse. Et le voyageur qui passait se prenait d'amour pour cette belle terre et y plantait sa tente !

Hélas ! ce n'était qu'un rêve ! Et pourtant pour que ce rêve soit une réalité, il ne faudrait que le vouloir.

La plaine, telle qu'elle est, est cent fois préférable à la besogne stérile qui nous enchaîne dans le piteux métier de détaillant devenu le lot de toutes les intelligences de notre pays. C'est là que nous retrouverons la dignité de notre être. C'est là que nous puiserons cette sérénité que donnent les champs. Là nos caractères dégradés, avilis par les situations fausses que nous occupons dans les villes, reviendront virils et forts !

On déplore souvent que le haut commerce soit, chez nous, aux mains des étrangers. Certes, c'est un grand malheur et nul plus que moi n'en est attristé. C'est vraiment une honte nationale. Mais si nous voulons lutter efficacement contre ce mal, nous avons une autre voie à suivre.

Au lieu de perdre notre temps dans des plaintes impuissantes, descendons dans la plaine du Cul-de-Sac, dont les trois quarts sont en friche ! Portons là cet effort que nous dépensons chaque jour dans une tâche ingrate, au bout de laquelle, après mille déboires, nous ne trouvons jamais que le déshonneur ou la ruine ! Faisons-nous producteurs au lieu d'être des parasites qui sucent le corps social déjà si appauvri ! Et je vous réponds que du timide commerçant haïtien, toujours endetté malgré son héroïque labeur, sa probité native, toujours nerveux et agité, ne sachant si la prime qu'il doit payer pour ses remises ne lui enlèvera pas une portion du capital, n'étant jamais bien sûr que la traite qu'il a achetée ne lui reviendra pas protestée, de. cet être bizarre qui gaspille ainsi les plus belles années de la vie sans savoir au juste s'il aura le pain de ses vieux jours, vous ferez un homme, un homme dans la vraie acception du mot, c'est-à-dire riche, heureux et indépendant surtout !

Rappelons-nous que les colons dans leur juste orgueil appelaient les trafiquants du *bord de mer* les « blancs pobans ». Nous avons hérité de la terre ; héritons aussi du haut sentiment qu'elle donne !

(L'*Œil* du 12 novembre 1881.)

LA POLITIQUE

———

La question des élections n'est pas nouvelle dans ce journal. A plusieurs reprises nous nous en sommes occupé, et notamment dans nos articles du 27 août et du 14 octobre nous avons présenté à nos lecteurs certaines considérations sur lesquelles nous avons appelé toute leur attention.

Nous plaçant au point de vue des intérêts bien entendus du pays, nous avons écrit ceci :

« *Une Chambre rétrograde et systématiquement opposante créerait, et sous les plus frivoles prétextes, des obstacles à la bonne marche des affaires.*

« *Une Chambre ignorante ou indifférente aux intérêts de la patrie serait un danger non moins grand. Sans programme, obéissant aux passions et aux caprices des petites ambitions déçues, elle ne donnerait pas une idée bien favorable d'un ministère qui, appelé non pas sans doute à diriger les élections, mais à les faire incliner vers l'intelligence et la capacité, laisserait se faire, avec ou sans sa participation, une sorte de Chambre introuvable.* »

Dès cette époque, nous disions que nous patronnerions énergiquement ceux qui, selon nous, réunissent les mérites nécessaires pour faire de bons députés. C'est notre droit, c'est notre devoir même, et nous ne supposons pas que personne veuille contester ce devoir et ce droit !

**

***

Un journal comme le nôtre, représentant accrédité d'un groupe de patriotes, ayant les mêmes idées, marchant dans la même communion politique, ne saurait laisser passer un événement aussi important que celui qui va s'accomplir le 10 janvier, sans y prendre une large part !

Une indifférence poussée à ce point aurait le droit d'étonner nos amis. Nous ne sommes pas encore arrivés à ce grand dégoût des hommes et des choses qui marque les partis finis. Le nôtre est jeune, plein d'avenir, de force et d'espérance !

Il marche de l'avant et chaque heure, chaque jour qui s'écoule lui donne une nouvelle vigueur et raffermit davantage les principes qui forment la base de son programme !

Nous avons tout ce qu'il faut pour vivre, pour aimer la vie, telle que notre persévérance et notre volonté nous l'ont faite. Et on voudrait que par une coupable négligence nous donnions à nos adversaires les armes qui doivent servir contre nous-mêmes !

Nous déclarons que nous sommes complètement incapables d'une si grosse bêtise.

Etant très engagés dans la politique nationale, il nous importe de prendre nos précautions.

Il nous importe de faire tout notre possible pour vaincre ; de combattre d'estoc et de taille pour faire triompher nos candidats, pour faire triompher ceux qui représentent nos idées, ceux en qui nous avons confiance !

Il ferait beau nous voir nous désintéresser de la lutte électorale et laisser ainsi le champ libre à nos adversaires ! Demain, quand leurs menées auraient compromis la situation politique, troublé la paix de nos familles, n'est-il pas vrai que nous serions obligés de les ramener à une appréciation plus saine des volontés du peuple par des moyens efficaces ?

Nous aimons mieux prévenir ces dangers que d'avoir un jour à les supprimer, et, en vérité, nous ne pouvons nous considérer que comme de bons citoyens en agissant ainsi.

Il y a un proverbe créole qui dit que « quand on a du sel au soleil, on doit prendre garde à la pluie ».

Ne sait-on pas que les proverbes sont la sagesse des nations ?

*
* *

La secte qui promettait si facilement la liberté en théorie — quitte à ne rien donner dans la pratique — nous a légué de bien vilaines choses. Et entre toutes ces choses vilaines, elle nous a légué le marchandage des votes en matière d'élections.

Avant elle, cela se pratiquait avec plus d'honneur et de loyauté.

On était nommé à cinq ou six cents voix de majorité, il est vrai, mais ces voix-là ne s'achetaient pas !

La secte dont nous parlons, avec ses larges idées de progrès et de réforme, a changé tout cela.

Les grands mots de souveraineté populaire, de suffrage universel pleins la bouche, elle a corrompu les électeurs. Elle a mendié et acheté les votes. Ça a été une vraie boutique électorale où la corruption commune se débitait à tant la voix.

Comme elle avait le sac, elle a pu longtemps triompher de nous autres nationaux qui n'avions d'autre monnaie que notre patriotisme pour payer nos électeurs ! Et on a vu pendant longtemps ce spectacle étrange d'une faction dominant et gouvernant une nation notoirement hostile à ses idées, et cela à l'aide d'un principe vicié et faussé.

Pour rétablir la raison des choses, il a fallu que nos adversaires nous en donnassent eux-mêmes l'occasion dans une sotte et folle équipée. Il a fallu qu'ils désertassent leur terrain soi-disant légal; terrain sur lequel ils s'étaient rempardés jusque-là, et qui, grâce à leurs écus, était devenu à peu près imprenable !

Le jour qu'ils en sont sortis pour en appeler à la carabine, le mythe s'est évanoui aux yeux du peuple. Et on peut dire qu'ils ont eux-mêmes creusé leur fosse dans le sang et dans la honte !

Mais la démonstration n'en subsiste pas moins, et nous ne pouvons pas oublier ce qu'une minorité hardie peut faire dans une manipulation habile du suffrage universel !

***

Le droit que chaque citoyen a d'exprimer ses sympathies, de souhaiter le succès de tel candidat plutôt que de tel autre, ce droit appartient-il aussi au gouvernement?

Les élections, libres pour tout le monde, sont-elles fermées pour lui?

Ne peut-il avoir ses sympathies comme le plus infime des électeurs?

Quand chaque citoyen a le droit de recommander son candidat hautement, publiquement, quand il a le droit de faire des *bouquements*, des intrigues, d'acheter des votes, de spéculer, de trafiquer avec la conscience publique, le gouvernement n'a-t-il que le devoir passif de tout laisser faire? En présence d'un candidat qui met tout en jeu pour réussir, qui ne recule devant aucun moyen, pour qui tout est bon, qui à l'un offre de l'argent, qui à l'autre insinue habilement qu'il a l'appui officiel, le gouvernement doit-il rester bouche close ?

N'a-t-il pas le droit de dire qu'il n'est pas vrai que ce candidat ait son appui?

N'a-t-il pas le droit de recommander à ses amis politiques un homme capable, honorable, pouvant l'aider dans la mission que la nation lui a confiée? Car, hélas ! ce ne sont pas toujours les plus intrigants qui sont les plus capables !

Poser ces questions, c'est les résoudre.

Comment! vous enleveriez au chef de l'Etat et à ses ministres le droit d'avoir des sympathies et de les exprimer! Mais c'est là un droit élémentaire, et qu'il serait absolument impossible de leur retirer dans la pratique.

Si par une combinaison constitutionnelle quelconque on y arrivait — ce qui ne s'est jamais vu dans aucun pays, dans aucun temps, car dans tous les pays et dans tous les temps les chefs de gouvernement se sont toujours efforcés d'avoir une majorité gouvernementale à l'aide de laquelle ils pussent gouverner — on verrait d'étranges choses. Le chef de l'Etat serait forcé, à tous moments, d'en arriver à la dissolution, et nous savons, dans notre pays, que la dissolution, c'est l'inconnu.

Et quand on sait comment la plupart de ces candidats ont été élus, quels misérables motifs ont présidé à leur élection; quand on peut, comme sous Boisrond et Nissage, dire, à quelques centimes près, combien telle élection a coûté, on se dit, si on est un honnête homme, que le jeu ne vaut pas la chandelle!

Quant à nous, nous ne faisons pas du platonisme en politique. Nous savons trop ce qu'il en coûte.

Sur qui d'ailleurs cette influence morale qu'on ne saurait contester au gouvernement peut-elle s'exercer à la rigueur? Elle ne peut s'exercer que sur les employés publics qui, solidaires avec leurs chefs hiérarchiques, sont peut-être portés, par discipline et pour le succès de la politique qu'ils servent, à voter selon les sympathies du gouvernement.

C'est ce qui se voit dans toutes les démocraties. Les fonctionnaires publics votent généralement pour les candidats qui ont les sympathies de l'administration. Et en cela ils sont loyaux et logiques !

Car on admettrait difficilement qu'un citoyen qui, par la fonction qu'il occupe, et dans quelque degré de l'échelle administrative qu'il soit placé, est une portion intégrante du pouvoir, pût donner son vote à un homme hostile au gouvernement qu'il sert.

C'est pour avoir oublié ces sages principes d'honnêteté et de loyauté que l'administration publique, sous Boisrond-Canal, quand la guerre civile s'est déclarée dans nos rues, a trouvé tous ses employés dans le camp de l'émeute ; ses employés qui, de longue date, étaient habitués à faire cause commune contre elle !

Dieu merci, il n'en saurait être ainsi dans le parti national, qui sait trop que la cohésion de toutes ses forces est nécessaire au triomphe de ses idées !

Il restera donc uni et votera comme un seul homme pour les honorables citoyens que ses sympathies lui recommandent !

Il est donc évident que le champ reste ouvert à tout le monde ; car, qu'on le remarque, les forces dont l'administration pourrait disposer dans une bataille électorale ne sont guère importantes devant un candidat sérieusement populaire.

Les employés publics qui, peut-être dans un esprit de loyauté et de sagesse, tiendront à voter comme leurs chefs hiérarchiques, ne sont qu'une infime, très infime portion du peuple. Et si le citoyen qui se présente, en lutte avec les candidats qui passent pour avoir les sympathies du pouvoir, est appuyé par la nation, ses partisans n'ont qu'une chose à faire : se porter en masse aux élections et le faire triompher !

Sous le gouvernement du Président Boisrond-Canal, le directeur de l'*Œil* avait posé sa candidature à Saint-Marc pour la seizième législature. Il accepta la lutte contre un candidat officiel patronné et soutenu par le gouvernement.

Il ne trouva pas trop étrange que le cousin du ministre de l'intérieur fût patronné par le ministre de l'intérieur et que les autorités, que les fonctionnaires publics votassent pour lui. Il ne déserta pas la lutte. Loin de là. Fort des sympathies populaires, il combattit énergiquement à deux reprises, et, malgré toute l'administration liguée contre lui, il vainquit le candidat officiel !

Pourtant à cette époque l'esprit de la Constitution était manifestement hostile aux candidatures officielles. Aujourd'hui nous avons le bonheur de vivre sous une Constitution modifiée et plus en rapport, il faut le dire, avec nos besoins et nos mœurs.

Elle donne, cette Constitution modifiée, une plus grande latitude à l'exécutif. Elle lui permet de prendre une part plus active aux grands débats publics. Mais nos lecteurs l'ont remarqué, nous n'avons jamais voulu invoquer la Constitution ; nous nous sommes toujours efforcé de discuter au point de vue des idées qui ont cours non pas dans notre société, mais seulement chez quelques individus et desquelles pourtant nous voulons tenir compte.

***

Eh bien! que ceux qui sentent que le peuple est avec eux, qui sentent que leur cœur répond à son cœur, que ceux-là ne reculent pas devant l'épreuve décisive !

Qu'à l'exemple de notre rédacteur en chef ils entrent hardiment dans l'arène ! Ils seront vainqueurs si vraiment le peuple est avec eux ! Ils seront vaincus si depuis longtemps son esprit les a abandonnés, si leur nom ne lui dit plus rien ou ne réveille dans son esprit qu'un amer désenchantement !

(L'Œil, numéro du 3 décembre 1881.)

LA POLITIQUE

Quel est donc le bien que ce pays recherche vainement depuis tant d'années?

Quelle est la promesse solennelle que font tous les gouvernements en arrivant au pouvoir?

A quoi sacrifient-ils et doivent-ils sacrifier toutes leurs préoccupations et tous leurs soucis?

A quoi doivent-ils donner tous leurs soins?

A un intérêt d'un ordre tellement supérieur, tellement élevé, que tout, tout indistinctement, passe après lui : *Au maintien de la paix publique!*

La paix publique, voilà où doivent tendre tous les efforts d'un gouvernement vraiment digne de ce nom. Devant ce bien suprême tout doit s'effacer, tout doit disparaître absolument.

En vain nous parlerait-on de réformes, de progrès... Il n'y a pas de progrès, il n'y a pas de réformes quand la paix est menacée.

Tout s'arrête, tout passe au second plan. Il faut veiller, et comme le capitaine d'un navire que la tempête menace, debout sur le banc de quart, il faut être prêt à faire au salut public tous les sacrifices! Car on a charge d'âmes, et on ne saurait l'oublier!

Mais pourquoi faut-il que notre défectueuse organisation permette à quelques individus, presque
toujours sans consistance, de troubler aussi profondément l'économie de tout un pays, de l'épuiser
dans ses dernières ressources, de causer tant d'inquiétudes à ceux qui travaillent? N'est-il pas injuste,
profondément injuste, que notre tranquillité, la
tranquillité de ce paysan qui ne songe qu'à cultiver
son champ, soit exposée au caprice du premier
venu qui donne l'assaut aux fonctions publiques?

Voilà un Désormes Gresseau qui, hier encore,
était complètement inconnu.... Il lui plaît, dans un
mauvais rêve, de *prendre les armes*, selon l'expression consacrée.

Subitement cet homme devient la préoccupation
de notre vie. Il y tient la plus large part. Il met notre
existence en péril, celle de nos amis, de nos parents.
Il compromet notre fortune, nos intérêts les plus
chers.

Hier encore le pays était dans la plus parfaite tranquillité. On songeait aux luttes pacifiques des élections prochaines. Tous les bons citoyens cherchaient
par quels moyens, dans un travail intelligent et
rémunérateur, on pourrait le plus promptement
possible résoudre les présentes difficultés de notre
état social.... Soudain, et en quelques heures, tout a
changé comme dans un décor d'opéra. Voilà l'état de
siège, le clairon, le tambour qui résonnent, tout un
bruit de guerre qui emplit la République!

On songeait à augmenter la fortune publique : il
faut lui faire une nouvelle saignée au nom du salut

suprême. Et tout cela parce qu'il a plu à quelques
forcenés de prendre les armes à Saint-Marc !

***

Mais que voulaient Désormes Gresseau et ses com-
plices? Quels principes représentaient-ils ?

Personne ne le sait, et c'est leur condamnation.
C'est ce qui les classe, sans examen possible, au rang
des ambitieux et des intrigants de bas étage!

Quand on n'a ni principes ni programme, ou plutôt quand ce programme n'est guère avouable, le
seul stimulant qui pousse à ces téméraires entreprises, c'est la passion de la caisse publique! Le vieux
révolutionnaire Nissage Saget les connaissait bien,
lui qui, à chaque conspiration, s'écriait :

La clef de la caisse publique, ils ne l'auront
pas!

C'est elle, cette terrible passion, qui a perdu tant
de citoyens qui, hélas! auraient pu rendre des services au pays, s'ils avaient voulu arriver lentement
au lieu de brûler les étapes !

Depuis quelque temps les individus qui composent
cette classe criminelle se débattent dans une terrible agonie, dans une crise suprême. Ils sentent qu'il
faut se dépêcher et faire un dernier effort !

Pensez donc ! le gouvernement a donné le service
de la trésorerie à la Banque nationale!

N'est-ce pas là le seul, l'unique grief qu'ils mettent
en avant ? Et ne faut-il pas qu'ils se hâtent, qu'ils
mettent tout en œuvre avant que les inappréciables

bienfaits de cette innovation se soient révélés au public d'une façon pratique et matérielle?

Ils le savent!.... Il savent que si la Banque doit rendre de grands services au pays, c'est justement par là. C'est justement en mettant la caisse publique, la fortune publique à l'abri de leurs audacieuses convoitises.

Plus de bons compensables, plus d'ordonnances, plus de feuilles d'appointements se promenant sur nos marchés et nourrissant un agio immoral et corrupteur! Plus d'effets publics plusieurs fois payés et reparaissant toujours dans la circulation! Désormais une administration claire, nette; l'Etat sachant exactement ce qu'il doit, ce qu'on lui doit!

Impossibles ces grands coups de bourse dans lesquels, de par la grâce des révolutions victorieuses, la dette publique, prise dans un affreux coupe-gorge, ressortait, comme la grenouille de la fable, enflée jusqu'à en crever! Le public n'y voyait que du feu, et cela faisait admirablement l'affaire des faiseurs, des assassins du pays!

Saurons-nous jamais les millions que toutes ces choses ignobles nous ont coûtés?

Demandez-le plutôt aux trafiquants de chair humaine, à ceux qui font profession de pousser sur les champs de bataille de la guerre civile nos pauvres concitoyens

Eh bien! n'en déplaise à ceux-là, désormais nous aurons des chiffres, et tant pis pour ceux qui n'aiment pas les chiffres! Il faut qu'ils s'habituent à

considérer comme finie l'ère des escamotages financiers !

C'est sans doute un grand malheur, mais qu'y
faire ? Il faudra travailler, et ne plus compter sur les
complaisances intéressées des révolutions pour refaire sa situation.

***

Ah ! ce gouffre béant des révolutions, quand donc
se fermera-t-il ? N'y avons-nous pas jeté assez de
victimes ? Et ne pouvons-nous pas espérer un jour
que nous lasserons à la fin le Dieu inexorable qui
dévore nos fortunes et nos vies ?

Oui, avec des principes justes et sévères, un gouvernement populaire et expérimenté comme le nôtre, nous
pouvons l'espérer, et le service de la trésorerie fait
par la Banque nationale nous y aidera puissamment !

Quand il sera bien avéré que la caisse publique
est à l'abri des attaques des ambitieux ; quand il sera
bien établi que la comptabilité de la République est
nette et simple, que n'importe qui peut y lire aussi
couramment que si c'était celle d'une maison de
commerce bien tenue ; quand on sera persuadé que
pour y donner une entorse il faudra le faire en plein
jour, en face de l'indignation publique, alors le gouffre des révolutions sera fermé ou bien près de l'être !
Et ceux qui se faisaient tuer pour les beaux yeux
de la caisse publique, en gens pratiques, réfléchi-
ront et se trouveront absurdes !

(L'*Œil*, numéro du 17 décembre 1881.)

LA SITUATION

———

Que se passe-t-il donc ?

Quel est cet imbroglio dont on ne saisit pas trop bien la portée et le but ?

Hier, on prend les armes à Saint-Marc aux cris de : A bas la Banque !

Aujourd'hui, un journal ouvre un feu roulant contre la même institution et, faisant chorus avec les insurgés de Saint-Marc, s'écrie lui aussi : A bas la Banque !

Décidément où en sommes-nous ?

A force de démolir à droite, à gauche, veut-on se démolir soi-même ?

Veut-on faire le jeu de quelques intrigants dont la Banque paralyse les opérations illicites ?

***

Voilà une institution que le gouvernement a eu toutes les peines du monde à établir. Elle est l'œuvre personnelle du Président Salomon. Il l'a voulu ; il l'a eue. Qu'il ait bien ou mal fait, là n'est point la question.

Nous sommes de ceux qui croient qu'en principe il a bien fait ; mais passons.

Pour établir cette institution, il a fallu, comme du reste partout ailleurs, vaincre des préjugés préexistants.

Il a fallu refaire les habitudes de tout une classe d'hommes nourris dans les ordonnances et dans les effets publics. Souvent ces hommes-là étaient chargés eux-mêmes d'appliquer le système nouveau qui détruisait ce qu'ils avaient adoré jusque-là, ce dont ils avaient vécu et qu'ils s'étaient habitués à considérer comme éternel.

On comprend quelle lutte il a fallu soutenir !

Jusqu'à présent, chaque fois qu'un conspirateur quelconque lève la tête, c'est la Banque qu'il met en avant. Pourquoi ? Parce que, d'après lui, la Banque peut être un frein, et qu'il ne veut pas de frein.

Il veut la large liberté d'autrefois, la liberté d'émettre autant d'ordonnances que cela lui plaît, ordonnances qui s'escompteront comme elles pourront.

Car demain ce conspirateur devenu ministre peut avoir des faveurs à faire à lui et aux siens. Sa signature au bas d'un chiffon et il contente tout le monde ! Mais le pays, la grande masse des producteurs, ce sont eux qui ne sont pas contents, car il faut qu'ils travaillent pour payer tout cela !

La Banque a détruit ainsi un tas de petites industries malsaines qui, comme des champignons vénéneux, vivaient à l'ombre de notre budget.

Du plus haut au plus bas de l'échelle sociale, le fait est incontestable et nous ne prétendons pas le nier.

Mais il fallait s'attendre à cela. On s'y attendait

assurément, car ce n'est un mystère pour personne
que bien des gens se sont largement préparés à la
venue de la Banque. En fourmis prévoyantes, ils
ont amassé pour les temps de bise. Malgré cela, ils
sont insatiables et rêvent le retour du passé !

Nous qui n'avons jamais sali nos mains dans ces
tripotages, nous que la vérité et le patriotisme seuls
guident ici, ne pouvons-nous leur demander en
grâce la permission de faire l'essai loyal d'une institution que le chef de l'Etat a si hautement patron-
née ?

Jusqu'à nouvel ordre, nous préférons avoir confiance dans la sagesse et dans l'expérience du Président que dans leurs bourdonnements intéressés !

**

C'est en vertu d'un contrat que la Banque nationale a été établie. A-t-elle rempli les conditions de
ce contrat ? Si elle ne l'a pas fait, le gouvernement
doit l'y obliger?

Nous avons eu cette année une baisse sur les cafés qui a produit ici un contre-coup terrible. Cela a été
un malheur pour le pays, mais la Banque y est-elle
pour quelque chose ?

Si elle en avait le pouvoir, nous sommes persuadé qu'elle aurait plutôt décrété la hausse que la
baisse sur les marchés d'Europe.

Est-ce aussi la faute de la Banque si les Chambres
ont voté un budget excessif et dépassant toutes nos
prévisions de recettes ?

Au moins, dans cette circonstance, ce journal n'a rien à se reprocher. Il dénonça dans le temps ces votes *insensés* à l'opinion publique.

Une commission s'est réunie.

Cette commission consultative va-t-elle tirer l'administration d'embarras ?.....

Nous savons comment ces choses-là se font. On bavarde beaucoup ; chacun propose un plan opposé à celui du voisin. L'un dit que l'agriculture est la mamelle du pays, qu'il faut s'adresser à elle ; l'autre que l'économie, l'économie seule peut nous sauver. Bref, on discute beaucoup sans rien faire. Et le gouvernement de ces commissions ne recueille d'autre profit que celui d'avoir bien inutilement demandé des conseils à des gens qui ne pouvaient pas en donner, qui sont incapables d'en donner et qui parfois sont bien aises de vous voir leur exposer votre impuissance !

Mais à quoi sert donc un ministre des finances si ce n'est précisément à avoir des idées, un plan, un système ? A quoi sert un ministre des finances si ce n'est précisément à diriger une situation au lieu de demander qu'on la dirige pour lui ?

***

Quand la Banque était dans la période d'incubation, nous avons émis, et sur le mode de règlement de l'emprunt Domingue et sur les avantages qu'on réservait au pays dans le futur établissement financier, des idées qui combattaient celles de l'exécutif. Il nous souvient alors que les mêmes individus qui, sans souci de la dignité d'un gouvernement, du sang-froid qui lui est indispensable dans toute occasion, le convient aujourd'hui à briser les vitres, chantaient alors sur le mode dithyrambique le plus échevelé les immenses bienfaits que la Banque et l'exécuteur alors de la pensée du chef de l'Etat, M. Charles Laforestrie, devaient procurer au pays !

Alors, comme maintenant, nous pensions, hélas! que le Président n'était pas aidé, n'était pas secondé dans ses idées d'amélioration et de progrès. Nous nous disions que quelles que soient son intelligence, ses vues supérieures, il ne trouvait pas dans la plupart de ceux qui l'entouraient le dévouement auquel il avait droit. L'esprit de lucre et d'intérêt personnel dont notre société est la proie faisait que les plus belles conceptions confiées à des mains indignes ne donnaient que des avantages dérisoires !

Il nous serait facile aujourd'hui de nous prévaloir de cet avantage d'avoir trop bien vu. Mais, en agissant ainsi, nous manquerions de patriotisme et nous prouverions que les citoyens qui dirigent la rédaction de ce journal n'ont aucune des qualités qui constituent les hommes de gouvernement !

Assurément, nous ne croyons pas que le contrat passé avec la Banque soit une œuvre parfaite. En attendant, ce contrat existe et ce n'est pas en criant, soit dans un journal, soit dans le sein d'une commission : A BAS LA BANQUE! qu'on peut le modifier.

Les insurgés de Saint-Marc n'agissaient pas autrement, et dans tous les cas les résultats sont absolument identiques!

S'il existe dans le pays une fraction notable de citoyens qui, pour des motifs honnêtes et avouables, désirent que le contrat soit modifié, il ne peut l'être que par LES CHAMBRES NOUVELLES et sur le consentement des parties. Alors, et alors seulement, l'éxécutif viendra et déclarera solennellement que l'essai loyal qu'il en a fait n'a pas rempli toute son attente.

En attendant, si on veut avoir une juste appréciation de ce qui se passe, qu'on observe le visage de nos adversaires chaque fois que nous crions nous-mêmes : A BAS LA BANQUE!

A la joie infernale qui brille sur leurs traits, on sent combien ils sont heureux de nous voir détruire de nos propres mains ce qui hier encore était pour nous la panacée universelle, l'élixir de vie !

(L'*Œil*, numéro du 31 décembre 1881.)

LA POLITIQUE

On a parlé souvent de la nécessité pour un gouvernement de créer une classe de conservateurs pour contrebalancer l'influence envahissante des factieux...

Les éléments qui doivent former cette classe sont tout trouvés ; ils sont sous la main.

Ils résident dans la classe nombreuse des serviteurs de l'Etat.

Ce sont eux, les employés publics, qui doivent former le noyau principal autour duquel les conservateurs doivent se grouper.

Le grand principe social de la lutte pour la vie trouve ici sa facile application. L'employé public qui aide au maintien de la paix ne fait pas seulement acte de patriotisme et de dévouement à la personne du chef, il lutte encore pour sa vie, pour la vie de sa famille, pour celle de tous les siens !

Ne sait-il pas que le premier soin d'un gouvernement nouveau, c'est de révoquer tous les employés pour y placer ses amis et ses créatures ?

Et aujourd'hui où il est si difficile — on peut

dire même impossible — de trouver une place dans le commerce, révoquer un employé, c'est décréter sa mort !

Combien en avons-nous vu sous les précédents régimes dont la vie était tranquille et calme, dont la famille était heureuse et prospère, qui subitement sont tombés dans la plus affreuse misère, parce qu'une révolution victorieuse ayant besoin de caser ses partisans les avait rendus à ce qu'on appelle ironiquement les douceurs de la vie privée !

Ces exemples sont présents à la mémoire de l'employé public et il ne saurait les oublier.

En défendant le gouvernement, il défend, comme on dit vulgairement, sa peau. Il est plus intéressé que personne à son maintien ; il sait ce qui l'attend dans un changement, malgré toutes les belles promesses qu'on pourrait lui faire. Les révolutions ne respectent même pas l'inamovibilité des juges ! Jugez si on respecterait sa place !

Donc, c'est là, dans la classe des employés publics, qu'est la force conservatrice du gouvernement.

Ceux qu'il trouverait tièdes ou indifférents dans les moments de crise comme celui que nous venons de traverser ont des espérances secrètes ou appartiennent à cette classe d'hommes mous et faibles que la défense même de leurs intérêts les plus chers n'a pas le pouvoir de réveiller de leur torpeur !

Ceux-là, en bonne logique, devraient s'effacer, car ne manque pas dans le parti national d'hommes énergiques et résolus, propres à tenir leurs emplois !

Hâtons-nous de dire que c'est une supposition purement gratuite, car tout le monde a été, chaque fois que la sécurité a paru menacée, admirable de patriotisme et de bonne volonté !

Ainsi sans sacrifices, en prenant simplement des habitudes de régularité et d'exactitude dans le service des appointements des serviteurs de l'Etat, on peut, dans tout le pays, faire de la grande masse des employés une phalange dévouée au maintien de la paix !

(L'Œil, numéro du 31 décembre 1881.)

LA POLITIQUE

Le ministère nouveau qui est arrivé aux affaires la veille du premier jour de l'an a été salué par un grand cri de satisfaction et de soulagement publics.

Il y avait quelque chose de solennel dans la façon avec laquelle il entrait dans la vie politique. Il finissait une année qui n'a pas toujours été exempte de tristesse et d'ennuis. Il en ouvrait une autre et semblait apparaître à chacun comme une promesse et comme une espérance.

On sait combien l'esprit humain est impressionnable, surtout chez nous. Eh bien! en regardant les hommes nouveaux que la confiance du chef de l'État avait appelés à ses côtés, on se disait que peut-être le mystérieux avenir serait doux et clément pour eux et qu'ils sauraient, grâce à leur expérience et à leur patriotisme, donner au pays des jours heureux et calmes!

Quelque lourd que soit l'héritage qu'ils recueillent et que, comme tous les héritages politiques, ils ne peuvent accepter que sous bénéfice d'inventaire, chacun reste persuadé qu'ils feront tous leurs efforts pour mériter l'estime et la reconnaissance de leurs concitoyens!

*
**

Quel doit être le programme du nouveau ministère?

Il n'en saurait avoir d'autre que celui du parti national lui-même, c'est-à-dire qu'il faut qu'il s'inspire des idées qui prédominent dans le peuple et dont les grandes lignes ont été si éloquemment tracées par le chef de l'État à son avènement au pouvoir !

Il faut reprendre le programme lancé à cette époque et le remettre résolument en action !

Pour cela, les membres du nouveau ministère ont besoin de toute la confiance des hommes influents du parti national. Il faut qu'ils s'en inspirent et qu'ils s'en entourent !

Ces hommes ont un peu déserté le poste de combat, les uns parce que, croyant le triomphe assuré, ils jugent leur présence inutile, les autres parce qu'ils sont *un peu dégoûtés, un peu las des mirages trompeurs de la politique.*

Il s'agit de raffermir ces hommes, de les grouper autour du drapeau national !

En mettant résolument au service du peuple tout ce qu'ils ont de volonté et de foi, les nouveaux ministres arriveront immédiatement à ce résultat. Et ils le consolideront en répudiant surtout le système qu

consiste à se faire un ami douteux tout en risquant de mécontenter un coreligionnaire politique !

Ils veilleront scrupuleusement à ce que les places de l'État, ses faveurs, ne s'égarent pas sur des têtes indignes. Rien n'affaiblit davantage le dévouement quand on voit un individu occuper une situation ou jouir d'un profit auquel ne lui donnent droit ni son mérite, ni ses antécédents, ni même ses opinions actuelles.

Le principe démocratique doit être appliqué, en ce qui concerne les emplois publics, dans toute son inflexible logique : Aux nationaux l'administration du pays !

Ils étaient, ils seront peut-être demain au péril. Il faut qu'ils soient aujourd'hui à l'honneur !

Sous prétexte de rallier les mécontents, on a parfois oublié ce principe tutélaire. Le nouveau ministère, espérons le, n'y manquera pas.

Les hommes qui le composent sont trop expérimentés pour ne pas savoir qu'on ne rallie rien avec ce système faux et bâtard de fusion déloyale. L'homme politique qui en essaie gagne parfois dans un certain milieu une petite popularité éphémère et malsaine, mais c'est toujours au détriment de l'État, au détriment du chef qu'il sert !

Combattre le désordre et l'anarchie est sans doute le premier devoir d'un ministère. Mais il faut les combattre sous toutes les formes et ne pas créer une anarchie morale, un désordre dans l'esprit en s'exposant à des choix que le peuple réprouve et qui font faire des comparaisons funestes, des réflexions amères !

Tel est, selon nous, le point principal du programme politique que le nouveau ministère tiendra à observer.

***

Dans l'administration, ce que l'opinion publique réclame vivement, c'est surtout une économie vigilante des deniers de l'État.

Supprimer toutes les dépenses exagérées, inutiles ;

Si ce n'est accroître pour le moment, au moins permettre à la richesse publique de respirer ;

Organiser un contrôle inexorable sur toutes les branches de recettes ;

Faire partir du ministère des finances, et toujours inopinément, le système de contre-vérifications douanières, qui ne peut être pour l'employé fidèle qu'un certificat public de probité et d'honneur ;

Pour ces contre-vérificatious, procéder à époques indéterminées, sans avis préalable, sans commission bruyamment désignée à l'avance, par le moyen très simple de deux ou trois individus arrivant à l'improviste, qui arrêtent l'enlèvement de la marchandise déjà vérifiée, et permis en main ordonnent une nouvelle opération ;

Détacher le contrôle, dans toute la République, de l'administration des douanes ;

Ne jamais perdre de vue qu'il n'y a que le contrôle permanent et efficace qui fait les bonnes administrations ;

Signaler au pays, dans le *Moniteur de la République*, après chaque contre-vérification, les employés intègres et vigilants ;

Instituer ainsi une sorte de *Livre d'or* de l'administration publique ;

Récompenser, en puisant souvent dans ce *Livre d'or*, les fonctionnaires honnêtes en les appelant aux charges élevées de la République ;

Fermer obstinément l'oreille à toutes les questions stériles, tapageuses, qui revêtent au premier abord un grand air de civilisation et de progrès et qui ne sont au fond qu'une inutile occasion de dépenses ;

Avant d'entreprendre quoi que ce soit, le vérifier, le contrôler scrupuleusement, mûrement, afin de ne pas s'exposer à d'amères déceptions ;

Développer, encourager le travail par tous les moyens possibles ;

Se rappeler sans cesse que l'argent gagné honnêtement, au prix du travail, crée dans une société les instincts d'ordre et de paix ;

Qu'au contraire, l'argent qui est le prix du favoritisme, de la spéculation véreuse, est un sujet de discorde et de guerre civile, et que l'histoire de nos trente dernières années le prouve à chaque page ;

Etudier une modification de la base de l'impôt qui, tout en le rendant plus productif, le rendrait aussi plus équitable ;

Enfin, se souvenir en tout et partout que la meilleure enseigne d'un gouvernement, c'est l'économie sagement pratiquée, surtout en face de la crise économique dont nous menace la baisse du café !!!

Tels pourraient être, selon nous, les points principaux du programme d'administration du nouveau ministère !

Mais c'est moins la proclamation des grands principes que leur réalisation qui intéresse le peuple.

C'est pourquoi si, sans faire aucune déclaration ministérielle, on nous donne quelques bonnes réformes, si on adopte une politique fermement *nationale*, nous ne regretterons pas quelques phrases de plus ou de moins, qu'on en soit bien persuadé !

Nous avons assez de confiance dans les hommes qui arrivent au pouvoir pour croire que notre attente ne sera pas vaine.

Nous avons confiance dans leur expérience, dans la connaissance profonde qu'ils ont des vrais besoins du peuple !

Nous n'ajoutons plus qu'un mot :

La première condition pour un gouvernement est d'assurer son existence, son maintien.

Il n'y a pas, qu'on l'entende bien, il n'y a pas de sacrifices assez grands qu'on ne doive faire dans ce but. La paix publique dans un pays comme le nôtre ne peut régner, malheureusement, que grâce à la FORCE.

Donc, en dehors de leur programme, au-dessus de leur programme, les nouveaux ministres doivent faire tous les sacrifices possibles à la SÉCURITÉ de l'État. Ce n'est que grâce à la paix qu'ils pourront réaliser ce qu'ils rêvent de bon et d'utile pour la République !

Or, pour le moment deux points principaux, essentiels, doivent fixer leur attention : payer toujours régulièrement les employés pour constituer fermement cette phalange dévouée à l'ordre public dont nous parlions l'autre jour, et arriver à former une réserve d'argent, si mince qu'elle puisse être au début, pour parer à toutes les éventualités.

Voilà à grands traits ce que le parti national attend du nouveau ministère.

Et pour résumer notre pensée d'un mot, s'il veut réaliser les espérances du pays, le nouveau ministère doit être radical et progressiste en même temps.

(L'*Œil*, numéro du 7 janvier 1882.)

DISCOURS

———

Le 21 janvier 1882, le journal l'*Œil* publiait ce qui suit :

« Notre sympathique collaborateur, M. Frédéric Marcelin a été élu, vendredi passé, vers les 8 heures du soir, député de la capitale. Il a été élu à environ 780 voix de majorité.

« Nous nous réjouissons vivement du succès de notre collaborateur. Nous ne nous réjouissons pas moins pour le pays qui trouvera dans l'indépendance de caractère, dans les opinions franchement nationales et surtout dans le profond amour de l'ordre et de la justice du député, des garanties sérieuses pour les affaires publiques.

« Nous donnons ci-après le discours, non pas le discours, mais la brillante improvisation que M. Frédéric Marcelin a faite après le résultat du scrutin :

« Electeurs de la capitale,

« Chers concitoyens,

« Je ne trouve pas d'expressions assez vives pour vous peindre toute ma joie, toute mon émotion.

« La grande manifestation dont je viens d'être l'objet m'émeut profondément.

Croyez-le bien, j'en comprends l'importance et la signification. Vos applaudissements saluent en moi un de vos concitoyens qui, même dans les jours les plus mauvais de notre histoire contemporaine, dans ces temps où il semblait qu'il n'était plus permis d'espérer, n'a jamais douté du triomphe de la cause nationale !

« Vous savez tous qui je suis ; vous savez tous quelles ont été mes opinions invariables et constantes !

« JE N'AI JAMAIS RENIÉ MON PASSÉ, NI MON RÊVE !

« Je puis, sans vanité, me rendre ce témoignage consolant.

« Depuis quinze ans, c'est-à-dire dès mes premiers pas dans la vie sociale, j'ai choisi nettement le drapeau dans les plis duquel j'entendais abriter mes espérances politiques. A ce drapeau, malgré les déceptions et la fortune contraire, je suis resté fidèle. Et aujourd'hui j'ai la joie de me retrouver avec vous, mes chers concitoyens, l'esprit plein des mêmes idées qui m'animaient naguère et absolument d'accord avec vous sur tous les points !

« Oui, de Salnave à Domingue, j'ai éprouvé bien

des angoisses, bien des tristesses, mais jamais une défaillance! Et comment aurais-je pu douter du succès de notre cause? Est-ce que l'histoire du monde ne prouve pas que quand des factions s'élèvent dans un pays, leur triomphe ne peut être qu'éphémère? Est-ce que l'histoire du monde ne prouve pas que ce qui est bâti en dehors du peuple et contre le peuple est fragile et passager? Que les seules œuvres durables sont celles qui ont la consécration populaire?

« Pourquoi ce qui a été toujours vrai ailleurs serait-il faux ici?

« Non, les lois éternelles sont les mêmes partout, et c'est vainement qu'on essayerait d'en entraver le légitime développement.

« Aussi, conformant ma conduite avec mes convictions, j'affirme hautement qu'aucun des gouvernements qui se sont succédé depuis quinze ans dans notre pays ne peut dire, s'il n'avait pas mes sympathies, m'avoir vu grossir le nombre de ses partisans. On ne m'a jamais vu passer d'un camp à un autre, d'une opinion à une autre, avec ce sans-façon dont nos fréquentes révolutions nous ont donné si souvent le fâcheux exemple.

« J'ai toujours préféré l'effacement à l'abaissement!... Et quand vous m'acclamez, vous acclamez, vous le savez bien, un homme de cœur qui, dans tous les temps, est resté fidèle au drapeau qu'il s'était juré de servir!

« C'est en ce sens que vos applaudissements ont un

grand prix pour moi. Vous me récompensez de ma loyauté et de ma foi, je vous en remercie !

« Concitoyens,

« Les jours sombres dont nous parlions tout à l'heure, ces jours où la République dominée et asservie ne laissait à ses enfants que le désespoir et l'impuissance, ces jours sont loin. Ils sont passés sans retour, nous en avons pour garant notre volonté et notre énergie.

« Grâce au patriote que nous avons à la tête du pays, nous pouvons espérer que le parti national, aujourd'hui triomphant, saura dégager son programme de toutes les ombres qui peuvent l'obscurcir et prouver à ses détracteurs que la justice et le progrès sont ses seuls mobiles !

« Pour ma part, je déclare hautement, dans toute la liberté de ma conscience et dans toute la dignité du mandat que vous venez de me confier, que jusqu'ici l'administration inaugurée par le Président Salomon peut être servie et défendue par tous les honnêtes gens et leur rester, dans tous les temps, un titre d'honneur !

« Si je pouvais éprouver le moindre doute à cet égard, croyez bien, mes chers concitoyens, que je n'aurais pas brigué vos suffrages !

« Le Président Salomon, j'en suis persuadé, est une nature loyale, et, quelles que soient les nécessités de la politique, on peut avoir toute garantie dans ce caractère si bien trempé. Ses aptitudes politiques, aidées de son expérience, lui indiqueront toujours le point où l'on peut aller et qu'on ne peut dépasser !

« Si nos adversaires n'avaient pas profané ce mot de LIBÉRAL, je dirais que le Président Salomon est un esprit libéral et je le dirais avec justice et vérité. Mais puisque ce mot, détourné de sa véritable signification, a été souillé par L'ESPRIT DE FACTION, contentons-nous de dire que le chef de l'Etat est l'homme impartial et juste, mais fermement résolu à sauvegarder la paix publique, que nous appelions depuis si longtemps de nos vœux !

« Ah! les ennemis du pays ne sauront jamais combien l'existence de cet homme, à certains moments, est nécessaire à leur propre existence! »

Concitoyens,

« Un parti n'est grand, n'est puissant, n'est durable que lorsqu'à la force matérielle il unit toutes les forces morales, lorsqu'il est intelligent et honnête, en même temps que nombreux et compact. Tous les partis qui arrivent au pouvoir doivent se modifier, se transformer sous cette influence bienfaisante, sinon ils sont condamnés fatalement à disparaître. C'est en vain qu'ils compteront sur l'avenir s'ils n'ont pour base la morale et la justice !

« Ces transformations n'arrivent, il est vrai, que bien lentement, mais il suffit qu'elles soient visibles, que l'évolution vers le bien soit manifeste, pour que les lois immuables qui gouvernent notre monde étant observées, nous puissions croire au temps, cette chose inestimable qui nous fait trop souvent défaut dans notre pays !

« Aussi le devoir de tout bon citoyen est de travailler, de travailler sans cesse afin d'apporter au
parti national ces éléments d'ordre et de justice si
indispensables à sa durée et, oserais-je le dire, à son
éternité... Et pourquoi en douterions-nous si, à la
force matérielle que nous possédons déjà si largement, nous savons doter notre parti de toutes les
forces morales?

« Pour ma part, il y a déjà longtemps que j'ai ouvert
dans un des organes les plus populaires de la capitale une campagne destinée à grouper, à coordonner
toutes les idées qui nous sont communes, de façon à
en former un programme, un centre d'action pour
nos amis, un abîme entre nos adversaires et nous.
Plus un parti politique est nettement défini, plus il a
de vie et de force. Aucune œuvre remarquable et
digne de l'admiration humaine n'a été accomplie si
elle n'était appuyée d'un système, d'un dogme par-
faitement établi !

« C'est aux côtés d'un des citoyens les plus remarquables de cette ville, de celui qu'un peu à tort, selon nous, on a surnommé le Rochefort d'Haïti, —
car mieux que l'autre il sait allier à l'esprit gaulois
toutes les qualités de l'homme d'Etat, — de celui
dont le nom est si populaire parmi vous et que je
n'ai pas besoin de nommer puisque vous l'avez
nommé pour moi, c'est aux côtés de cet homme et
dans le puissant organe de publicité fondé par lui,
que j'ai entrepris cette campagne.....

« Aujourd'hui, vous m'ouvrez une plus vaste arène.
Au lieu du champ clos du journalisme, vous m'ou-

vrez la tribune législative. Encore une fois, je vous en remercie.

« Laissez-moi vous dire que je sais à quoi je m'engage vis-à-vis de vous. Laissez-moi vous dire que je saurai réaliser les espérances que vous mettez en moi ! En pourrait-il être autrement ? Et devant l'unanimité de vos suffrages, si je trahissais votre confiance, ne perdrais-je pas la plus belle occasion qui se soit jamais offerte à un homme de mériter la reconnaissance publique ?

« Concitoyens, mon passé répond de l'avenir.....

« Il ne me reste plus qu'à ajouter un mot. Le parti national a présenté une liste de candidats à la Chambre des députés. Le premier nom de cette liste est sorti victorieux du scrutin, et je vous disais à ce propos que cette victoire présageait celle d'aujourd'hui.

« N'avais-je pas raison de compter sur vous, concitoyens ?

« Eh bien ! j'affirme, j'affirme en votre nom, que demain nous serons encore vainqueurs. Vous ne ferez pas mentir ma prédiction, et vous souvenant que la discipline est la qualité essentielle d'un parti, vous voterez demain, tous, tous pour le citoyen Moléus Germain.

« Vive la souveraineté du peuple ! »

QUESTION SOCIALE

———

Depuis quelques jours, grâce aux mesures énergiques qui ont été prises pour assainir la ville, on
dirait que l'épidémie de petite vérole qui sévit sur
nous s'est arrêtée dans sa progression.

Si le chiffre de la mortalité n'a pas sensiblement
diminué — car nous avons encore un grand nombre
d'individus dont la maladie peut avoir une issue
fatale — au moins on ne constate pas des cas nouveaux en aussi grand nombre que la semaine passée. Et même ces cas nouveaux sont plutôt de l'espèce bénigne que de celle appelée généralement
confluente, et qui est presque toujours mortelle
dans la période que nous traversons.

Nous pouvons donc espérer qu'avant longtemps
nous serons débarrassés de cet hôte incommode.....
Malheureusement, tout fait présager que d'autres
populations paieront, après nous, le même tribut à
l'épidémie.

La marche du fléau est facile à suivre... Venu de
la partie dominicaine, il infeste le Cap, où il mois-

sonne sept cents victimes environ. Puis il se répand dans toutes les villes et dans toutes les plaines du Nord. Il y séjourne quelques mois, et, reprenant sa course, s'abat sur Port-au-Prince, où il exerce ses ravages avec la dernière violence.

Jamais à aucune époque de notre histoire nous n'avons subi une épidémie aussi terrible. Jamais nous n'avons vu dans cette ville un deuil et une lamentation senblables à ceux que le fléau nous a infligés !

Le chiffre de la mortalité a atteint chaque jour de terribles proportions, et ce chiffre, comme cela arrive toujours dans ces cas, est encore grossi par les imaginations affolées.

Le soir, le passant attardé qui voit venir à lui ces petites lumières tremblotantes, devenues maintenant si familières, est saisi d'une inexprimable angoisse. C'est un varioleux qu'on transporte à la fosse, et c'est surtout la nuit que se font ces inhumations hâtives.

Dans certains quartiers populaires le sommeil est devenu impossible. Les pauvres gens si harassés, si fatigués durant le jour, ne peuvent prendre un instant de repos. Les cris, les gémissements, le délire surtout, l'horrible délire des victimes, secouent d'un frisson de terreur ceux que le mal a encore épargnés et les y prédisposent.

Voilà quelle est encore notre situation jusqu'à présent...

Mais on nous prédit que nous serons prochainement débarrassés du fléau.

En observant ce qui s'est passé au Cap, où la petite vérole a entièrement disparu, depuis qu'elle s'est abattue ici, on a tout lieu de croire que le même phénomène se reproduira. L'influence morbide qui nous enveloppait va se transporter ailleurs, assure-t-on.

Si cela est vrai, comme tout, au reste, le fait supposer, les populations du Sud doivent prendre leurs précautions. Et il incombe à l'autorité de recommander aux habitants des localités menacées toutes les mesures d'hygiène qui leur sont indispensables.

Le gouvernement doit prescrire aux conseils communaux de toutes ces villes l'emploi des moyens les plus énergiques pour désinfecter et assainir les maisons et les cités. On ne saurait aller trop loin dans cette voie devant le terrible fléau qui menace de faire le tour de l'île!

Et tout nous dit que notre population, après cette épidémie, aura éprouvé une notable diminution, diminution qu'en l'absence de toute statistique nous ne pourrons évaluer qu'à la longue. En effet, si nous pouvons apprécier nos pertes dans les villes, qui nous dira jamais le nombre des victimes enlevées dans nos plaines et dans nos mornes?

Même quand l'épidémie aura complètement cessé, il sera sage de continuer pendant quelque temps l'emploi des moyens de préservation. Car quelque chimérique que puisse être cette crainte, il n'est pas inutile pourtant de veiller à ce qu'une nouvelle invasion ne se reproduise.

Nous devons féliciter le secrétaire d'Etat de l'intérieur de l'activité et de l'énergie qu'il a déployées pour combattre ici les progrès de la petite vérole. On l'a vu partout, dans les hôpitaux des varioleux aussi bien que dans les cimetières, se rendant compte par lui-même si rien ne manquait aux malades, et si les morts étaient enterrés de façon à ne pas empoisonner les vivants. Il a payé de sa personne et nous n'attendions pas moins de lui !

Nous aurions aimé à adresser les mêmes éloges à la charité privée, à l'initiative individuelle. Malheureusement, il n'en est pas ainsi, et nous avons le regret de dire que ces nobles élans du cœur qui, ailleurs, glorifient l'humanité et qui réunissent tout le monde sans distinction d'opinion et de position sociale dans une réelle solidarité fraternelle, que ces nobles élans du cœur sont bien rares chez nous! Chacun pour soi, semble-t-on dire, et pour les soins généraux à porter à la communauté, on attend tout de l'autorité. Pourtant un peu d'initiative privée, un peu de charité publique, n'auraient pas fait de mal. En temps d'épidémie surtout, il faut être charitable ; on est si près de la mort! Et qui sait si un sentiment d'humanité envers ses semblables n'a pas la mystérieuse influence de préserver des coups du destin !

En Angleterre, la loi a rendu la pratique de la vaccine obligatoire. Tout enfant doit être vacciné dans les quatre mois de sa naissance, et il y a des amendes sévères contre les pères de famille qui négligent de le faire.

En Allemagne pareillement la vaccine est obligatoire, et pour se marier il faut présenter, en même temps que son état civil, le certificat du médecin qui atteste qu'on a été vacciné.

Grâce à ces mesures, il est démontré par une longue expérience que la mortalité a sensiblement diminué dans ces pays et dans tous ceux où l'usage de la vaccination s'est généralisé.

Il importe donc que les Chambres législatives, dès leur ouverture, prennent une disposition à cet égard.

La vaccination est le principe salutaire qui, introduit dans notre législation, préservera nos populations du fléau de la petite vérole!

(L'Œil, numéro du 28 janvier 1882.)

COMITÉ DE SECOURS AUX VARIOLEUX

Mes efforts ne se bornèrent pas à quelques articles de journaux. En présence de l'épidémie grandissant chaque jour, je tentai quelque chose de plus utile. Avec l'aide de quelques amis, je créai un Comité de **Secours aux varioleux.** Durant plusieurs mois, mes amis et moi, nous distribuâmes à Port-au-Prince des secours en argent, en provisions de bouche, en médicaments, à des milliers de familles. Nous visitâmes bien des demeures pour y apporter un peu d'aisance et beaucoup de consolation et d'espoir. Nous fûmes partout sur la brèche, partout où le pauvre, le souffrant pouvait avoir besoin de nous.

De cette tentative pour acclimater chez nous l'esprit de solidarité dans les malheurs, de charité publique envers les autres, organisé et pratiqué comme cela se voit à l'étranger, il ne m'est resté qu'un souvenir agréable.

Un soir, — il y a quelques mois, — je traversais la rue Pavée dans une de ses parties les plus sombres, du côté de l'ancienne propriété Bazelais. Un homme et une femme suivaient et la femme disait : « Vous voyez cet homme, durant l'épidémie de petite vérole il m'a bien souvent donné du linge, des médicaments, de l'argent. Sans lui, je ne sais pas ce que ma famille serait devenue. Aussi je lui garde une profonde reconnaissance ! »

Je n'ai pas cherché à savoir quelle était cette femme assez simple pour parler de reconnaissance. Mais je retourne le mot de l'inconnue à qui de droit, c'est-à-dire à mes amis et collaborateurs, et je prends la liberté de rappeler ici le premier procès-verbal de notre réunion publié dans l'*Œil* :

Les Membres du Comité de Secours aux Varioleux se sont réunis samedi passé dans les bureaux de l'*Œil*, aux fins de constituer ledit Comité. Ils ont nommé M. Frédéric Marcelin, qui déjà avait pris l'initiative de la première souscription, président et M. Alix Rossignol, trésorier.

Il a été décidé que le Comité ferait un appel à tout le monde, à toutes les âmes généreuses qui voudraient l'aider.

Dans ce but, une circulaire a été adressée à quelques personnes pour les prier de recueillir des souscriptions.

Il a été arrêté aussi que quand la marche de l'épidémie sera enrayée à Port-au-Prince des secours seront portés aux indigents des localités voisines.

La Pharmacie Centrale, dans laquelle les prescriptions pour médicaments sont exécutées, a promis au Comité une forte réduction sur les prix de vente ordinaire. Le Comité l'en remercie publiquement.

Trois de nos membres, MM. A. Rossignol, A. Mathieux et A. Bourjolly ont été délégués pour visiter les malades indigents, tant dans les hôpitaux que dans les maisons privées, et leur porter des secours soit en médicaments, soit en argent.

Nous avons écrit au curé de Sainte-Anne, au père Kersuzan, et au père Guillard, pour leur envoyer à chacun d'eux une certaine somme. Nous les prions de vouloir bien distribuer cet argent aux varioleux nécessiteux. Des secours sont constamment tenus à leur disposition.

Une circulaire a été envoyée à tous les médecins de la capitale pour les autoriser à adresser leurs malades nécessiteux au Comité, non seulement pour l'exécution de leurs ordonnances en médicaments, mais encore pour des secours en argent ou en nourriture. Ces divers ordres sont immédiatement exécutés ; il suffit pour cela de l'attestation et de la signature du médecin.

Tous ceux qui veulent faire des dons au Comité en vieux linges ou en médicaments et désinfectants quelconques peuvent nous les adresser. Ils seront reçus avec reconnaissance. Sur ce sujet, il a été placardé un avis dans nos principales rues et sur nos places publiques.

En attendant, nous avons commencé des distributions de chemises neuves aux convalescents.

Le public indigent peut s'adresser à nous pour les cercueils : un certain nombre, confectionnés à l'avance, est tenu à sa disposition. Pour ce service, on peut voir tous les membres du Comité indistinctement ou principalement M. Crispin jeune.

Il a été décidé que du vaccin, selon nos ressources, serait demandé aux Etats-Unis par la plus prochaine occasion. Il ne suffit pas, en effet, de combattre le mal, il faut le prévenir. Nous avons commencé des fumigations au goudron, au charbon de terre — don de notre honorable concitoyen B. Rivière — dans les quartiers les plus éprouvés de la ville.

Enfin, sous l'initiative de M. Arthur Bourjolly, qui montre à l'œuvre un grand dévouement, et sous la direction du père Kersuzan, des distributions de nourriture appropriée aux malades sont faites à domicile.

Par tout ce qui précède, le public voit quelle lourde charge pèse sur le Comité. Il espère que tout le monde lui viendra en aide. C'est avec reconnaissance qu'il acceptera tous les dons, les petits comme les grands. Il applaudira aussi à l'initiative de ceux qui voudront se mettre à la tête de souscriptions privées et lui en faire parvenir le montant.

Il profite enfin de l'occasion pour adresser ses remerciements à M. Green, directeur de la Compagnie des Tramways, pour l'empressement qu'il a mis à mettre ses cabrouets à la disposition du Comité, ainsi qu'un cheval et des cartes de tramway à M. le docteur Grave de Peralta, qui s'est offert pour voir gratuitement les malades indigents.

LA POLITIQUE

———

Des idées fausses, des théories erronées se sont incrustées dans l'esprit de certaines gens comme des exanthèmes sur la peau d'un malade. Le devoir de la presse est de combattre ces idées et ces théories, de les mettre au grand jour pour les vaincre.

Pour ma part, il me semble que je manquerais à ce que mes amis attendent de moi si je me dérobais à cette tâche. Et je n'ai pas d'autre façon de servir dignement mon pays et le parti politique auquel j'appartiens qu'en essayant, dans la mesure de mes forces et chaque fois que l'occasion se présentera, de dire en toute sincérité ce que je crois être juste et vrai.

Au moment psychologique où nous sommes arrivés, après deux années durant lesquelles le gouvernement a usé, on ne saurait le méconnaître, de patience et de modération, il peut y avoir un certain intérêt à examiner loyalement et franchement notre présent état social au point de vue de l'apaisement des esprits et de l'anéantissement des factions.

Malgré la modération, malgré la patience du chef

de l'Etat, les esprits ne sont pas apaisés, les factions ne sont pas anéanties.

Qu'en faut-il conclure?

Ce système de modération et de patience est-il mauvais et est-il temps d'en changer?

Cela ne me paraît pas bien démontré. Je crois bien plutôt que cela tient à certaines questions inhérentes à notre état politique, questions qui dominent la situation depuis deux ans et desquelles il faut tenir compte.

Dans la série d'articles et, si le mot n'était pas trop ambitieux, je dirais d'études que je vais entreprendre, je souhaite dissiper des erreurs, des malentendus qui pourraient devenir funestes dans la suite. Si dans ce que j'écris j'arrive à heurter des sentiments depuis longtemps enracinés, qu'on soit bien convaincu que je n'ai d'autre dessein que l'utilité générale et le bonheur de la patrie!

Un vieil auteur disait : « Nous devons travailler à nous rendre dignes des emplois publics; le reste est l'affaire des autres. »

Je n'ai pas l'intention, certes, de m'appliquer ces fières paroles; mais je puis bien dire qu'en remplissant ce qu'on croit être son devoir on peut laisser aux autres le soin de vous blâmer ou de vous applaudir.

Cette trop longue parenthèse, dont je demande pardon au lecteur, fermée, entrons en matière.

Nous allons traiter, si vous le voulez bien, de cet esprit de discordes civiles dont notre malheureux pays est la proie depuis tant d'années. C'est entrer

dans le vif de la question, et c'est par là malheureusement qu'il faut débuter chaque fois qu'il
s'agit d'Haïti. C'est le portique de cet édifice national
où les ruines et les abus se voient à chaque pas...

Sur un sol ravagé — je parle bien entendu du
sol politique — tourmenté comme si des torrents
impétueux y avaient passé, nous avons dressé nos
tentes depuis les luttes de notre indépendance.

Et depuis ce temps-là nous nous sommes mis au
régime de ce pain quotidien des révolutions et des
conspirations, pain quotidien fait des os, de la chair
et du sang de nos concitoyens ! Etonnons-nous encore que nous soyons si misérables, si chétifs, si
ignorants avec une hygiène semblable !

*

Le Président de la République déclarait, il y a
quelques jours, que son gouvernement serait attaqué prochainement... Eh bien ! dans ce peu de mots,
voilà toute notre histoire, voilà toute notre vie depuis l'Indépendance. Les chefs d'Etat passent tout
leur temps, mais littéralement, à prévenir ou à combattre les conspirations.

Et puisque toutes leurs facultés et toute leur énergie sont tournées de ce côté-là, comment voulez-
vous qu'ils fassent leur œuvre de gouvernement, car
se défendre, déjouer les ruses de ses adversaires,
est-ce là toute l'œuvre d'un gouvernement ?

N'est-ce pas une chose curieuse que ce fol entraî-
nement auquel toute une nation est la proie ?

Au moyen-âge, il y avait de ces remèdes que tout le monde employait, qui tuaient tout le monde et dont tout le monde continuait pourtant à faire usage. Les révolutions ne sont-elles pas exactement semblables à ces drogues dont la science moderne a fait si complètement justice ?

Quand elles ne tuent pas un peuple — si ce peuple à une dose d'énergie et de vitalité — elles le frappent d'incapacité physique et morale pour de longues années.

Voyez ce qui se passe chez nous. Avec ces appels violents à la force, nous avons détruit l'indépendance des caractères, l'élévation dans les individus. Comme le propre des guerres civiles est de rabaisser le niveau moral, nous n'avons plus — ou à de rares exceptions — ces types de citoyens qui font l'orgueil et la gloire des nations.

Il n'y a pas de génération spontanée quand il s'agit de grandeur morale, de vertus civiques. C'est le milieu qui aide et développe ces éclosions-là. Et dans l'atmosphère malsaine des discordes civiles, n'est-ce pas qu'il n'y a que la trahison, le mensonge, le parjure, la lâcheté et la haine pour tout ce qui tend à s'élever qui peuvent se développer et vivre ?

Comment en serait-il autrement ?

Aussitôt qu'il se sent attaqué, miné sourdement, le gouvernement, pour se défendre, commence par resserrer peu à peu les libertés publiques. Comme on semble ne pas vouloir discuter avec lui, mais le renverser sans explication préalable, il met de côté l'opinion publique, qui lui paraît à bon droit suspecte, et insensiblement arrive à ne compter que sur la force matérielle, qui ne peut que comprimer et détruire tous les élans du cœur.

Et qu'on le remarque bien, tous les gouvernements sont unanimes pour déclarer que ce n'est pas eux qui ont commencé, et qu'un tel état de choses n'est pas leur faute. Interrogez les amis de Geffrard, de Salnave, de Nissage, de Domingue, de Boisrond-Canal.

Ils vous diront tous qu'ils ont été attaqués sans motifs, et que c'est pour se défendre des agressions qu'ils ont été obligés de recourir aux répressions sanglantes. Au fond, n'ont-ils pas un peu raison ?

Grâce à ces habitudes fâcheuses, il arrive que dans cette République qui se pique de démocratie, qui possède le suffrage universel, la présidence temporaire et toutes ces conquêtes qui précisément ont pour but d'éviter les commotions violentes tout en formant le caractère public, il arrive que l'Haïtien devant l'autorité ne croit possibles que deux attitudes : la soumission passive ou la révolte !

A qui la faute? N'est-elle pas à nous dont le fatal esprit révolutionnaire fait le malheur, arrête le développement social et empêche l'éclosion de toutes les mâles vertus qui ailleurs font le citoyen?

En conscience, croyez-vous que ce soient là des citoyens vraiment dignes de ce nom que ceux qui cherchent partout des ennemis à leur pays et qui, guettant le moment propice, ne rêvent que son anéantissement et sa ruine?

Croyez-vous que ce soient des citoyens vraiment dignes de ce nom, ceux-là qui n'hésiteraient pas une minute si on leur disait :

« Le gouvernement va tomber; mais pour cela il est nécessaire que la ville de Port-au-Prince disparaisse »? Ne répondraient-ils pas : « Périsse Port-au-Prince pourvu que nous ayons le pouvoir ! »

***

Je n'ai jamais eu de haine politique et j'ai toujours respecté mes adversaires, surtout vaincus. Mais j'avoue que je n'ai jamais eu que le plus profond dégoût pour les conspirateurs, à quelque catégorie sociale qu'ils appartinssent.

Ce n'est pas que je n'ai eu, aussi bien qu'un autre, mes déboires et mes petites tracasseries. Après Domingue, on a discuté s'il n'était pas urgent de me mettre sur une des fameuses listes de proscription dressées à cette époque. On m'a fait trotter bien des fois au parquet de la capitale; on a saisi à maintes reprises mes lettres, on ne me les a jamais rendues. Un ministre libéral m'a infligé une iniquité criante, et quand j'osais lui citer l'opinion favorable à ma cause de quelques honorables magistrats, dont l'un, entre autres, est membre de la Cour suprême : « Ne me parlez pas de ces gens, s'écriait-il en courroux ; ce sont des imbéciles ! »

Jamais ces petites misères n'ont eu la vertu de me faire sortir de mon rôle de conservateur. Pourquoi ? Parce que le mal qu'on peut faire à un chef d'Etat ne

compense pas, en définitive, celui que l'on fait à la
patrie, celui qu'on se fait à soi-même, celui qu'on
peut faire à des innocents !

De quel patriotisme vient-on donc nous parler
quand on n'hésite pas devant de telles choses?

Mais qu'importe? On trouble tout un pays, on surexcite ses passions, on fait peser sur un grand
nombre de citoyens innocents ou coupables les sus-
picions de l'autorité... Heureux encore quand on
n'a pas le sang de quelques malheureux à se reprocher ; car ce sang versé, c'est votre criminelle fantaisie qui l'a fait répandre et vous en êtes responsables !

*

A un tel état de choses n'y a-t-il aucun remède?

S'il n'y en avait aucun, je n'écrirais pas cet article, et je ne parle pas ici au point de vue du gouvernement actuel, auquel je crois assez de force pour
réprimer toutes les attaques et, chose beaucoup plus
difficile, pour résister à ceux de ses partisans qui, à
l'occasion de ces attaques, demanderont, comme
c'est la coutume, des mesures extra-légales. Mais
je parle comme citoyen, sensible à tout ce qui touche
le bonheur de mon pays !

Oui, à ce mal il y a un remède et ce remède est
dans nos propres mains. Nous pouvons en faire
usage quand nous voudrons.

Quelle est l'attitude qu'on reproche à la classe

conservatrice de garder presque toujours contre tous les gouvernements ?

L'abstention ou l'hostilité.....

Eh bien ! ce rôle est absurde ; il est contraire à nos propres intérêts ; il est contraire à la logique. C'est à ce rôle — vrai ou faux, je n'en sais rien, mais en politique il suffit qu'on vous prête un rôle pour que toutes ses conséquences vous soient acquises — c'est à ce rôle que nous devons toutes nos révolutions.

La bourgeoisie — c'est-à-dire tous ceux qui, à quelque titre que ce soit, possèdent un capital matériel ou moral — doit être conservatrice. Elle ne peut pas ériger en principe le droit à la force, qui est la destruction de tout capital, matériel ou moral. Son rôle, pour garder son influence salutaire sur les masses, est de *prêcher* la concorde et la paix et d'y *travailler*. Commerçant, industriel, avocat, journaliste, artisan, tous y sont intéressés pour conserver leur situation.

Lorsque la bourgeoisie prend le rôle contraire, ou même lorsqu'elle s'abstient de prendre aucun rôle, se contentant de dire : *Je ne me mêle pas de politique!* elle est en dehors de toutes les traditions. Elle court et fait courir au pays de graves dangers. Car il est évident qu'un individu qui n'a aucun capital, ni matériel ni moral, et à qui le champ est laissé libre, s'engage dans les aventures avec plus d'assurance que vous et moi. Il arrive toujours bon premier et décroche la timbale !

A la fin de Geffrard, le conservateur dévoyé se plaignait amèrement du gouvernement parce que, disait-il, ses coffres étaient pleins de papier et qu'en

convertissant ce papier à 25, taux d'alors, il perdrait
de l'argent. Hélas! ce malheureux, qui menait une
active propagande comme tous les faux conservateurs de l'époque contre Geffrard, a converti plus
tard son papier à 500 et 1,000! Et il n'a pas soufflé
mot.

Voilà les principes absurdes qui dominent la classe
conservatrice en Haïti et achèveront sûrement sa
ruine si elle n'y prend garde.

Elle a un autre rôle à remplir ; qu'elle le saisisse
résolument si elle veut vivre et sauver le pays !

Ni hostilité, ni abstention !

Il ne suffit pas de ne pas comploter, il faut encore
par l'influence morale dont on dispose aider à détruire dans l'esprit des autres les germes pernicieux
qui pourraient s'y former !

Quand les affaires vont mal, on s'écrie : « C'est la
faute du gouvernement ! » On dit cela, je le sais,
parce que c'est l'habitude, et nullement dans une
intention hostile. Mais il arrive que de pauvres
diables qui entendent répéter cela tous les jours vont
un beau matin se faire fusiller sur quelque point de
la République. Ces exécutions coûtent généralement
fort cher à l'État ; elles varient de cent à deux cent
mille piastres. Les affaires iront-elles mieux? Pas du
tout, puisque la fortune publique est diminuée de
deux cent mille piastres.

C'est encore mieux si on parvient à renverser le
gouvernement. Cela coûte des sommes fabuleuses,
et quand la révolution est faite au nom des immortels
principes, cela coûte encore plus cher !

Mais à moi qui me suis écrié plus d'une fois :
« C'EST LA FAUTE DU GOUVERNEMENT ! » qu'est-ce que
cela rapporte ? Un tas de choses désagréables : ma
maison pillée, incendiée, quelques parents et amis
fusillés (quand je ne le suis pas moi-même), mon
crédit, si je suis commerçant, anéanti, si je suis artisan, une grève forcée de travail, et par-dessus tout
la vexation d'avoir poussé une exclamation qui m'a
ruiné et qui a fait la fortune de deux ou trois individus qui souvent ne sont pas même haïtiens !

**

Eh bien ! pourquoi ne pas s'entendre ?

Pourquoi ne pas commencer une campagne contre
ces idées funestes qui dissolvent notre société ?
Notre propre intérêt, bien plutôt que celui d'un gouvernement quelconque, ne nous y convie-t-il pas ?

Pourquoi quelques hommes de bonne volonté ne
se dévoueraient-ils pas à cette tâche ? Pourquoi
n'entreprendraient-ils pas de convaincre leurs concitoyens qu'il est temps de cesser ce métier de dupes ?
N'est-ce pas par le raisonnement, l'association des
idées morales, l'entente pacifique des hommes résolus et convaincus que nous arriverons à ce résultat ? L'émulation au bien public, la diffusion des
lumières dans les classes pauvres, l'amélioration de
la situation du peuple ne sont-elles pas des choses
aussi dignes de remplir le vide de notre existence
que les complots politiques ?

Vainement dira-t-on que les pouvoirs publics, chez

nous, sont pleins de défiance contre la pensée, qu'ils la bâillonnent et la torturent! Cela ne tient-il pas à ce qu'ils voient toujours chez elle une réticence, une tendance à en appeler à la force? Des exemples récents ne sont-ils pas là pour confirmer ce fait? Sous Boisrond-Canal, est-ce bien la discussion loyale des grands intérêts publics qui animait la presse? N'était-elle pas plutôt un bélier dressé pour battre en brèche l'ordre de choses établi?

Mais se peut-il qu'un gouvernement ne distingue plus l'honnête homme de l'intrigant? Se peut-il qu'il n'ose plus exprimer ses idées de crainte qu'on ne le confonde avec les faiseurs politiques? Non, une telle crainte est chimérique, et il n'y a pas d'homme d'Etat qui n'encourage un semblable mouvement!

Ah! laissez-moi vous dire, je crois bien plutôt que les honnêtes gens chez nous laissent trop dormir leurs facultés d'initiative et de volonté. Mais il est temps qu'ils se réveillent; il est temps qu'ils militent!.....

Honnête homme qui sens dans ta conscience l'énergie nécessaire pour le bien, il faut descendre dans l'arène! Par nos fausses doctrines, par nos théories erronées, par nos appels à la force, par l'oubli des principes qui ont fait partout ailleurs la puissance des classes conservatrices, nous avons mis notre pays au bord de l'abîme! Si tu n'es pas aveugle, tu diras qu'il est temps que nous fassions la propagande de la paix et du travail, comme on nous accuse parfois de faire celle de l'oisiveté et de la guerre!

(L'*Œil*, numéro du 4 février 1882.)

LA POLITIQUE

———

L'article que j'ai consacré aux tendances de la bourgeoisie, au rôle qu'elle doit prendre si elle veut sauver le pays, a soulevé certaines critiques.

Je m'y attendais.

Mais est-ce bien le moment des récriminations ? Quand une maison brûle, il ne s'agit pas de savoir qui y a mis le feu. Il s'agit de l'éteindre tout d'abord.

Vous avez lu, n'est-ce pas, le Mouvement commercial publié la semaine dernière par ce journal ? La fortune publique, dit l'auteur, a diminué depuis vingt ans dans la proportion de 9 à 3.

Si vous ne trouvez pas le moyen de remédier à cela, d'arrêter cette décroissance formidable, vous êtes perdus. Avant longtemps, vous n'aurez plus rien à conserver...

Voilà le danger que j'ai voulu vous montrer ; voilà le danger sur lequel j'ai appelé votre attention.

Il est indéniable, n'est-ce pas ? que si depuis vingt ans toutes nos ressources n'avaient pas été dévorées par la guerre civile, nous aurions un fonds de réserve pour nous tirer aujourd'hui d'embarras. Il est indéniable que ce fonds de réserve, nous pourrions le consacrer, dans notre détresse actuelle, à d'autres entreprises qui assurément nous donneraient de grands profits... Mais nous sommes pauvres, affreusement pauvres ; nous n'avons pas d'épargnes. C'est un cri de misère et de désolation dans toutes les classes.

Cette misère est notre faute. Cette désolation est notre œuvre. Si nous voulons réagir contre elles, si sous l'aiguillon de la nécessité nous songeons enfin à mettre en pratique les leçons de l'expérience, il faut commencer par nous débarrasser de nos idées subversives.

C'est une position malaisée pour travailler la terre que la manchette au côté et la carabine au dos. Si nous voulons doubler nos 70 millions de livres de café, il faut changer d'attitude.

Pour asseoir une réforme économique devenue indispensable sur des bases certaines, il faut en finir avec nos appels périodiques à la force.

Voilà ce que j'ai voulu dire. Tant pis pour ceux qui y ont vu autre chose !

Continuons notre besogne.

***

Qu'est-ce qu'un parti ?

Un parti est un fractionnement d'opinion qui se forme chez un peuple autour d'un homme ou d'un principe.

Quand un parti est personnifié dans un homme, l'homme meurt et le parti s'éteint. Quand un parti est représenté par une idée, l'homme à qui on a donné la mission temporaire de faire triompher cette idée peut mourir, le parti lui survit aisément.

Pour le bonheur de l'humanité, il serait à désirer qu'il n'y eût jamais chez les peuples qu'un seul parti, celui du bien public. Mais cela est impossible, grâce à la passion et à l'injustice des hommes.

Sous Nissage Saget, après la victoire du parti libéral seul existant à cette époque — le parti de Salnave résumé dans sa personne ne comptant guère — des citoyens qui avaient servi le précédent gouvernement, menacés dans leur vie, dans leur fortune, dans leur liberté, arrivèrent insensiblement à se grouper pour se défendre.

Qui les y obligea ?

L'intolérance dont on faisait preuve à leur égard ; les craintes qu'ils éprouvaient chaque fois qu'on remettait sur le tapis le rôle politique qu'ils venaient de jouer. Par la persuasion, par l'oubli décrété et pratiqué, on serait arrivé à ce facile résultat d'un apaisement général. Mais non, on voulait des victimes ; on voulait une tête de Turc sur laquelle chacun pût tirer.

C'est, au reste, la méthode. Le parti vainqueur, en persécutant les vaincus, en leur reprochant sans cesse le passé, les oblige forcément à créer un contre-parti pour venger leurs griefs. On ne peut pas tenir longtemps un groupe de citoyens dans la position que ce roi barbare faisait prendre à un empereur romain pour monter à cheval... Il faut qu'un jour ils s'insurgent et essaient de relever la tête.

C'est sur ce parti à l'état embryonnaire, mais fondé sur la nécessité de la résistance à l'oppression, de la protection aux faibles, de la tolérance enfin, que Domingue s'appuya pour arriver au pouvoir. Nous ne voulons pas dire ici pourquoi Domingue tomba. Cela nous entraînerait dans de trop longs développements. Mais personne n'ignore qu'après sa chute le parti vainqueur n'eut que ces deux mots à la bouche : Salnaviste et Dominguiste !

Avec ces deux mots-là, devenus synonymes d'injure et de mépris, on vous clouait un homme au ban de l'opinion publique !

*_**

C'était le temps où l'on disait de nous sans vergogne : « IL FAUT LES FUSILLER TOUS ! » En ce temps-là, on avait beau vouloir oublier soi-même que l'on avait servi un gouvernement qui, certes, avait commis des erreurs, des fautes ; on avait beau déclarer qu'on ne demandait qu'à être un citoyen paisible et laborieux, eux, les adversaires implacables et imprudents, n'oubliaient pas !

Et pourtant n'avaient-ils pas besoin qu'on oubliât un peu pour eux ? N'avait-on pas exécuté sommairement ce malheureux Alfred Delva, sans pitié pour sa jeunesse, son patriotisme et son intelligence ? N'avait-on pas essayé de faire mourir Delorme dans les privations de l'exil ? Et plus récemment encore, après le meurtre de Lorquet, n'avait-on pas dressé ces fameuses listes de proscription qui resteront célèbres dans notre histoire? N'avait-on pas aussi au général Salomon rentrant dans sa patrie montré une forêt de baïonnettes dressées contre lui?

Ah! qu'on le croie bien, ce n'est pas pour la cruelle satisfaction de rappeler des meurtres que nous évoquons ces ombres sanglantes... Mais si les partis sont parfois chatouilleux, que ne font-ils pas un pacte avec la vie de leurs semblables plutôt que d'en faire un avec leur mort!

Intolérants et exclusifs, mais au comble de leur apogée, ceux qui gouvernaient alors se proclamèrent les seuls patriotes, les seuls vertueux. Le reste était un troupeau de misérables perdus de crimes et de vices. Les insensés prenaient sans doute pour du patriotisme la haine de leurs concitoyens et pour vertu leur impuissance à rien faire de bon ou d'utile!

Certes, jamais prétention ne fut moins fondée, car ils ont eu en main le pays et ils ne peuvent montrer que les ruines qu'ils ont partout semées, le sang qu'ils ont répandu ou qu'ils ont fait répandre avec autant d'abondance que les gouvernements maudits par eux. Et si notre pays est devenu le squelette vivant et affamé que nous voyons aujourd'hui, nous pouvons le leur reprocher pour une bonne part!

*

Le parti national est donc l'explosion du sentiment populaire contre une ligue d'individus n'ayant pour principe que l'exclusion qu'ils professaient contre des hommes qui avaient absolument les mêmes droits qu'eux. Ce sont là ses origines et il n'en a pas d'autres.

Si des citoyens n'avaient pas été constamment traqués pour des opinions émises à d'autres époques ; si à tous moments on ne leur lançait pas l'épithète de SALNAVISTE et de DOMINGUISTE, sans doute n'eût-on pas eu besoin de créer un contre-parti pour se défendre. Même créé, sans doute ce parti n'eût pas vécu si on ne lui eût pas donné par d'incessantes persécutions un aliment nécessaire !

Eh bien ! si ce sont là les origines du parti national, il est non moins évident que sa base fondamentale doit être le principe opposé à celui de ses adversaires.

Or, quel est le principe opposé à l'exclusivisme ? C'est la tolérance.

Le parti national est donc un parti tolérant, un parti ouvert par opposition au parti qu'il a combattu, qui est un parti intolérant, un parti fermé.

Il est cela et il n'est pas autre chose. Autrement, il perdrait toute signification ; il descendrait au rang de ses adversaires. Il ne peut être intolérant, maintenant qu'il a le pouvoir en main, que pour les agitateurs et les factieux..... Je m'explique mal, car en cela même il ne peut être intolérant ; il fait simplement œuvre de défense sociale. Il est la sauvegarde de tous les intérêts conservateurs.

Mais ceux qui veulent voir en lui une espèce de religion mystique d'où les profanes sont soigneusement exclus, le ravalent singulièrement. Ils le défigurent et lui donnent justement les principes contre lesquels il s'est fondé.

Le parti national est au parti libéral ce qu'est le protestantisme au catholicisme : une protestation ! Oui, une protestation contre l'exclusion et ses tendances !

Il ne saurait l'oublier. Il ne saurait oublier ses nobles origines, origines qui lui ont donné la majorité et le pouvoir et auxquelles, s'il veut les garder, il n'a qu'à rester fidèle !

Il faut donc qu'il élargisse de plus en plus ses portes, qu'il les ouvre à tout le monde, à tous ceux qui veulent l'aider sans arrière-pensée et sans réticence.

Notre devoir à nous qui aimons sincèrement notre pays, qui voulons son relèvement, c'est de grouper autour du gouvernement tous les hommes de bonne volonté et d'intelligence.

Il suffit qu'ils soient loyaux et sincères pour qu'ils soient des nôtres.

C'est à ce prix que nous maintiendrons notre influence. C'est à ce prix que nous arriverons à faire du grand parti national ce que nous souhaitons qu'il soit : la religion réformée du patriotisme et de l'honneur !

***

Les principes d'exclusivisme peuvent faire des hommes de parti : le libéralisme nous l'a suffisamment prouvé. Ils ne peuvent pas faire, ils n'ont jamais fait des hommes de gouvernement.

Et dans notre pays où les tribuns abondent, où les parleurs sonores foisonnent, que nous faut-il? Des hommes qui peuvent asseoir la paix publique sur des bases solides, des hommes qui aient une entente profonde des besoins de leur temps.

Nous ne demandons pas qu'ils nous fassent de brillantes promesses ; il nous suffit qu'ils tentent des choses pratiques. Il nous suffit qu'ils consolident davantage le gouvernement que la majorité du peuple haïtien s'est donné, le gouvernement issu du parti national. Il nous suffit qu'ils donnent toutes garanties aux citoyens paisibles, tout en protégeant la sécurité publique contre les entreprises téméraires des factieux. Il nous suffit que par une conduite sage, mesurée et prudente, ils visent à constituer un grand parti de gouvernement composé des conservateurs de toutes les nuances, qui comprendront que désormais il n'y a d'autre salut pour eux que dans une paix solidement et fortement organisée !

(L'*Œil*, numéro du 11 février 1882.)

LA POLITIQUE

Depuis quelques jours on mène grand bruit autour d'un libelle venu de Kingston...

Selon nous, c'est donner trop d'importance, c'est faire trop d'honneur à un factum qui ne prouve que l'impuissance et le désespoir de ceux qui l'ont écrit... C'est peut-être faire jusqu'à un certain point le jeu de nos ennemis qui justement comptaient sur un tapage.

Quoi ! parce qu'il a plu à quelques individus, dans un accès de fièvre chaude apparemment, de délirer, nous qui avons tout notre bon sens, toute notre raison, nous nous laisserions aller à la colère !.... Ne devons-nous pas tout d'abord nous souvenir de ce que sont ces gens-là? Ne devons-nous pas nous demander quel est leur dessein, quel est le but caché qu'ils poursuivent?

Pouvons-nous oublier que ce sont des conspirateurs aux abois qui, lorsqu'ils ont quitté cette pauvre ville des Gonaïves, témoin de leurs derniers désastres, pensaient qu'après tout on en serait quitte pour un petit voyage d'agrément à Kingston? Et voilà deux ans passés que le petit voyage dure ! Pour

un voyage d'agrément ils le trouvent un peu long...
De là un affolement, un désespoir qui se traduisent par les paroles les plus insensées, les plus absurdes!

Devant cette ruse grossière, ne nous convient-il pas de leur dire : « Votre malice est trop naïve, vous ne nous y prendrez pas. Vous auriez été satisfaits, n'est-ce pas, de soulever une question à l'aide de laquelle vous pensez nous diviser? Vous vous trompez. Nous savons trop quel bien vous ferait le système de défiance et de haine que vous espérez créer, grâce au brandon de discorde que vous lancez parmi nous... N'est-ce pas que vous avez cru que votre factum mettrait le feu aux poudres et que bientôt noirs et jaunes, pris d'une belle passion de représailles, iraient bêtement se prendre à la gorge pour votre bon plaisir? Quelle erreur est la vôtre! Vous ne voulez donc pas vous rendre à l'évidence ; vous ne voulez donc pas ouvrir vos yeux à la lumière! Ignorez-vous que depuis trois ans nous avons appris bien des choses? Ignorez-vous que l'expérience que nous avons acquise grâce à vous nous met désormais en garde contre vos embûches? Vous pensez que nous sommes un parti voué à la désorganisation.... Nous sommes mieux que cela : nous sommes une nation qui se reconstitue ! Les injures lancées par quelques énergumènes ne peuvent pas nous atteindre. Elles viennent mourir devant notre patriotisme et notre résolution inébranlable de sauver le pays ! Elles ne peuvent pas plus nous atteindre qu'elles n'ont la puissance de rendre solidaires avec vous nos frères qui la main dans la main aident le chef de l'Etat à réparer vos bévues et vos fautes !»

Voilà le langage, à notre avis, que le parti national, devenu aujourd'hui gouvernement, doit tenir à ses adversaires !

***

Que prouve cet odieux factum ?

Il ne fait que confirmer les esprits sages et réfléchis du manque total de patriotisme chez ceux qui l'ont écrit. Et il me semble que le rôle des amis du gouvernement est nettement tracé dans la circonstance.

Ils n'ont qu'à appeler simplement l'attention du pays sur un fait aussi monstrueux. Le pays appréciera et jugera.

Il condamnera, si on fait appel à son bon sens, des enfants assez dénaturés pour réveiller une question qui a coûté tant de sang, tant de ruines à la patrie ! Il dira que ceux-là sont des criminels qui osent nous convier à des rancunes de caste. Et puisque c'est là le dernier mot de leurs efforts, leur dernière planche de salut, aveugle qui ne voit pas cet aveu d'impuissance, sourd qui n'entend pas ce râle de l'agonie !

Bien loin d'accueillir leur pamphlet avec colère — ce qui les enchanterait et leur prouverait que le coup a porté — il faut retourner contre eux la flèche empoisonnée qu'ils nous ont lancée. Il faut que le pays puisse se dire : « Voilà ceux qui aspiraient à

l'honneur de gouverner ! Ils prêchent maintenant
notre anéantissement et notre ruine. Quelle destinée
serait la nôtre si jamais nous tombions dans leurs
mains ! Serrons donc nos rangs autour du gouvernement afin que pareil malheur ne nous arrive pas ! »

Sans emportement, avec la tranquillité des gens
que l'injure n'atteint pas, laissons le pays juger. Il
n'y a pas de citoyen honnête, nous en sommes convaincu, qui ne flétrisse, comme ils méritent de l'être,
ces instincts d'un autre âge ! Il n'y a pas de citoyen
qui ne répudie, s'il a un cœur doué de quelque sentiment de patriotisme, un parti qui ose faire d'une
question de caste un programme de gouvernement !

*
**

Le Président Salomon, dans l'exercice de sa charge
et par rapport aux Haïtiens, n'est ni nègre ni mulâtre. Il est le président d'Haïti, c'est-à-dire le repré-
séntant officiel de la nation. C'est son titre ; il n'en
a pas d'autre, et ce titre lui suffit. Noirs et jaunes,
nous ne pouvons voir autre chose en lui. Autrement
nous mettrions une grande portion de nos amis qui
servent le gouvernement avec courage, chez qui la
fidélité au parti national est non pas une affaire de
circonstance, mais bien une conviction et un dogme,
nous mettrions nos amis dans une délicate situation.

Nous glisserions justement dans le piège qu'on
nous tend. Car, considérons attentivement le libelle
en question. Nous verrons qu'il n'est qu'un piège,

qu'un piège grossier qui ne peut soutenir un examen
sérieux. On s'est dit qu'il fallait irriter dans ce que
l'homme a de plus sensible et de plus cher — son
orgueil — les légitimes susceptibilités de la nation.
Ces susceptibilités irritées, ces défiances excitées, une
classe mise pour ainsi dire à l'index, on espère qu'un
choc se produira..... Un choc, pour des désespérés,
est toujours l'inconnu. Et l'on préfère cet inconnu,
gros d'orages, il est vrai, à une mort lente et certaine.

Qu'importe, au reste, les moyens? Est-ce que
vous croyez qu'un révolutionnaire aux abois se
préoccupe du sort de la patrie, des maux qu'il peut
lui infliger, des calamités qu'il peut faire peser sur
nos familles et sur nous-mêmes? C'est bien là son
moindre souci.

J'ai vu sous Domingue les conspirateurs campés
à Kingston envoyer à de paisibles citoyens, à des
pères de famille essentiellement conservateurs et qui
n'avaient jamais eu aucun rapport avec eux, des lettres
conçues dans un sens tel qu'elles établissaient une
correspondance préexistante. Au triomphe, un de
ces conspirateurs malgré lui faisait des reproches à
un des chefs de la Révolution : « Parbleu ! répondait
celui-ci avec un sourire tranquille, c'était le seul
moyen de vous faire *marcher*. Il fallait vous compromettre ! »

Eh bien ! en ce moment on emploie un moyen extrême ; on veut faire *marcher*, on veut compromettre.
Et, ô comble d'impudence ! on espère que ce sera
nous de nos propres mains qui imprimerons le mouvement.

Donnerons-nous dans le piège?

Non, le général Salomon — en tant qu'entité politique — n'est ni nègre ni mulâtre!

Il est le président d'Haïti, c'est-à-dire le représentant de *toute* la nation, le protecteur de *tous* les bons citoyens!

Voilà son titre.

Pour ma part, je n'en connais pas de plus beau!

(L'*Œil*, numéro du 25 février 1882.)

EDOUARD PINCKOMBE

Le 30 avril 1882 eurent lieu les funérailles d'E-
douard Pinckombe, secrétaire d'Etat de l'intérieur
et de la police générale et fondateur du journal
l'*Œil*. J'eus l'honneur de prononcer sur sa tombe
les paroles suivantes :

« Mesdames, Messieurs,

« Dans la profonde douleur où nous plonge la mort
de l'homme remarquable que nous pleurons, je sens
combien mes paroles paraîtront faibles devant ce
grand deuil national.

« Aussi à cette heure suprême, je ne veux dire
qu'un dernier adieu au citoyen courageux qui
n'eut qu'un culte : la patrie et son chef !

« Plus tard, quand notre émotion aura fait place
au respectueux souvenir que nous devons à tous
ceux qui, comme notre ami, méritent de revivre
après leur mort, sans doute, d'autres voix s'élèveront pour retracer cette vie de labeurs et de luttes,
cette vie consacrée tout entière au service d'une

idée, celle de la glorification du parti politique auquel nous appartenons !

« On dira alors quel athlète nous avons perdu !.....
Et plus tard, quand prêtant l'oreille nous chercherons vainement la voix qui nous était chère — ou quelque chose qui lui ressemble — nous mesurerons au vide qu'elle aura laissé parmi nous, quelle perte irréparable nous avons faite, et combien est impossible à remplacer le hardi polémiste que voilà !...

« Mais en ce moment que vous dirai-je que vous ne sentez mieux que moi ?

« Tout ici ne démontre-t-il pas dans quelle haute estime le pays tenait la brillante personnalité d'Edouard Pinkcombe ?

« Oui, ces funérailles nationales que nous lui faisons, cette manifestation d'une douleur vraiment populaire, auront un funèbre écho sur tous les points de la République, car ce n'est pas seulement un de ses enfants les mieux doués sous tous les rapports que la patrie vient de perdre, elle perd aussi — et elle le pleurera longtemps — l'homme énergique, le caractère fortement trempé, la volonté héroïque qui ne plia pas même devant la mort !...

« Vous le savez, messieurs, c'est surtout dans les cinq dernières années que le rôle d'Edouard Pinkcombe fut le plus militant. Ce rôle est écrit dans toutes nos mémoires reconnaissantes. Qui de nous pourrait l'oublier ?

« Est-ce donc chose si commune que de confesser sa croyance en face de ses ennemis triomphants, de porter d'une main ferme, presque seul sur le champ de bataille, le drapeau de ses convictions et de rallier autour de ce drapeaau tout un peuple?

« Il l'a fait, le robuste combattant qui dort son dernier sommeil ; vous savez tous dans quelles circonstances ! Et c'est pourquoi, désormais, sa mémoire est indissolublement liée au triomphe de notre cause populaire !

« Quand, il y a quatre mois, il fut appelé au ministère par la confiance du chef de l'État, il se sentait déjà atteint. Il accepta pourtant le fardeau des affaires publiques. Lui, qui ne s'était jamais dérobé à aucune responsabilité, lui devant qui tout cédait, il crut qu'il dompterait, à force d'énergie, le mal qui le minait.

« Vous l'avez vu, messieurs, durant ces longs jours d'angoisse pour ses amis, se traînant chaque matin, la mort déjà peinte sur le visage, aux conseils du gouvernement ! Savez-vous quelle était la passion qui le soutenait, qui lui donnait l'indomptable courage de se tenir debout ?

« Sur ce cadavre, devant cette fosse, en face de l'infini qui nous parle, j'affirme que c'était la passion du bien public !..

« Ah ! j'oubliais, messieurs... Oui, c'était la passion du bien public, mais c'était aussi son dévouement pour la personne du chef de l'État ! Ces deux sentiments-là s'unissaient si étroitement en lui qu'ils n'en formaient qu'un !

« Oui, il aimait le Président de la République d'une amitié loyale et sincère, et cette amitié-là, c'était le proscrit, errant et ballotté au gré des partis, qui l'avait inspirée ; ce n'était pas l'élu de la nation acclamé par ses concitoyens !

« Aussi tenait-il à prouver à celui qui venait de lui donner un nouveau témoignage de sa confiance qu'il en était vraiment digne. Le temps a manqué à Edouard Pinkcombe pour réaliser les grands projets qu'il avait conçus, et nous, qui l'avons vu lentement mourir, nous attestons que sur son lit de douleur c'était là son plus cuisant regret ! . . . .

« Puis-je ne pas dire un mot du causeur étincelant, du journaliste sans rival ? Ce serait vous cacher un des côtés les plus brillants de cette vie si bien remplie ! Heureusement pour nous que ce côté-là ne périra pas ; en relisant les nombreux articles d'Edouard Pinkcombe nous pourrons toujours apprécier les ressources infinies de cet esprit si gracieux et si vrai !

« Dans son œuvre multiple, l'ironie la plus mordante s'allie à la sensibilité la plus exquise. Telle page d'Edouard Pinkcombe, à mon avis, pèse plus que bien des volumes. Ce matin encore, avant de venir à cette triste cérémonie, feuilletant la collection de ce journal où il a jeté, avec la prodigalité du riche, tant de choses charmantes, j'ai lu et relu — pardonnez-moi ce souvenir personnel — avec une indicible jouissance, la page émue qu'il consacra jadis à la femme et à la sœur du général Salomon,

. . . .

. . . .

« Un mot encore, et j'ai fini.

« Je sens qu'il n'est pas permis d'effleurer sommairement une telle vie... Et pourtant à la fouiller plus profondément je risquerais de vous présenter une œuvre tronquée, une œuvre que ma profonde douleur ne me permet pas de tenter et qui ne satisferait pas plus votre cœur que le mien !

« Laissez-moi plutôt rappeler à votre souvenir que nul ne porta plus loin qu'Edouard Pinkcombe la dignité des convictions politiques.....

« Sa carrière fut droite et unie du commencement à la fin. Il eut cette belle unité qui donne du relief à l'existence de l'homme public.

« Le système des atermoiements, si commun chez nous, ne fut jamais le sien.... Ce qu'il crut la vérité, il le proclama toujours hautement. Plein du sentiment de sa force et souverainement dédaigneux des lendemains incertains qui font le cauchemar de tant de gens, il aimait chez les autres les mêmes qualités dont il était si prodigue : le courage de ses opinions et de ses actes !

« Maintenant qu'il n'est plus, n'avons-nous pas pour devoir de lui faire une place à part dans notre mémoire ? Pouvons-nous nous défendre de penser que les luttes politiques dans lesquelles il portait toute l'ardeur de son tempérament n'aient pas été pour beaucoup dans sa fin prématurée ?

« Eh bien ! s'il nous a donné sa vie, montrons-nous dignes de ce sacrifice ! Associons son souvenir et son nom au triomphe de notre cause, à tout ce que nous pouvons retirer de bon et de glorieux dans une œuvre dont il peut si largement revendiquer sa part !

« Pour les amis d'Edouard Pinkcombe, pour tous ceux qui savent quelle élévation de sentiments animait son âme, pour sa famille enfin, c'est le meilleur et le seul hommage qui soit digne de lui !

« Vivre dans la mémoire du peuple, n'est-ce pas déjà ressusciter ?

« C'est cette immortalité-là que nous rêvons pour lui. Oui, qu'il soit immortel dans tous les cœurs vraiment patriotes ! »

PATRIE !...

Une inexprimable tristesse s'empare du patriote en constatant les efforts que font quelques citoyens dénaturés pour introduire dans la politique l'élément antisocial du *préjugé de couleur*. Ce mot que nous devrions prononcer avec horreur, qui devrait souiller notre plume comme la lèpre souille un corps, menace de prendre rang dans notre langue courante... Hélas ! la vieille loque du passé semble devenir un drapeau.....

N'est-il pas de notre devoir de réagir contre ces tendances, de combattre à outrance des idées qui tendent à nous ramener à un état barbare où le meurtre et l'assassinat seuls, selon toute apparence, auraient droit de cité ? Tous, n'avons-nous pas intérêt à défendre énergiquement notre civilisation et quatre-vingts ans d'efforts et de patience menacés par quelques ambitieux sans vergogne ?

Pour une telle besogne, il faut ne s'inspirer que de l'intérêt de son pays, que de l'avenir de sa race et non d'une opinion politique quelconque... Aussi bien, il ne s'agit ici ni du libéralisme, ni du nationalisme ; il s'agit d'une question sociale de la plus grande portée... Ce n'est pas seulement Haïti qui est en jeu, qui est menacée. C'est plus que cela.

C'est le progrès humain, ce sont les conquêtes de l'humanité tout entière, ce sont les efforts, couronnés de succès, de tant d'esprits remarquables, citoyens du monde et qui ont travaillé si glorieusement à son émancipation, c'est tout cela que nous mettons en péril !

Haussons donc nos cœurs à la hauteur des grands devoirs qui nous incombent et, quel que soit le dégoût que soulève un semblable débat, ayons le courage de ne pas l'éviter !

C'est à cette condition-là seule que nous pourrons le circonscrire dans les limites qu'il ne doit pas franchir. C'est à cette condition-là seule que nous pourrons rassurer les familles en leur montrant que ces choses sinistres n'ont au fond aucune valeur et n'ont d'autre but que de créer une coupable agitation...

Mais, hélas ! ce temps que des pervers emploient, selon la vieille formule, *à diviser pour régner*, combien mieux il serait employé à méditer sur des fautes qui, d'abîme en abîme, ont fait rouler le parti libéral jusque-là ! Combien mieux il serait employé à chercher le moyen d'être utile à son pays après lui avoir fait tant de mal, après lui avoir causé tant de déceptions, tant de larmes, tant de ruines !

<center>*</center>*

Une voix autorisée, celle du chef de l'État, disait ces jours passés : « De même qu'un gouvernement exclusivement composé de noirs est impossible en

Haïti, de même aussi un gouvernement exclusivement composé de mulâtres. » N'est-ce pas là la politique que l'expérience nous a enseigné être la meilleure pour notre pays ? N'est-ce pas grâce à cette politique que nous avons pu conquérir notre indépendance et nous maintenir dans le monde ? Pourquoi donc quelques énergumènes essayeraient-ils aujourd'hui de changer, au profit de leur ambition personnelle, ce qui jusqu'ici a fait notre force et notre gloire ? Cet accord, que l'intérêt et une commune affection nous commandent de maintenir, pourquoi le détruirions-nous à la voix passionnée de quelques fils indignes ?

Non, maintenons cette union plus forte, plus indissoluble que jamais, et plus on fait d'efforts pour la rompre, plus grande aussi doit être notre énergie pour la fortifier et la consolider !... Dans notre légitime colère, gardons-nous de rendre responsable de ces folies criminelles toute une classe d'hommes qui réprouve avec indignation ces odieux projets d'un parti politique aux abois. Que notre exécration poursuive ceux-là seuls qui osent les concevoir ! Et puisque c'est l'infernale politique de nos adversaires qui leur dicte ces détestables moyens, noirs et jaunes, serrons nos rangs afin d'opposer une barrière invincible aux efforts qu'ils font pour ressaisir le pouvoir !

Ils prêchent la discorde et la guerre civile : prêchons, nous, la paix et la sécurité pour tous les bons citoyens. Ils prêchent le mensonge : prêchons, nous, la vérité. A la ruse, opposons la franchise ; à la calomnie, opposons la loyauté ; aux divisions de caste, opposons la fraternité ; aux ténèbres qu'ils appellent sur notre pays, opposons la lumière !

Qu'ils sachent que dans le parti national il n'existe de préjugés que contre les agitateurs, quelle que soit la nuance de leur épiderme ! Qu'ils sachent enfin que la volonté du peuple est qu'après le chef actuel de l'État le pouvoir passe encore et toujours aux mains d'un citoyen tiré du parti national, ce citoyen-là fût-il noir ou mulâtre, peu nous importe !

C'est par notre triomphe permanent, indéfini, que le pays pourra se relever. C'est dans ce triomphe que nous trouverons la fin de toutes les agitations, de toutes les révolutions qui ont bouleversé Haïti. C'est ce triomphe qui amènera la disparition complète des partis, cet affreux cancer attaché à nos flancs. Que chaque patriote se pénètre bien que ce résultat désirable ne peut être obtenu que par le triomphe permanent du parti national, qui seul a assez de force en lui-même pour défendre avec avantage et sans troubles trop fréquents la position conquise !

***

Mais, soyons-en de plus en plus persuadé, un parti ne peut reposer sur une question d'épiderme. Une nuance plus ou moins jaune, plus ou moins noire ne constitue pas un programme. Quand donc nos adversaires veulent déplacer la question, c'est à nous à la replacer immédiatement sur son véritable terrain. Un parti ne repose et ne peut reposer que sur des principes, des idées nettement définis et arrêtés. Des gens qui s'intitulent *mulâtres éclairés* nous disent que nous serons *égorgés parce que nous sommes mulâtres* ; nous avons le droit de leur demander à quel parti ils appartiennent et quel est le programme de ce parti : ne serait-ce pas celui de la désorganisation, de l'anéantissement du pays? Des ignorants n'auraient pas parlé de la sorte ! En vérité, les *gens d'esprit* sont parfois bien bêtes !

Ces déclarations nous sont précieuses; nous en prenons acte, mais seulement contre les individus qui les ont faites ! Rien n'est changé en Haïti parce qu'il a plu à Jacot et à ses amis de proclamer que chez nous « *le noir règne et le mulâtre gouverne* ». Non, rien n'est changé. Il n'y a que quelques mauvais citoyens de plus, voilà tout.

Nous le savons tous et il y a trop d'orgueil à s'en souvenir pour que nous l'oublions jamais, le pays appartient aux noirs et aux jaunes, qui, côte à côte, la main dans la main, sur les mêmes champs de bataille, ont dormi leur sommeil de héros et ont mêlé leur sang... Noirs et jaunes étaient ensemble à la Crête-à-Pierrot, à Vertières, dans les hauteurs du Cap et dans cent combats. Ils ont couru les mêmes dangers, ils ont surmonté les mêmes fatigues, ils ont accompli ensemble les mêmes faits d'armes. Et ils n'ont connu durant cette épopée d'autre rivalité que celle du courage et de la gloire! Hier, notre union était le secret de notre force; qu'elle le soit encore aujourd'hui !

Il ne peut exister parmi nous d'autre émulation que celle du bien public, d'autres luttes que les luttes pacifiques du mérite et de l'intelligence, d'autre distinction que celle que donnent l'héroïsme et la vertu !

Jamais, jamais d'autres !.....

***

Oh Patrie ! des fils dénaturés essaient de te fouler aux pieds ! Pour assouvir leur fatale ambition, ils ne reculent pas devant une exécrable croisade... Ils nous mettent aux mains la torche et le poignard et nous disent : Tue et brûle ! Ils troublent la paix des familles, ils compromettent ton existence si chèrement achetée par le sang de tes enfants, noirs et jaunes !..... Oh Patrie ! devant cet outrage, devant cette insulte, inspire à nous tous le calme et l'indifférence stoïques que nous devons avoir ! Dis-nous que ceux-là seuls sont tes vrais fils qui à ces injures répondent par le mépris et le dédain !

(L'*Œil*, numéro du 24 juin 1882.)

SURSUM CORDA !....

––––

Novembre tire à sa fin.... Dans quelques jours l'année elle-même aura dit son dernier mot... Jadis, c'était la période active des affaires, celle sur laquelle on vivait le reste du temps. Comme ailleurs on amasse du bois pour les jours sombres de l'hiver, nous, nous amassions quelques épargnes pour notre chômage habituel de cinq à six mois. L'année qui finissait dans le travail, l'aisance et la prospérité, se fondait en quelque sorte avec l'année nouvelle pour faire à toutes nos familles un fonds commun d'espérances et de bonheur... Aujourd'hui, quelle différence !... Parcourez nos quais.. . déserts; nos rues... vides. Plus rien qui sente la vie, le mouvement... A tous les degrés de l'échelle sociale, lamentations et souffrances !...

Celle-là, c'est la marchande ambulante, maussade et pas résignée... Elle raconte qu'elle a plusieurs enfants, que le père est mort durant l'épidémie de petite vérole, que l'existence est bien dure au pauvre monde... Et elle s'en va ainsi, de magasin en magasin, en quête d'un baril de ces affreuses salaisons américaines, déjà décomposées, qui ne coûtent pas cher et qui sont si funestes à la santé publique. Cette semaine on a voulu lui faire prendre une patente pour l'exercice de cette industrie-là ; elle a crié très fort et déclaré qu'elle irait trouver le Président !

Cet autre est un ouvrier... peintre, maçon, tailleur... Il a cherché longtemps du travail et il arpente maintenant les trottoirs du café Francou à la place de la Paix. Ils sont ainsi quelques centaines et contribuent à donner cette animation factice que vous voyez parfois au *bord de mer*.

Regardez ce courtier qui monologue... Il ne faut pas être bien malin pour deviner ce qu'il se dit à lui-même. Les affaires difficiles, un ménage sur les bras, impossible de joindre les deux bouts. Ah ! c'est que les beaux jours sont passés pour la corporation... Sauf un ou deux qui ont le monopole des affaires de la *grrrande* institution de crédit, les autres se traînent tristement et ont à peine le souffle nécessaire pour se disputer quelques misérables traites à 17 0/0 !

Ecoutez maintenant ce négociant... Le front soucieux, l'air ennuyé, fatigué, il compare son métier au tonneau des Danaïdes. Plus il y met de son activité, de son intelligence, moins le tonneau s'emplit. Sans doute, vous permettez à ce malheureux, rivé à son négoce comme un forçat à sa chaîne, quelques rêves d'avenir. Tout individu qui travaille vingt ans, quand son esprit est sain et qu'il n'a pas de vices, peut bien espérer, n'est-ce pas, ce que ce courtisan d'Horace appelait la *médiocrité dorée* et que son maître Auguste lui avait assez largement procurée! Eh bien! lui, le commerçant, pas; il ne voit pour son âge mûr, pour sa vieillesse précoce, que l'éternelle, nauséabonde et fade boutique où sa jeunesse s'est étiolée, où son imagination qui hantait les cimes s'est galvaudée dans ce contact impur du billon graisseux et puant! Et encore ceux à qui ce rêve-là est permis sont les heureux. On peut les envier, car combien de ces malades ne verront pas la chute des feuilles, c'est-à-dire les derniers sacs de café de la récolte!

Ainsi, du haut en bas, dans toutes les classes, misère et désolation. On piétine sur place; chacun regarde son voisin, et, trouvant sur son visage la même expression inquiète et souffrante, tourne sur lui-même, comme si on était enfermé dans un cercle sans issue!

L'année finit; nous en sommes à ses derniers jours. A pareille époque, il y a un renouveau dans les esprits... Notre beau ciel de décembre, nos nuits si fraîches et que la clarté de la lune revêt de tons si doux ne manquent jamais de faire descendre dans nos âmes un rayon d'espérance et d'énergie. Mais cette fois tout ressort semble brisé... Et comme me le disait tristement hier un de ces malheureux qui n'arrivent pas à nourrir honnêtement une femme et

des enfants : « *Il n'y a pas de renouveau pour nous ;
l'année peut changer, c'est toujours la mauvaise
année !* »

***

Pourquoi cette désespérance ?

Pourquoi cet abattement ?

Pourquoi cette tristesse ?

Concitoyens, haut les cœurs !

Le mal dont vous souffrez, il est en votre pouvoir
d'en guérir !

Oui, le café qui était votre principale ressource ne
vaut plus que 4 piastres. En dix ans, il a perdu plus
des trois quarts de sa valeur ; pour les mêmes
besoins à satisfaire, vous avez trois fois moins d'argent. De là ce malaise que vous éprouvez...

Eh bien ! voulez-vous ramener l'aisance et la joie
dans vos familles ? Voulez-vous que la fin de l'année
soit ce qu'elle est chez tous les peuples : un hymne
de reconnaissance envers la Providence pour le passé,
de confiance sereine pour l'avenir ?

Demandez donc à votre propre sol ces produits que
vous importez et doublez vos exportations de toute
nature, café, coton, cacao, etc., etc. Je vous vois
sourire... Ces conseils vous sont connus, n'est-ce
pas ? Ils vous ont été donnés si souvent et vous vous
attendiez assurément à quelque chose de plus nouveau.

Hélas ! concitoyens, tous ceux qui vous tiendront
un autre langage, tous ceux qui ne vous diront pas

ce que je viens de vous dire cherchent à vous tromper, cherchent à vous exploiter. Entendez-le bien,
il n'y a pas d'autre voie de salut, il n'y a pas d'autre
moyen de guérison que ceux-là ! Hors de là, il n'y
a que mensonge, hypocrisie, sable aux yeux.....

Mais pour arriver à ce résultat, il vous faut de
toute nécessité :

PROTÉGER LE TRAVAIL NATIONAL.

Comment le protéger ?

La science, non pas celle des rêveurs et des
songe-creux, mais celle de l'expérience et de la pratique des peuples, nous l'enseigne.

Il faut dégrever l'exportation !

Il faut grever encore l'importation !

Autrement dit, vos café, coton, cacao, etc., doivent sortir à peu près francs de droits; mais aucun
produit alimentaire, aucun produit que votre sol
peut s'assimiler ne doit entrer dans le pays pour faire
la concurrence à vos produits nationaux qu'après
avoir acquitté des droits très élevés. Ces droits aug-
menteraient au fur et à mesure du développement de
la production nationale. Et le jour que cette production pourrait satisfaire à la consommation, ils de-
viendraient absolument prohibitifs. Une échelle
mobile, intelligemment appliquée, déterminerait ces
augmentations qui, sans imprimer un trop violent
écart aux habitudes publiques, sont pourtant indispensables à la progression du travail national.

Ce problème est-il donc si difficile à résoudre ?
Est-il au-dessus de notre volonté ? Nous manque-t-il

de terres? Ou bien, à force de travail, notre sol épuisé aurait-il, par hasard, perdu ses principales qualités? On ne s'en douterait guère, car presque partout il présente plutôt l'aspect d'une terre à peu près vierge... Ah! nous l'avons un peu négligée cette maîtresse qui veut des cœurs chauds, des bras robustes pour féconder son large sein! Allons, un peu plus d'amour pour elle, un peu plus de soins... Que la taverne, le combat de coqs, le tambour de danse ne nous fassent pas oublier celle dont chaque embrassement se paye en beaux épis dorés, en grosses balles d'un coton soyeux et souple ou en ce café qui nous rendit le monde si longtemps tributaire!

*_*_*

Pourtant nous sied-il, à nous journalistes ou hommes d'Etat, de parler de la sorte quand nous ne faisons rien pour étendre, pour développer nos cultures? Quand nous ne faisons rien qui démontre, pratiquement, que c'est là que nous avons placé tout notre espoir, tout ce que nous attendons de l'avenir?

Inertes et veules, telle est notre attitude en face du grand péril qui nous menace.

Nous nous bouchons les yeux, nous feignons de ne pas voir le danger qui grandit, grandit sans cesse!... Un peuple à la mer!... Faut-il donc qu'on nous jette ce cri pour que nous nous apercevions que nous nous noyons et que déjà nous avons l'eau jusqu'à la bouche?

De quelles combinaisons financières peut-on nous parler? Tous les plans que l'on pourra forger ne seront jamais aussi beaux, aussi simples, aussi pratiques que celui-ci :

Dépenses proportionnées aux recettes.

Développement de nos richesses agricoles.

Croire que le pays se relèvera de lui-même ou à l'aide d'une conception économique quelconque, qui n'aura pas pour base le travail, n'est pas seulement une absurdité, c'est une indignité. Non, le pays ne se relèvera que si on l'y aide un peu. Et la seule façon de l'y aider, c'est d'encourager, de développer la culture de nos terres!

Le Président de la République a écrit, il y a quelque temps, à ce sujet, une bien belle circulaire. C'est la page la plus éloquente et la plus vraie sortie de la plume d'un chef d'Etat. Mais, pour atteindre le but qu'il se propose, il faut faire de notre ministère de l'agriculture un modèle d'administration agricole. Il faut le doter de toutes les ressources nécessaires à la réorganisation de la fortune publique.

Ces ressources, où les trouver?

Jadis, quand les villes étaient assiégées, les femmes donnaient leurs bijoux — j'avoue que c'était dans une antiquité très reculée — pour payer leurs défenseurs ; elles donnaient leurs chevelures pour bander l'arc qui devait porter la mort dans les rangs ennemis. Les plus hautes, les plus illustres traçaient l'exemple et la patrie était sauvée par le concours de tous ces dévouements !

Ne pourrions-nous pas nous inspirer de cette histoire... qui n'est pas un conte?

Quand notre République était riche, elle payait largement ses serviteurs. Aujourd'hui qu'elle est pauvre, ne peuvent-ils lui tendre la main? Si ce n'est pour elle-même, que ce soit au moins leur propre intérêt qui les y convie ! Demain elle ne pourra peut-être plus rien leur offrir, rien qu'un chiffon sans grande valeur. Eh bien! pendant qu'il en est temps encore, faisons la part du feu. Que l'aumône de ses fils lui remplisse à nouveau le sein de ce lait où tant de générations de fonctionnaires se sont abreuvées !

Certes, ce n'est pas à ces modestes employés qui ne trouvent dans leurs places que le VIVRE ET LE COUVERT que la patrie peut demander de tels sacrifices. Mais dès 125 piastres, on conviendra qu'il y a une assez belle marge à la charité du fonctionnaire envers son pays.

Notre Corps législatif nous coûte 150,000 piastres l'an... C'est lourd, c'est écrasant, et en réduisant ce chiffre, nos législateurs ne trouveront-ils pas là une brillante occasion de se signaler à la reconnaissance nationale? Quel citoyen ne sera heureux et fier que son pays lui demande une légère aumône? Quel est le fils qui refusera de tendre la main à sa mère? Ne sait-il pas que ce sacrifice lui sera profitable à lui-même, qu'il n'est que temporaire et qu'il ne faut qu'une année ou deux, si on y met la main, pour que le pays se relève?

Voilà notre dotation de l'agriculture toute trouvée.

Et l'an prochain, à pareille époque, quand le café, le coton, toutes nos denrées d'exportation s'empileront sur nos quais, quand l'animation, le mouvement, la vie seront revenus dans nos ports, quand au foyer de nos familles l'espérance qui fait la vie bonne et douce reprendra sa place accoutumée, alors l'année qui finit sera pour nous — et dans toutes les classes! — ce qu'elle est chez tous les peuples : le renouveau de l'esprit et du cœur !

(L'*Œil*, numéro du 2 décembre 1882.)

LÉON GAMBETTA

L'homme en qui la vraie République libérale, exempte de casse-cou social, s'incarnait en France, *le grand Français*, ainsi qu'on l'a nommé, dans toute la maturité de son génie et de sa force, vient d'être enlevé aux espérances du monde !...

Quand, il y a quelques jours, la funèbre nouvelle nous arrivait, le sentiment général fut d'abord le doute... Cet homme n'était-il pas sacré — sacré pour la mort — et cela jusqu'à l'accomplissement de son œuvre ! Ce cerveau puissant qui portait toute la synthèse républicaine pouvait-il s'éteindre au moment où il était le plus nécessaire à son pays ?

Cela n'était-il pas impossible ?... Et puis quand de nouveaux télégrammes confirmèrent le fait, quand il ne fut plus permis d'espérer, une stupéfaction profonde, douloureuse, poignante s'empara de tous les esprits...

Le passé, les grands triomphes oratoires, les courses héroïques à travers la France pour galvaniser son âme devant l'ennemi, la campagne contre de Broglie et Mac-Mahon, le passage au ministère, l'idée toujours poursuivie de faire de la République le faisceau de toutes les intelligences honnêtes et loyales, le respect de soi-même, chose rare en république, la dignité des convictions, la chute plus noble que la plus éclatante victoire, tout dernièrement encore, à propos des affaires d'Egypte, cette affirmation énergique et clairvoyante d'une politique dont la mémoire semblait être à jamais perdue au sein du Parlement, enfin l'avenir, l'avenir immense, grandiose, infini, promis à cet homme, n'est-ce pas que cette carrière sitôt brisée prenait les proportions d'une catastrophe dans laquelle chacun se sentait atteint? Ce résultat, par rapport à Gambetta, ne paraissait-il pas complètement en dehors de toutes les règles de la logique?... Et le vieux, le banal refrain que décidément là vie ne vaut pas tout le mal qu'elle nous donne, malgré soi, revenait aux lèvres...

Ce plébéien, ce fils de ses œuvres avait grandi par sa persistance, par sa volonté, par son patriotisme, par son génie. Son existence fut une lutte de chaque jour, de chaque instant. Tantôt dans la presse, tantôt à la tribune, toujours sur la brèche, il fut pendant douze ans le personnage le plus important de ce beau pays de France. Pendant douze ans, son nom, d'entre tous les noms de la terre, a été celui qu'on prononçait le plus fréquemment. Il était le cœur, l'âme de la République, et si formidable est le coup qui la frappe par sa fin prématurée, qu'il semble qu'elle en soit décapitée. Eh bien! qu'on calcule ce qu'il a fallu à GAMBETTA d'efforts et de travail pour arriver à cette situation dans un milieu de liberté et de discussion comme celui où il a vécu, et qu'on dise s'il n'est pas profondément désespérant pour ce lutteur, pour ce laborieux, de s'en aller ainsi avant sa moisson faite !.,.

Ah! je le sens, si cela était en leur pouvoir, les amis inconnus que le grand orateur avait dans les Deux-Mondes, de bon cœur eussent offert leur vie pour racheter la sienne ! Car GAMBETTA n'appartenait pas seulement à la démocratie française : il appartenait, par ses côtés lumineux et ouverts, à la démocratie universelle. A ce titre, tous ceux qui ont souci du développement de l'esprit humain par la justice et par la liberté doivent saluer ce cercueil. Partout où le génie et le patriotisme sont honorés, cette douleur nationale qui étreint en ce moment le peuple français pleurant le puissant démocrate trouvera, nous en sommes sûr, un sympathique écho !

***

Et — il faut revenir à cette pensée — si la perte est grande pour la France, elle est incommensurable pour la République ! La France peut perdre un grand orateur, un politique expérimenté ; elle est assez riche pour cela. Malheureusement la République, je souhaite me tromper, ne pouvait pas perdre GAMBETTA.

C'était le seul homme d'Etat qu'elle eût créé, le seul qui lui appartînt en propre. Il est vrai qu'après un tel effort on pouvait presque lui pardonner sa stérilité!..... Lui seul avait la flamme, le nimbe qui entoure les prédestinés. Cela était visible pour la foule; d'où sa formidable popularité. Lui seul pouvait aspirer à fixer définitivement la vieille société française sur les bases nouvelles des institutions républicaines. Il est même permis de soupçonner que le sentiment de cette supériorité indéniable a dû, parfois, lui attirer parmi les siens bien des rivalités mesquines et jalouses. Les petits Tarquins de la démocratie, on le sait, n'aiment pas les têtes qui dépassent. Et peut-être trouverait-on là l'explication naturelle de bien des ennuis qui ont affligé la vie de GAMBETTA.....

Dans cette brillante carrière du tribun, ce qui surtout se détache en relief, ce qui surtout attire et séduit, c'est le haut sentiment de patriotisme dont tous ses actes sont empreints, de ce patriotisme profond qu'il honorait à l'égal d'une religion et auquel il conviait tous ses concitoyens. Aussi dans cette Assemblée de législateurs où la buée que dégagent les questions sociales, les doctrines nuageuses, ressassées sans cesse à la tribune, menace parfois de griser les cerveaux les plus robustes et de leur faire perdre le sens exact des choses, lui GAMBETTA, semblait personnifier, au-dessus de tous, l'amour de la patrie, simple et grand, expression sublime non seulement d'espérance et de foi, mais d'habileté et de patience!.....

Enfin, le voilà disparu celui dont le génie expansif était la plus sûre garantie de l'expérience qui s'accomplit en France, celui qui, par le magnétisme d'une intelligence supérieure, gagna tant de cœurs à la République!

Que va-t-il advenir maintenant de ce système de gouvernement?

Les chefs comprendront-ils ce que la situation exige d'eux? Consentiront-ils à reprendre les traditions dont GAMBETTA aspirait à être l'initiateur dans le parti républicain, traditions familières à la France, mais complètement étrangères à la République? Consentiront-ils à chausser les pantoufles de l'immortel mort?...

Au surplus, quels que soient les destins de la République, qu'elle vive ou qu'elle meure, ce nom — GAMBETTA! — aux syllabes étranges, sera désormais légendaire!...

Au jour où le vieux sol français sera menacé, il suffira de le prononcer, et comme une sonnerie éclatante il réveillera tous les cœurs pour leur inspirer l'énergie, la confiance virile qui animait le grand orateur, le grand citoyen dont le monde, avec la France, pleure la perte!

(L'*Œil*, numéro du 20 janvier 1883.)

28 AVRIL 1882

Voici revenu le douloureux anniversaire!

Voici revenu le jour fatal qui nous enleva notre regretté Edouard Pinckombe!

Le parti national perdit, par cette mort, un de ses plus puissants athlètes, un de ses défenseurs les plus convaincus, un de ses hommes d'avant-garde qui surent le mieux se faire aimer et suivre...

Combien ce dénoûment, quoique attendu depuis une semaine, fit une profonde impression sur nous, je n'ai pas à le rappeler!

Dans la maison endeuillée de Turgeau nous étions là, cinquante environ, attendant en silence la fin de ce suprême combat que nous savions perdu d'avance. De temps en temps, le râle du mourant, de la pièce au-dessus, arrivait jusqu'à nous. Au loin, la campagne verdissait dans une teinte à demi assombrie par de légers nuages...

Je la vois encore, cette matinée brumeuse et humide comme il s'en trouve parfois au mois d'avril. Quelques gouttes de pluie tombaient par intervalles, une bise froide secouait les vieux orangers de l'avenue chargés d'eau.

Cette nature triste s'accordait si bien avec la douleur qui opprimait nos âmes qu'elle semblait le cadre naturel que le hasard, ce miséricordieux, daignait donner à notre deuil !...

Et ce n'était pas seulement l'ami que nous pleurions ; nous pleurions en même temps le patriote, toujours au premier rang sur la brèche — sentinelle avancée dans le sens littéral du mot — qui disparut au moment où il allait rendre de plus grands services encore à son pays...

Quelles espérances ne fondions-nous pas sur son esprit large, ouvert, sur sa ferme volonté de signaler son passage aux affaires par quelques bonnes et utiles réformes !

C'était là son idée fixe, dominante. « J'ai été beaucoup critiqué, disait-il ; mais quelle admirable occasion m'est offerte de confondre mes ennemis ! »

De fait, il est certain qu'avec son tempérament il n'eût pas suivi les sentiers battus où nos ministres les uns après les autres emboîtent le pas.

Ah ! que cet homme a dû maudire la destinée marâtre !...

Quelles funérailles la nation lui fit ! Ce fut l'occasion d'une véritable manifestation populaire.

Et savez-vous pourquoi ?

C'est qu'Edouard Pinckombe fut un de ceux qui aimèrent le plus sincèrement le parti politique auquel il appartenait.

Il l'aima avec passion, avec âme, d'une façon

absolument convaincue. Son intérêt personnel passait au second plan quand il s'agissait de cet intérêt-là.

C'était son dogme, sa religion, son Dieu.

Il vécut de cet amour, il en mourut peut-être.

La flamme qui le brûlait intérieurement, comme le feu dans un filon, le consuma enfin...

Or, si Edouard Pinckombe a été un de nos plus grands patriotes, un de ces hommes dont la vie doit laisser une trace dans l'histoire nationale, espérons que tous ceux qui ont la religion du souvenir, tous ceux que les mêmes doctrines politiques rallient dans une foi commune, tous ceux qui rêvent pour Haïti un avenir de progrès et de paix, espérons que tous ceux là, à l'occasion de l'anniversaire de sa mort, donneront une pensée à sa mémoire!

Honorer ceux qui ont lutté pour le triomphe de leur cause, c'est le premier devoir d'un parti politique.

Le parti national a le sentiment de tous les devoirs.

Il a le culte de tous les souvenirs.

Je répète donc aujourd'hui ce que je disais le 30 avril dernier sur la tombe d'Edouard Pinckombe :

Qu'il soit immortel dans tous les cœurs vraiment patriotes!

(L'*Œil*, numéro du 28 avril 1883.)

LA POLITIQUE

———

A l'audience de dimanche dernier, le Président de
la République a prononcé des paroles qui lui font —
nous ne dirons pas honneur, car il n'y a pas d'honneur pour un chef d'Etat à tenir le langage du bon
sens et de la raison : il ne fait que son devoir —
nous dirons plutôt des paroles qui mettent péremptoirement fin aux inquiétudes que depuis quelques
jours on s'efforçait de jeter dans le peuple. Elles enterrent définitivement une question qu'on avait vainement essayé de ressusciter et qui, par le peu de
succès qu'elle a eu, par le reniement général dont
elle a été l'objet, a démontré aux plus incrédules
qu'elle a fait son temps.

« Ce sont les ennemis du gouvernement, a dit le
Président, ce sont les ennemis du pays qui tiennent
ces propos subversifs, qui soulèvent ces questions de
couleur. Aucun homme sensé ne pourra admettre
que moi, qui prêche partout et à tous l'union et la
concorde, je me serve de semblables moyens. C'est
me faire injure. Ce qui est vrai, c'est que j'ai pris
indistinctement le mulâtre ou le noir partout où j'ai
cru trouver le mérite, la fidélité, le patriotisme ! Au

reste, j'attends la fin de l'insurrection de Miragoâne
pour traiter à fond cette question et en finir
une bonne fois. »

Ainsi, au jour où la paix publique sera rétablie —
et ce sera, nous l'espérons, avant longtemps — ceux
qui auront la bonne fortune de se trouver au Palais
de la Présidence quand le général Salomon abordera
ce sujet assisteront, sans doute, à un remarquable
débat. Toutes les mauvaises passions qui ont tant
agité et désolé ce malheureux pays comparaîtront,
car ce sont elles les vraies coupables... Et nous aurons à enregistrer, nous en sommes d'avance persuadé, un nouveau triomphe de la logique et de la
vérité sur l'erreur et la mauvaise foi !

Pourtant comme il est triste d'avoir, non pas seulement à réfuter de si sottes calomnies, mais à en
parler même !

**

Il y a déjà une année, dans les colonnes de ce
journal et dans des termes assez vifs, nous dénoncions cette sinistre évocation d'un passé dont le
progrès de la raison humaine, dont le développement
de l'opinion publique condamnent à jamais le retour.
Nous dénoncions cette déplorable manœuvre qui
tendait à affaiblir le parti national en y jetant la
division, la méfiance, la haine !

Aujourd'hui une tâche semblable est dévolue aux
vrais amis de l'ordre et de la paix. A l'exemple du
chef de l'Etat, qu'ils opposent à des accusations per-

fides et intéressées dont la tendance n'est que trop
visible le calme de la raison et surtout l'évidence
des faits!

A la propagande du mal, qu'ils opposent la propagande de l'entente fraternelle entre tous les
enfants d'Haïti!...

On nous parle d'antagonisme de races... Où voit-on
deux races? L'arbre a produit un rejeton, et quand
vous dites qu'il y a antagonisme entre eux, la nature
indignée se voile la face!

Pour moi, les plus doux souvenirs de ma jeunesse
se rapportent à l'époque bénie où je dormais côte à
côte avec mon bien cher et regretté Ducas-Hippolyte!
Ah! ce qui me rapprochait de lui, c'était surtout
l'élévation morale de son caractère, les charmes de
son esprit si bien cultivé!

Tout gamin, arrivé à Paris, je me souviens que la
première chose que je fis, ce fut de courir rue
Blanche, je crois, chez un homme de ma race qui
n'était alors qu'un proscrit célèbre... Cette visite est
sans doute sortie de sa mémoire; elle n'est pas sortie
de la mienne... J'honorais un homme dont les malheurs et l'intelligence m'avaient inspiré une vive
sympathie.

Donnez donc l'éducation au peuple, élevez-le
moralement si vous voulez que les angles qui exis-
tent dans toute société, qu'elle soit blanche ou
noire, disparaissent; si vous voulez que la fusion
soit réelle; si vous voulez que l'harmonie règne
parmi nous... Donnez l'éducation au peuple, à pleines
mains, sans hésitation, sans regret, si vous voulez

qu'il cesse d'être exploité dans son ignorance ou dans ses passions par des ambitieux sans vergogne, noirs ou jaunes! Car, au fond, tout cet antagonisme, toute cette grande question sociale dont on nous corne tant les oreilles se résume à peu de chose.

Antagonisme de caste, lisez plutôt tremplin à l'usage des faiseurs politiques. De là, on croit pouvoir bondir jusqu'aux sommets les plus élevés. Mais Dieu punit ces choses contre nature. Ceux qui emploient ces moyens, bien loin de se rapprocher du pouvoir ou de s'y consolider, dressent de leurs propres mains l'obstacle qui doit les en écarter ou les en précipiter.

C'est pour ne l'avoir pas compris qu'il n'a pas été donné à ce grand génie, qui avait nom Toussaint-Louverture, la gloire immortelle de placer l'indépendance du pays sous son patronage. Ce fut pourtant là son rêve; il y aspira certainement, mais les déplorables passions qui s'agitaient alors et auxquelles il ne sut pas résister le paralysèrent complètement.

Ainsi rien de bon, rien de durable ne peut se faire, sur cette terre d'Haïti, en dehors de l'union des deux couleurs... Le succès est à ce prix. Bien maladroit donc l'homme politique qui, pour grandir, se pose en représentant exclusif du noir ou du jaune!... Savez-vous ce qui condamne Boyer Bazelais, encore plus sûrement que le cercle de fer qui l'étreint à Miragoâne? C'est qu'on en fait — à tort ou à raison — le drapeau, le chef exclusif d'une caste. Voilà pourquoi le pays n'a pas confiance en lui !

L'éducation de tous, telle est donc la formule politique avec laquelle on pacifiera tous les esprits e

tous les cœurs dans notre jeune République ! Telle
est la formule qui, tout en assurant l'émancipation
morale et matérielle du peuple, assurera en même
temps notre propre sécurité !

Telle est la tâche à laquelle nous devons nous consacrer, si nous voulons que la postérité retienne nos
noms !

*
* *

Un de nos concitoyens, homme de grand sens et
de bon conseil, mais dont un vieux levain de scepti-
cisme paralyse souvent les excellentes inspirations,
me disait ces jours passés en souriant légèrement ;
« Le parti qu'il faut créer en Haïti, c'est le parti du
bon sens ! »

Certes, il y a un enseignement à retirer de cette
parole. Evidemment ce qu'il faut demander, ce qu'il
faut exiger surtout d'un parti politique arrivé au pouvoir, c'est qu'il ait le plus de bon sens possible. C'est
que son attitude, ses faits et gestes, tout prouve au
pays qu'il est une garantie d'ordre et de sécurité pour
tous les intérêts.

Il y a bientôt quatre ans, le parti national, en sou-
tenant la candidature du général Salomon à la première magistrature de l'Etat, obéissait à une pensée
de bon sens, à une pensée qui démontrait qu'il avait
au plus haut degré conscience du programme politique qu'il entendait exécuter

Ce programme, le voici en une ligne : A la tête des
affaires publiques, un homme intelligent, mais dis-

posant en même temps d'un grand ascendant sur les masses. L'intelligence devait lui servir d'abord à éviter les écueils dont la route de tout chef d'Etat est semée, ensuite à obtenir l'appui et la confiance de tous les conservateurs intéressés à consolider son pouvoir.

L'ascendant, à réclamer de ses concitoyens en général le concours indispensable pour assurer son œuvre de progrès et de paix et pour lutter victorieusement contre les assauts que la malveillance, grâce au peu d'avancement intellectuel du peuple, ne manquerait pas de livrer à ses meilleures conceptions.

Où prend-on aujourd'hui le droit de penser que le chef de l'Etat veuille sortir de ce programme ? En sortir serait la ruine de tout le parti, la ruine du pays ! Pourquoi en sortirait-il ? Est-ce parce que la petite ville de Miragoâne serait tombée un soir au pouvoir des exilés ? Mais devant l'altitude du reste de la République, devant ces protestations unanimes qui arrivent de toutes parts, il nous semble plutôt que l'on doit se féliciter d'avoir suivi une politique qui, au jour du danger, a permis à tous les hommes paisibles, à tous les patriotes de se grouper autour du gouvernement.

Une telle situation n'est-elle pas excellente ? Quand j'inspire confiance, vous voulez que je fasse peur ?

Non, non, le parti national a trop de bon sens, il a trop le sentiment de sa force, de son droit pour agir ainsi. Il ne lui faut d'autres armes pour vaincre que celles qu'il possède... Et nous n'écouterons pas la voix de ceux qui nous offrent de si funestes présents!

Combattre l'insurrection avec vigueur, c'est bien notre devoir ; mais rassurer tous les citoyens, réunir toutes les bonnes volontés dans un faisceau commun, observer une conduite prudente, ferme et juste à la fois, telle est la ligne politique que l'habileté la plus vulgaire nous ordonne de suivre !...

En définitive, et c'est sur cela que nous voulons arrêter l'esprit du lecteur, l'agitation qui s'est faite autour de cette criminelle question n'a pas été sans profit pour les vrais patriotes. D'un côté, les déclarations si nettes du Président de la République ont prouvé aux intrigants noirs ou jaunes que leurs manœuvres étaient déjouées ; de l'autre, l'émotion que ces manœuvres avaient soulevée, émotion qui est arrivée jusqu'au général Salomon, a démontré une fois de plus combien son gouvernement était une garantie pour les intérêts conservateurs et combien ces intérêts comptaient sur lui pour leur légitime protection !

Au milieu de toutes les tristesses que soulèvent ces choses écœurantes, s'il peut y avoir une consolation, c'est bien celle-là !

(L'*Œil*, numéro du 19 mai 1883.)

CHAMBRE DES DÉPUTES

M. F. Marcelin :

« Messieurs,

« Vous venez de décider que le renouvellement du bureau de la Chambre se ferait aujourd'hui... Permettez-moi de vous présenter, à propos des élections qui vont avoir lieu, quelques observations que me dictent mon amour de la patrie et le souci que j'ai de voir cette Assemblée, à laquelle je m'honore d'appartenir, se signaler dans la vie publique par des actes durables.

« Messieurs,

« Un principe démocratique dont nous ne saurions trop admirer la justesse veut que le renouvellement de notre bureau se fasse chaque mois. — Ce principe, personne n'en contestera l'utilité pratique. En effet, contester cette utilité, c'est donner à penser

que cette honorable Assemblée est si pauvre en
hommes de mérite, en hommes aptes à diriger ses
travaux qu'il faut forcément se borner à une seule
et unique individualité. — Et, messieurs, hâtons-
nous de le dire, cela n'est pas, cela est tout juste le
contraire de la vérité.

« Si je jette les yeux dans cette enceinte, de quelque
côté que je tourne les regards, je ne vois que des ta-
lents impatients de se signaler à la reconnaissance
nationale. — Ici, des débutants dans la carrière
parlementaire, mais pleins de ce feu sacré du patriotisme si digne d'admiration, même dans sa fougue ;
là, des vétérans de nos joutes oratoires, mûris dans
les affaires publiques et disposés à nous prêter le
secours de l'expérience et de la capacité réunies !

« Ouvrons, messieurs, ouvrons à toutes ces intelligences les portes de l'avenir. Qu'il soit établi que les
honneurs du bureau sont la récompense des députés
les plus méritants, de ceux qui, dans cette carrière
si épineuse et si délicate du parlementarisme, ont su
mériter l'estime de leurs collègues, tout en restant
les hommes du devoir et de la vérité. Ne leur retirons pas, en faussant l'esprit de nos règlements et en
y introduisant, sinon de droit, mais de fait, une sorte
de présidence sessionnelle, ne leur retirons pas cette
ambition si légitime ! C'est ce noble but offert à tous
les cœurs généreux de cette Chambre, à tous les
cœurs qui ne battent que de l'émulation du bien public, c'est ce noble but qui nous aidera à supporter
les amertumes, parfois plus pénibles qu'on ne pense,
de la vie publique. C'est lui, ce but qui, tout en nous

6

apparaissant comme une suprême espérance, comme une suprême consolation, nous dira chaque jour par combien d'efforts, par combien de peines, nous devons tâcher d'y atteindre !

« Car, Messieurs, combien haute, combien importante, en effet, est la mission du citoyen chargé de présider l'Assemblée des représentants du peuple !

« Il faut que ce citoyen-là, consacré en quelque sorte deux fois par le suffrage populaire, ait des qualités diverses et multiples. Il faut qu'il soit impartial et ferme, au-dessus de l'intrigue, toujours prêt à couvrir le Corps qu'il a l'honneur de diriger et dans le soin jaloux apporté par lui à la dignité de la Chambre, voyant en quelque façon sa propre dignité ! Un esprit juste, une cordiale facilité avec tous ses collègues, une vue nette et précise des grands intérêts publics lui sont absolument nécessaires. Planant dans une sphère élevée, il faut qu'il tienne les grandes responsabilités et les grands devoirs dont il est revêtu exactement à l'abri des passions et des intérêts privés qui pourraient s'agiter au-dessous de lui. Bien loin de créer les conflits, il doit plutôt s'attacher à les apaiser quand ils ont éclaté, guidé par cette pensée qu'ici dans cette enceinte nous sommes tous solidaires et que l'honneur d'un seul est l'honneur de tous.

« Il doit, sans grand fracas d'éloquence, s'appliquer à faire observer fidèlement nos règlements et à imprimer à nos travaux cette attitude correcte et calme qui commande le respect et l'admiration !

« Oui, Messieurs, ne l'oublions pas, le choix que

nous allons faire est d'une importance capitale. De lui dépend en grande partie l'avenir de la Chambre, au moins pour le mois suivant. En vue de ce grand intérêt, mettons de côté nos préférences et nos sympathies personnelles, et dans le vote que nous allons donner ne voyons que la patrie, si glorieuse quand par nos actes nous jetons sur elle un lustre nouveau, si attristée quand nous semblons l'oublier pour ne nous occuper que de nous-mêmes ! Trêve, Messieurs, trêve à toutes nos luttes, à toutes nos rivalités..... Il est temps d'entrer dans le magnifique avenir qui est là, ouvert devant nous..... Un mois déjà est passé et qu'avons-nous fait ?

« Est-ce toujours au nom des grands intérêts publics que nous avons troublé les échos de cette salle ? La patrie a-t-elle été toujours le but cons'ant de toutes nos préoccupations, de toute notre sollicitude, comme nous l'avions si solennellement promis à nos concitoyens ?

« Ah ! Messieurs, il est temps d'en finir..... Avec le bureau nouveau que la Chambre va se donner, inaugurons une ère nouvelle. — Trop longtemps les discussions oiseuses ont été à l'ordre du jour ; mettons-y désormais la discussion des intérêts généraux du pays. — Quand nous dérobons une heure au peuple, à ce peuple à qui nous devons tout notre temps, nous commettons *plus qu'une faute, nous commettons* un crime dont les fatales conséquences retomberont sur nos têtes. — Nous, l'expression suprême d'un grand parti, pouvons-nous oublier que dans cette enceinte nous avons une démonstration politique à établir ? Et faut-il qu'on nous rappelle qu'on ne conserve la puissance qu'à la condition d'en être digne ?

« Messieurs,

« J'ai abusé de vos instants ; je vous prie de m'ex- cuser... L'intérêt de cette Assemblée est le seul mo- bile qui m'a poussé à prendre la parole.

« Quels que soient mes sentiments de sympathie personnelle pour un de nos honorables collègues dont personne plus que moi n'estime le talent et le caractère, je vote et je vous conjure de voter pour le citoyen Samson comme président de votre bu- reau.

« Et je vous en conjure au nom de la Patrie, au nom de l'harmonie et de la concorde qui doivent régner entre nous et sans lesquelles cette session serait stérile. »

(*Moniteur* du 6 juillet 1882.)

CHAMBRE DES DÉPUTÉS

M. F. MARCELIN. — Puisque la Chambre n'a rien à
l'ordre du jour, elle me permettra de lui soumettre
certaines considérations relatives à une question
d'un haut intérêt. Du reste, notre estimable et élo-
quent collègue Saint.-Cap Louis Blot a déjà, dans une
de nos précédentes séances, entamé cette question.
Je ne fais que suivre la voie si brillamment tracée
par lui.

Messieurs,

Chaque époque a ses tendances, ses aspirations,
chaque époque s'attache plus particulièrement à
quelque grande conception à laquelle tout le reste
semble sacrifié. C'est le coin qui marque les différentes étapes de la pensée et de l'activité de l'homme ;
c'est la trace indélébile que chacune de ces étapes
doit garder dans la postérité.

Notre époque n'échappe pas à la loi commune ;
mais, nous pouvons le dire avec orgueil, elle est mar-

quée au bon coin. La pensée dominante qui la
guide et l'absorbe tout entière est celle de l'avancement social. Cette pensée est devenue une passion,
une passion dont la grande humanité a imprégné
l'âme de tous ses fils !

Le savant, dans son cabinet ; l'homme d'Etat, au
timon des affaires ; l'orateur politique, à la tribune ;
le publiciste, dans la presse, tous sont également
possédés du désir ardent de perfectionner et d'améliorer le sort de leurs semblables. Dans le monde entier tous les efforts du cerveau humain sont tournés
vers ce but si noble et si grand, vers la solution de
ce problème. Et l'éloquence même, Messieurs, le
premier des arts quand elle défend la liberté et le
droit, ne serait plus l'éloquence si elle n'était enno-
blie par cet idéal.

Telle est la marque de notre époque ! C'est elle,
cette marque glorieuse, qui lui donnera dans l'avenir, nous l'espérons fermement, parmi tous les siècles qui l'ont précédée, la première et la plus importante place.

Cet esprit, Messieurs, qui souffle partout, n'a-t-il
pas pénétré jusqu'à nous ? Ne communique-t-il pas
à l'âme de nos hommes d'Etat, de nos orateurs et de
nos publicistes, ses généreuses aspirations? Ne
nous convie-t-il pas à mériter l'amour de nos concitoyens en rendant leur sort meilleur par l'établissement d'une situation économique mieux équilibrée
et où chacun peut trouver, pourvu qu'il soit honnête et laborieux, l'existence assurée à laquelle il a
droit?

Oui, je le crois. Je crois que la pensée qui a plus particulièrement présidé à la formation de cette Assemblée, c'est qu'elle est appelée à étudier et à soulager les maux qui accablent le peuple. Je crois que d'un bout à l'autre du pays on attache à notre réunion dans cette enceinte une signification de la plus haute importance sociale. On espère, on souhaite que nous donnerons souvent et très souvent le pas aux affaires sur la politique, aux affaires surtout d'intérêt général. Et, Messieurs, il n'en saurait être autrement si, soucieux des obligations qui nous sont imposées, nous voulons modifier le malaise économique dans lequel Haïti se débat!

A beaucoup d'entre nous, n'est-il pas arrivé ceci : Quelqu'un vous arrête dans la rue — un passant qui ne vous reconnaît qu'à la rosette nationale que vous portez. Ce passant, cet inconnu, vous dit à brûle-pourpoint : *Nous attendons ce que vous ferez pour soulager notre détresse!* Eh bien! ne nous y trompons pas; cela est significatif. Cet homme qui s'adresse ainsi à vous parle au nom d'une multitude. Il n'est que l'écho du pays qui vous pose cette redoutable interrogation : *Qu'allez-vous faire pour nous?*

Quand les journaux ont porté partout dans notre île la nouvelle que la 17e législature avait ouvert ses travaux, il me semble, Messieurs, que tous les cœurs ont palpité d'émotion, qu'une lueur d'espérance a traversé l'âme de tous les souffrants et que tous ils se sont tournés avec anxiété vers vous. C'est que, à ce point de notre existence nationale, on est en droit de penser que vous oubliant en quelque

sorte dans un grand intérêt patriotique, vous mettrez au premier rang de vos délibérations ce problème social.

Oui, Messieurs, à quoi sert de le cacher? Il y a un
problème, une question sociale, ou mieux, selon le
grand orateur de la démocratie moderne, il y a des
questions sociales qui grandissent et qui se développent chaque jour parmi nous. Elles se présentent,
ces questions-là, sous les formes les plus singulières;
elles enserrent de leurs mille bras toutes les classes.
Chacun est inquiet, mécontent de sa situation, tandis
que la misère publique monte, monte comme une
marée. Son flot, où tous les éléments d'une tempête
se rencontrent, menace de couvrir bientôt toute la
surface du pays!

« Vivre en travaillant », ce mot d'ordre magnifique
des sociétés modernes, ce mot d'ordre qui fait les
peuples riches et prospères, tend à devenir ici un
non-sens. Nous est-il permis de fermer les yeux sur
un tel état de choses? Nous est-il permis de négliger
ce côté de nos plus importantes obligations?

Voyez ces milliers de bras inoccupés, oisifs, qui,
ne trouvant plus de travail, se sont insensiblement
habitués à tendre la main pour implorer le pain de
chaque jour. La société n'a-t-elle pas des devoirs à
remplir vis-à-vis d'eux? Les méconnaître, c'est
s'exposer à de graves dangers. On ne résout pas des
questions qui s'imposent en faisant le silence autour
d'elles. On les résout en les étudiant soigneusement
et loyalement. Les conceptions sociales qui ont fait
le plus de bien à l'humanité sont celles qui ont coûté

le plus d'efforts à l'esprit. Et quand de malheureux pères de famille, pleins d'honneur et de probité, pleins aussi d'un violent mais inutile désir de travail, quand des hommes dans toute la force de l'âge maudissent la destinée misérable qui les transforme en mendiants de profession, je dis, Messieurs, que c'est là une question qui s'impose ; je dis, Messieurs, qu'il y a là un péril, qu'il y a là un danger !

Ce n'est pas seulement la stabilité politique qui peut être compromise à un certain moment. C'est mieux que cela, c'est la stabilité sociale qui est gravement atteinte quand une portion de nos concitoyens, en se réveillant le matin, ne savent que faire de leurs bras ! A nous, députés du peuple, revient le difficile honneur de mettre fin à un système économique où tout le monde est mourant, où tout le monde agonise !

Sou'ager les souffrances de nos concitoyens, voilà le but, Messieurs, auquel tous nos efforts doivent tendre, voilà la gloire, la seule durable, la seule qui assurera l'immortalité à nos noms dans la mémoire reconnaissante du peuple ! Toute autre paraîtrait un anachronisme, car elle ne répondrait pas aux besoins de notre époque !

S'il y a des lauriers à cueillir, c'est ici dans le vaste champ de ces discussions sociales qu'ils fleurissent. Ailleurs, on peut bien rencontrer de temps en temps sur sa route quelques fleurs dont le brillant éclat vous séduit, dont le parfum pénétrant vous enivre. Comme elles croissent au bord du chemin, on n'a qu'à tendre la main pour les cueillir. Mais à peine y

a-t-on touché que leur éclat, que leur parfum s'éva-
nouit. Et elles se fanent avant même d'être détachées
de leurs tiges !

La réforme économique qui s'impose aux méditations de l'Assemblée, vous le sentez, Messieurs, doit
tout d'abord embrasser ces deux points :

Protection absolue par une réforme générale de
nos tarifs aux industries naissantes ;

Education professionnelle et agricole du peuple
par les agents les plus appropriés à ce rôle.

Tel est le champ ouvert à nos patriotiques efforts
et que nous avons pour devoir d'aborder le plus tôt
possible. Déjà plusieurs de nos collègues ont porté à
la tribune différentes propositions qui toutes tendent
au même but. Mais ces tentatives isolées ont besoin
pour donner tous leurs fruits d'être le résultat d'un
système général, d'une conception reposant sur un
ensemble d'idées nettement formulé.

L'Exécutif, Messieurs, a pris l'initiative d'une réforme de nos tarifs de douane. Applaudissons à cette
heureuse pensée ; mais souhaitons en même temps
que l'esprit qui anime ce travail soit celui d'une protection efficace à l'industrie nationale, afin qu'elle
devienne ce qu'elle est en tout pays : la ressource
assurée de tous les travailleurs.

Souhaitons surtout que ce travail nous soit communiqué avant peu..... Que l'Exécutif sache combien nous avons hâte de nous occuper de ces questions d'un ordre si élevé, et quel intérêt nous y
attachons ! Gouvernement et Chambres, votre principal souci n'est-il pas l'amélioration de la classe la

plus pauvre et la plus nombreuse du pays? Eh bien!
pour améliorer le sort de cette classe si intéressante,
nous en avons l'intime conviction, il faut revenir
sur des erreurs, sur des préjugés trop longtemps enracinés..... Puisse-t-on désormais, dans
les réformes projetées, ne pas oublier que la première condition pour une nation est d'exister!
Puisse-t-on ne pas oublier que pour se sauver une
nation a toujours le droit de violer les principes de la
science, si la science, ce qui n'est nullement prouvé,
pouvait être un obstacle au développement social!

Ah! Messieurs, ce sont là de graves problèmes...
Mais si ces problèmes, par la présentation du projet
de l'Exécutif, doivent être prochainement à l'ordre
du jour de cette Assemblée, ne nous en plaignons
pas, car assurément nous aurons des lauriers à
cueillir, des lauriers auxquels le temps même donnera un nouvel éclat!

(*Moniteur* du 3 août 1882.)

CHAMBRE DES DÉPUTES

M. F. MARCELIN. — J'ai l'honneur, Messieurs, de soumettre à votre appréciation un projet de loi dont vous reconnaîtrez, je l'espère, toute l'importance.

L'institution dont je vous demande la création est appelée à rendre de très grands services au pays. Elle fonctionne chez tous les peuples civilisés.

Elle fonctionne surtout en Angleterre et en France où elle est devenue un des rouages les plus puissants de la civilisation moderne.

Grâce à elle, la marchandise n'est plus une valeur inerte et difficilement réalisable. Elle devient une valeur active à l'égal des espèces.

Deux morceaux de papier la font circuler de main en main aussi sûrement, aussi rapidement qu'un billet de banque.

C'est la mobilité, grâce à cet ingénieux procédé, appliquée à la matière.

EXPOSÉ DES MOTIFS

La loi n° 32 du Code civil, art. 1838 à 1850, a réglementé les prêts sur gages, mais, comme l'ont fait observer les législateurs eux-mêmes dans l'art. 1851, les dispositions de cette loi ne sont applicables qu'en matière civile, et ne concernent pas les matières de commerce et les maisons de prêts sur gage, pour lesquelles il doit y avoir une législation spéciale.

Or, si l'on consulte le Code de commerce, on n'y trouve que les articles 92 et 93, qui paraissent traiter du nantissement en matière commerciale ; encore est-ce dans le cas tout particulier d'un consignataire de marchandises expédiées d'une autre place, destinées à être vendues pour le compte du commettant, et sur lesquelles il a été fait des avances par le commissionnaire. Celui-ci a le privilège, pour le remboursement de ses avances, intérêts et frais, sur la valeur des marchandises dont il est nanti, par préférence à tous autres créanciers du commettant. Mais la loi est absolument muette sur les consignations de marchandises faites sur la même place. Il y a là une lacune.

Le projet de loi qui vous est soumis, Messieurs, est destiné à la combler en introduisant dans le pays une institution commerciale du plus haut intérêt : c'est celle qui a pour objet les opérations de consignations de marchandises, de prêts sur consignations, et les ventes publiques de marchandises qui sont la conséquence de ces prêts.

Son utilité et son importance seront faciles à démontrer.

En principe, il s'agit d'ouvrir au commerce un établissement de crédit, et cela seulement suffirait pour mériter votre plus sérieuse attention. Si, dans tous les temps, le crédit est pour le commerce une condition essentielle d'existence, à plus forte raison lui est-il indispensable dans certaines circonstances difficiles : alors que la vente est nulle, que le marché est encombré de marchandises, que le consommateur, faute d'argent, se prive, et que le commerçant n'a d'autres ressources pour faire honneur à ses engagements que l'emprunt ou la liquidation. Mais la liquidation effectuée dans des conditions désastreutreuses, c'est la dernière et la plus inacceptable des extrémités, c'est la ruine.

Reste l'emprunt. Mais à qui le commerçant s'adressera-t-il pour le réaliser ? Il faut bien reconnaître que nous manquons absolument sur la place d'établissements de crédit régulièrement constitués, et que cette lacune se fait vivement sentir du commerce qui se trouve forcé de passer sous les fourches caudines de l'usure, en acceptant des avances de fonds aux conditions les plus dures et les plus onéreuses.

Or, l'établissement de crédit dont on vient vous demander d'autoriser la création est appelé à fonctionner d'une manière spéciale, depuis longtemps appréciée en Angleterre et en France, et qui, tout en donnant au prêteur la plus complète garantie, tend à supprimer les formalités, les lenteurs et les frais qui sont si propres à décourager de l'usage des emprunts.

Par un système ingénieux, on procure à tout possesseur d'une marchandise la faculté de recouvrer, toutes les fois et aussitôt qu'il en a besoin, tout ou partie du capital qu'il a engagé pour l'acquérir. Cette marchandise, qui est une valeur certaine, cesse d'être une valeur inerte, annihilée dans le fond d'un magasin, pour devenir au contraire une valeur aussi active que les espèces qu'elle représente ; toujours disponible et toujours réalisable, elle est mobilisée à ce point qu'elle peut changer de main avec la même facilité et aussi peu de frais qu'un effet de commerce, et ainsi elle est susceptible d'être *engagée ou vendue sans déplacement*, ce qui facilite singulièrement, il faut l'avouer, l'une et l'autre de ces deux opérations.

Avant d'entrer dans les détails de l'organisation que nous voudrions donner à ce système, et qui viendront dans la discussion des articles du projet que nous présentons ici, voyons par quel mécanisme il fonctionne ailleurs.

Tout propriétaire de marchandises indigènes ou exotiques peut déposer ses marchandises dans de vastes entrepôts publics qu'on appelle Docks en Angleterre et Magasins généraux en France ; et il reçoit de l'administration des Docks ou Magasins généraux deux titres détachés d'un registre à souche. L'un, qui est le récépissé contenant le détail et la description des marchandises déposées, est le titre de propriété de ces marchandises ; l'autre, le warrant, sert de bulletin de gage pour la garantie de la somme que le déposant peut ou pourra emprunter.

En effet, des marchandises ainsi déposées peuvent comme toutes les autres être l'objet de deux opérations bien distinctes : la vente et le nantissement. Ces deux opérations, au lieu d'être réalisées directement sur la marchandise elle-même, se font (et c'est la grande et avantageuse simplification due à ce système) sur les titres qui le représentent. Il faut donc deux titres, comme il y a deux opérations distinctes ; l'un pour la vente, c'est le récépissé dont l'endossement transfère la propriété de la marchandise ; l'autre, pour le nantissement, c'est le warrant, dont l'endossement place la marchandise, à titre de gage, entre les mains du prêteur.

Si le dépôt au Dock n'a pour but ni une vente ni un emprunt, le déposant reste en possession du récépissé et du warrant, et il vient, quand il le juge à propos, retirer sa marchandise, en rendant ses deux titres et en payant les frais de magasinage et autres qui auraient pu être faits pour la conservation de la chose.

Mais le déposant peut aussi, son dépôt effectué, tirer parti sur-le-champ, soit du récépissé, soit du warrant, soit des deux ensemble, pour réaliser tout ou partie de la valeur de sa marchandise.

S'il vend et qu'il touche comptant la totalité de son prix, il endosse ses deux titres ensemble au profit de son acheteur, et par cet endossement, aussi bien que par une livraison réelle, il transfère à celui-ci la propriété et le droit sans restriction de disposer de la marchandise déposée. L'opération de la livraison se trouve donc considérablement simplifiée, puisqu'elle ne consiste plus que dans l'endossement et la remise de deux morceaux de papier.

S'il vend et que tout ou partie du prix ne soit pas payé comptant, il ne remet plus à son acheteur que le récépissé endossé, et conserve pour lui le warrant. Ainsi il transmet encore la propriété de la chose, mais il garde le gage, jusqu'à concurrence de ce qui lui est dû ; l'acheteur-débiteur peut réaliser la marchandise, mais il devra payer la somme garantie par le warrant, ou du moins prélever comme suffisante et la consigner au magasin pour le remboursement du montant du warrant.

Mais le plus souvent, c'est un emprunt d'une partie de la valeur de sa marchandise que le déposant veut contracter en attendant un jour favorable pour la vente. Muni des titres qu'il a reçus au Dock, il s'adresse à un courtier, banquier, ou autre capitaliste, et endosse le warrant au profit de ce prêteur jusqu'à concurrence du prêt en capital et intérêts. Cet endossement vaut nantissement et confère au prêteur le droit, à défaut de remboursement à échéance, huit ours après protêt et sans autre formalité judiciaire, de faire vendre à l'encan la marchandise servant de gage au warrant, et de se rembourser de sa créance en principal et accessoires de préférence à tous autres créanciers, et sans déduction que celle des frais privilégiés de vente, de magasinage et autres, faits pour la conservation de la chose.

Le surplus, s'il y en a, appartient au porteur du récépissé. Ainsi, quel que soit le genre d'opération auquel le déposant veuille se livrer sur sa marchandise, celle-ci circule de main en main, sans frais de déplacement, au moyen de deux morceaux de papier qui la représente, à peu près comme le billet de banque représente les espèces déposées dans les

caves de la Banque, et qui se transmettent par simple endossement au porteur. La marchandise devient
par ce système un moyen de crédit qui procure au
prêteur la meilleure garantie et à l'emprunteur la
plus grande facilité.

Une société anonyme, le *Crédit commercial*, au capital originaire de vingt mille gourdes, divisé en
200 actions de 100 gourdes chacune, est en voie de
formation à Port-au-Prince. Cette société se propose
de faire toutes les opérations sur consignations de
marchandises. Elle recevra les consignations contre
lesquelles elle délivrera des récépissés ou certificats
de propriété de la marchandise déposée et des warrants ou bulletins de gage, garantis par le dépôt.
Elle fera les prêts sur consignations sans que le déposant ait à recourir à une tierce personne et les
ventes auront lieu dans ses magasins par ministère
d'encanteur public.

C'est pour autoriser la création de cette société
que j'ai l'honneur, Messieurs, de vous proposer le
projet de loi suivant :

Considérant qu'il importe de développer et de
faciliter les transactions commerciales en régu-
larisant les opérations de consignations de. marchandises, de prêts sur consignations et les ventes
publiques de marchandises qui en sont la conséquence ;

Considérant que pour atteindre ce résultat il convient de fixer la législation sur la matière en y introduisant telles dispositions qui modifient les articles du code civil sur les prêts sur gages ou nantisse-

ment et ceux du code de commerce qui traitent des commissionnaires en général,

Le Corps législatif

A proposé la loi suivante :

LOI

Ayant pour objet d'autoriser la création de la Société LE Crédit commercial,

Société anonyme ayant son siège à Port-au-Prince.

« Article premier. — Est autorisée la création à Port-au-Prince de la Société anonyme le Crédit commercial, ayant pour objet les opérations de consignations de marchandises et de prêts sur consignations, et délivrant des warrants garantis par les marchandises qui lui sont déposées en consignation.

Des consignations.

Art. 2. — Le Crédit commercial reçoit en dépôt et en consignation les marchandises de toute nature, soit comme entrepositaire, soit pour en effectuer la vente à l'amiable ou à l'encan, au gré des déposants, soit comme nantissement servant de garantie aux warrants qu'il délivre.

« Art. 3. — Toute marchandise déposée dans les magasins du Crédit commercial, en vue d'un prêt garanti par elle, donne lieu à la création de deux titres détachés d'un registre à souche et remis au déposant.

« L'un, portant le nom de récépissé, est le titre de propriété de la marchandise déposée.

« L'autre, le warrant, sert de bulletin de gage pour la garantie de la somme empruntée par le déposant sur sa marchandise. Ces deux titres sont annexés l'un à l'autre, mais peuvent être détachés.

« Art. 4. — Tous deux énoncent les noms, profession et domicile du déposant, la nature de la marchandise déposée, ainsi que les indications propres à en établir l'identité et à en déterminer la valeur. L'expertise des marchandises déposées n'aura lieu que lorsqu'elle sera réclamée par les parties intéressées, et dans ce cas il y sera procédé par des experts appelés par elles.

Du récépissé.

« Art. 5. — La propriété de la marchandise déposée est transférée par endossement du récépissé.

Art. 6. — L'endossement du récépissé et du warrant réunis transfère la propriété de la marchandise déposée à l'acheteur, qui paye au vendeur la totalité du prix.

« Art. 7. — L'endossement du récépissé détaché du warrant transfère également à l'acheteur la propriété de la marchandise déposée, mais à la charge par lui de payer la somme garantie par le warrant ou d'en laisser payer le montant sur le prix de la marchandise vendue.

« Art. 8. — L'endossement du récépissé, soit seul, soit conjointement avec le warrant, doit être daté,

et lorsque le warrant a été séparé du récépissé, le
porteur de ce dernier a la faculté de payer avant
l'échéance la créance garantie par le warrant transcrit sur les livres du Crédit commercial ainsi qu'il
est dit en l'article 11 ci-après.

Du warrant.

« Art. 9. — Tout emprunt fait sur la marchandise
déposée est constaté en détachant le warrant du
récépissé et en transférant ledit warrant par endossement au prêteur.

« L'endossement du warrant seul et séparé du
récépissé vaut nantissement et confère au prêteur,
sur la marchandise déposée, tous les droits du créancier gagiste sur l'objet donné en gage.

« Art. 11. — Cet endossement devra être daté et
devra aussi énoncer le montant intégral en capital
et intérêts de la créance garantie, la date de son
échéance et les noms, profession et domicile du créancier. Il devra en outre être transcrit sur les registres
du Crédit commercial, avec les énonciations dont il
est accompagné, à la diligence du premier cessionnaire, afin de donner à l'endossement une date certaine, indispensable à la constitution du nantissement.

« Art. 12. — Le porteur du warrant séparé du récépissé a le droit, faute de payement à son échéance,
et huit jours après le protêt, de faire procéder à la
vente à l'encan de la marchandise servant de gage au
warrant.

« Art. 13. — Cette vente aura lieu dans les magasins du Crédit commercial par le ministère d'encanteur public, sans que le Crédit commercial ni le
porteur du warrant aient à remplir aucune formalité
judiciaire ou autre.

« Art. 14. — Sur le produit de la vente, le warrant
est payé directement et sans formalité de justice et
de préférence à tous autres créanciers sans déduction autre que celle des frais de vente, de magasinage et autres faits pour la conservation de la
chose.

« Art. 15.—L'excédent du prix, s'il y en a, appartiendra au porteur du récépissé.

« Après avoir exercé ses droits sur la marchandise,
et seulement en cas d'insuffisance, le porteur du
warrant a encore recours contre l'emprunteur et les
endosseurs, et exerce ce recours dans les termes de
droit.

Du dépôt et du retrait des marchandises.

« Art. 16. —Le Crédit commercial est tenu comme
tiers dépositaire de conserver les marchandises formant la garantie de warrant jusqu'au payement
intégral de celui-ci, ou jusqu'à la vente ordonnée
par le porteur du warrant, ainsi qu'il est dit en l'article 14 ci-dessus.

« Art. 17. — Le Crédit commercial ne répond ni
des cas de force majeure, ni des déchets et détériora-
tions survenus dans la marchandise par suite d'insuffisance d'encaissage ou d'emballage.

« Art. 18. — Le déposant, et, pour lui, le tiers porteur du récépissé, ont la faculté de retirer quand bon leur semble les marchandises déposées, mais en payant par avance, comme il est dit en l'article 8 ci-dessus, la créance en principal et intérêts garantie par le warrant.

« Signé : F. Marcelin, appuyé : O. Piquant, Saint-Cap Louis Blot, D. Théodore. »

Tel est, Messieurs, le projet que j'ai l'honneur de vous soumettre.

J'appelle là-dessus votre attention, et je pense qu'en le prenant en sérieuse considération vous imprimerez au commerce un puissant élan.

Je ne crois pas nécessaire, pour le moment, de m'étendre plus amplement sur son incontestable utilité pratique.

Du reste, une brochure, qui a été distribuée aux honorables membres de cette Assemblée, explique le mécanisme de l'institution pour laquelle nous sollicitons votre autorisation.

Le jour où le projet de loi, après le rapport du Comité, reviendra devant la Chambre, j'aurai l'honneur, Messieurs, de vous entretenir amplement de ce nouvel instrument de crédit qui rend partout, notamment en France et en Angleterre, de si grands services.

(*Moniteur* du 19 août 1882.)

CHAMBRE DES DÉPUTÉS

**Abolition de la contrainte par corps en matière
commerciale.**

M. F. Marcelin. — Messieurs, je sens que l'attention de cette Assemblée est un peu fatiguée par ces
débats prolongés.

Je vous dois cette confession. Je ne pensais pas
à prendre la parole, car il me semblait qu'une question semblable, une question où les intérêts les plus
sacrés de l'humanité sont en jeu, devait obtenir un
vote d'enthousiasme dans cette Chambre où les
cœurs généreux abondent !

Il paraît que je m'étais trompé, Messieurs ... En
tout cas, je ne viens pas prendre part à la discussion
avec des conclusions écrites, comme le disait, en se
l'appliquant à lui-même, notre honorable collègue
Mérion. Non, je me laisse aller à l'inspiration du moment, persuadé qu'elle me fournira des arguments

dignes de la grande cause dont, à la suite d'éminents orateurs, j'entreprends la défense !

Messieurs, il faut le répéter, il faut le répéter encore, il faut le répéter toujours, la contrainte par corps est une monstrueuse iniquité qu'il est de notre honneur, qu'il est de notre devoir de faire disparaître de notre législation !

C'est un legs de la barbarie, une atteinte portée à la liberté humaine, à une époque où la liberté humaine n'était pas un dogme comme elle l'est aujourd'hui. Au XIXᵉ siècle, le maintien de la contrainte par corps dans notre législation est un anachronisme, un non-sens !

La contrainte par corps fait dater notre état social non pas du XIXᵉ siècle, c'est-à-dire d'une époque de progrès, de civilisation et de fraternité, elle fait dater notre état social du moyen âge, c'est-à-dire d'un siècle de tortures, de ténèbres et de haine.

Il faut, Messieurs, entrer au plus tôt dans la logique de l'histoire, comme les autres peuples qui ont répudié ce linceul du passé !

Que vient faire ce fantôme dans notre époque de développement et de lumière ?

Renvoyons-le, Messieurs, rejoindre dans le passé ces vieilles pratiques barbares dont le souvenir fait frissonner encore d'épouvante les générations contemporaines. Sa place y est marquée et il y a trop longtemps qu'il fait tache à notre soleil !

Messieurs, je ne viens pas faire ici de l'érudition ; je ne viens pas faire de l'histoire; d'autres orateurs ont brillamment traité des origines de la loi sur la contrainte par corps. Je ne viens pas répéter ce qu'ils ont déjà dit... Permettez-moi seulement de vous rappeler que rien n'est plus curieux que l'étude des transformations successives qu'a subies cette loi inique dans ses différents modes d'application.

Grossière et cruelle à l'enfance des peuples, elle dépouille peu à peu son caractère sauvage... Elle devient plus humaine avec le droit qui se forme, avec la raison qui s'éveille, avec l'idée de justice et de respect de la liberté qui commence à poindre.

Plus rare, plus restreinte en raison des progrès de la civilisation. C'est le jour qui chasse peu à peu la nuit; c'est la lumière qui dissipe peu à peu les ténèbres !

Et, Messieurs, chose digne de remarque, son histoire est partout la même chez tous les peuples, sous toutes les latitudes. Partout elle suit les mêmes phases, elle subit les mêmes métamorphoses que la raison et la logique lui imposent.

Trois idées dominent dans sa législation et marquent ses différentes évolutions.

C'est d'abord l'idée de vengeance... C'est à cette idée que répondait la loi romaine qui permettait aux créanciers de se partager les membres de leur débiteur insolvable.

Vous avez lu, Messieurs, le drame de Shakespeare, *Marchand de Venise?*

Le poète anglais met en scène un usurier juif, Shyock, qui prétend couper une livre de chair sur le corps de son débiteur... En faisant son étran marché, l'usurier juif, Messieurs, pensait évidemment aux rigueurs primitives de cette loi.

C'est ensuite l'idée d'une compensation de la dette, d'un dédommagement accordé au créancier. — C'était l'esprit de la loi des douze tables qui attribuait la propriété du débiteur au créancier. — Ce dernier pouvait le vendre comme esclave ou l'enfermer dans des espèces de prisons privées où il travaillait pour compte de celui qu'il n'avait pu payer. Mais, à cette époque, vous le savez, Messieurs, l'histoire est là qui nous l'apprend et notre collègue Guillaume nous l'a éloquemment rappelé, le peuple romain se retirait souvent sur le mont Aventin. — C'est ainsi qu'il se vengeait des riches qui le torturaient. Et cette loi barbare de la contrainte par corps, bien des fois mettait la République en péril.

Enfin, Messieurs, c'est un moyen de coaction pour forcer le débiteur qui *peut, mais qui ne veut pas payer*, à remplir ses engagements. Désormais, la contrainte par corps cesse de revêtir l'idée d'une vengeance privée. Le débiteur est retenu dans une prison publique, et si on lui retire sa liberté, c'est pour l'obliger à payer une dette qu'il peut, — entendez-vous, Messieurs, c'est l'idée du législateur, — mais qu'il ne veut pas payer!

C'est là la dernière phase de cette iniquité sociale. C'est sa dernière incarnation, jusqu'au jour où elle est tombée sous l'effort de la civilisation chez presque tous les peuples et aux applaudissements de tous ceux qui ont quelque souci de la dignité et de la liberté humaine!

N'est-il pas vrai, Messieurs, que l'abolition de la contrainte par corps est une des plus belles victoires remportées par l'esprit de fraternité et de charité qui anime notre siècle?

En France, ce fut durant la Révolution française qu'elle fut une première fois abolie. Et savez-vous, Messieurs, qui en proposa l'abolition complète? Ce fut Danton, ce fougueux tribun dont le souvenir, il y a deux mois de cela, était invoqué si heureusement par M. le président de cette Assemblée, un peu, je crois, pour l'appliquer à notre collègue Momplaisir ! (*Rires et approbation*).

Rétablie en 1803, modifiée plus tard, abolie en 1848, rétablie de nouveau, cette loi que l'opinion publique avait irrémissiblement condamnée, a enfin complètement disparu de la législation française. Elle a disparu de même des codes de toutes les nations civilisées.

Messieurs, du court exposé auquel je viens de me livrer et pour lequel je sollicite votre indulgence, il ressort qu'à chaque pas que l'humanité fait en avant, elle, la contrainte par corps, fait un pas en arrière.

Oui, Messieurs, son histoire le prouve et cela est assez significatif. La voilà aujourd'hui rejetée par toutes les nations, la voilà mise au ban de toutes. Où trouvera-t-elle un dernier asile? Sera-ce chez nous, chez nous que nos origines doivent rendre particulièrement scrupuleux sur la liberté individuelle, particulièrement défiants contre tout esclavage et partant contre la contrainte par corps, qui n'est qu'un esclavage déguisé? Sera-ce chez nous,

dans notre démocratie, sur cette terre où la liberté a
eu ses plus grands, ses plus glorieux martyrs, sera-
ce chez nous qu'elle trouvera un dernier refuge?

Ah! Messieurs, laissez-moi croire qu'il n'en sera
pas ainsi... Non, il y a assez longtemps que cela
dure, il faut laver cette honte, il faut effacer cette
souillure!

Sans doute, ceux qui soutiennent cette mesure
inique et barbare vous diront qu'elle est indispensable, qu'elle est nécessaire pour la sécurité du commerce. Quelle erreur, quel raisonnement faux que
la réalité, que l'évidence dément! Mais oublient-ils,
ceux-là, que c'est justement dans les pays où la contrainte par corps n'existe plus que le commerce est
le plus florissant? Regardez, Messieurs, à deux pas
de nous, aux portes de notre île... Voyez les États-
Unis, ce grenier du monde entier!.. Dites, dites,
Messieurs, ce gigantesque édifice commercial, l'un
des plus puissants que la volonté et l'énergie de
l'homme aient jamais élevé, a-t-il pour étai la contrainte par corps? N'est-ce pas la preuve la plus victorieuse qu'on puisse vous offrir?

En France, quand il s'est agi d'abolir la contrainte
par corps, on avait fait les mêmes objections aux
apôtres du droit et de la vérité, on avait opposé le
même raisonnement.

Des pessimistes disaient que c'était tuer le crédit
commercial du pays. Ils s'en allaient criant sur tous
les tons que c'en était fait de la France, et qu'écouter la voix de la justice et de l'humanité, c'était dé-
crèter la ruine du commerce. On les a laissés dire, on

a laissé crier... et on a effacé cette souillure de la législation française !

Savez-vous, Messieurs, ce qui en est résulté? Eh bien ! il est arrivé que depuis l'abolition de la contrainte par corps en France, les affaires ont pris un accroissement nouveau et que l'honneur commercial, ce sentiment moderne qui n'existait pas dans les sociétés antiques si bien protégées pourtant par la loi barbare que nous combattons, l'honneur commercial, ce sentiment qui porte l'honnête homme à se brûler la cervelle quand il ne peut tenir un engagement; il est arrivé, disons-nous, que ce sentiment a pris une extension tellement forte en France qu'il a fait du commerce français le premier commerce du monde, sous le rapport de l'observance à la foi jurée !

En fait, Messieurs, que se passe-t-il ici? Contre qui applique-t-on la contrainte par corps? Contre qui déploie-t-on toutes ses rigueurs?

Ah! je regrette de le dire pour la justice, pour l'humanité outragée... Cette loi barbare est appliquée contre une seule classe de la société : contre les pauvres, les faibles, les petits, contre ceux qui n'ont pas les moyens que donne une grosse faillite pour prendre des arrangements avec leurs créanciers! Ceux-là, on les arrête, on les emprisonne, vous le reconnaissez tous. Mais les autres, ceux qui peuvent, mais ne veulent pas payer, ceux que surtout le législateur a eu en vue, ils n'ont rien, ils n'ont jamais rien eu à démêler avec la contrainte par corps.

Je vais plus loin, Messieurs, j'affirme que la contrainte par corps est plus rarement employée, même
contre les pauvres, à la capitale que dans nos pro-
vinces. Pourquoi, Messieurs? La raison en est
simple.

C'est que le créancier hésite, dans un grand
centre, en plein jour, si j'ose m'exprimer ainsi, à
faire usage de cette loi condamnée par l'opinion
et par sa propre conscience. Mais en province,
c'est autre chose, on exécute les jugements rendus
par les tribunaux dc commerce, et la contrainte par
corps pèse sur les pauvres avec toutes ses impi-
toyables rigueurs !

Messieurs, je respecte infiniment la province ; la
province a de nobles qualités. Ce n'est pas un crime,
je crois, de penser qu'ici, à la capitale, il règne, par
le fait même d'une plus grande agglomération d'individus, un plus grand respect de l'opinion.

En tout cas, ses arrêts y sont plus écoutés. Et,
je n'hésite pas à le dire, dans notre état social
actuel, savez-vous ce qui arriverait si les créanciers, dans une sorte de coalition immorale,
s'entendaient à Port-au-Prince pour exécuter les
jugements portant contrainte par corps ? Dans un
excès de désespoir, le peuple se retirerait sur quelque mont Aventin comme dans l'ancienne Rome, et
il faudrait lui dépêcher un nouveau Ménénius-
Agrippa !

Est-ce donc une loi, Messieurs, une loi presque
tombée en désuétude et qu'on n'exerce que timide-
ment dans l'ombre, comme si on n'avait pas con-

science de son droit? Une loi, pour être juste, doit
trouver sa sanction dans la conscience de chacun...
Dites, dites, Messieurs, si sur votre âme et conscience, vous ne trouvez pas la contrainte par corps
profondément inique, profondément injuste? Une
loi qui, dans son application, procède par catégories,
qui frappe les uns, qui épargne les autres, n'est pas
une loi. C'est une mesure brutale, arbitraire, que
nous devons détruire de notre Code. C'est une mesure partiale dans ses effets, une mesure qui inspire
au peuple une idée fausse et désastreuse de la loi;
car elle tend à lui faire croire qu'elle est créée spé-
cialement contre lui et qu'elle est inefficace contre
ces grands coupables qui jettent tous les jours de si
ironiques défis à la morale publique!

Ah! Messieurs, si par impossible, faisant taire vos
sentiments, vous écoutiez ceux qui vous crient que
la destruction de cette loi barbare entraînerait la
ruine du commerce!....

Pour nous, notre devoir est rempli et nous osons
affirmer que, quel que soit votre vote, la cause est
gagnée.

Elle est gagnée au tribunal de l'opinion publique.
Le sillon que nous avons tracé et auquel nous
avons confié cette réforme indispensable portera
aux générations futures la moisson que nous en
espérions : la moisson de justice et de fraternité que
vous aurez empêché d'éclore, Messieurs. Mais si la
passion et l'erreur ont le jour et parfois même le
lendemain, la vérité, elle, a l'avenir; et c'est à l'avenir que nous en appellerions de votre décision!

Enfin, à part ces considérations générales, il y en a une dernière que je me permets de vous soumettre.

Savez-vous quels sont ceux qui dans l'état actuel de notre législation font usage de la contrainte par corps? Savez-vous quels sont ceux qui en usent le plus fréquemment?

Détrompez-vous, Messieurs, ce ne sont pas les vrais commerçants, ceux qui travaillent honnêtement à la sueur de leur front, ceux pour la protection des intérêts desquels la contrainte par corps a justement été créée, ce ne sont pas ceux-là qui en font le plus souvent usage. Ils savent distinguer l'honnête homme du fripon, le malheur honnête du vice impudent!

Non, ce sont ceux qui spéculent sur la misère publique, ce sont les faux commerçants, ceux qui éludent la loi, qui la font tourner à leur avantage, les usuriers masqués sous le pavillon commercial, les Shylocks de notre pays! Voilà les hommes qui, sans entrailles, sans pitié, incarcèrent, *recommandent*, font mourir de chagrin et de honte des gens qui valent mieux qu'eux!

Pouvez-vous, en conscience, protéger ces êtres-là? Pouvez-vous tolérer plus longtemps qu'à l'ombre d'une loi injuste, barbare et antisociale, ils continuent à torturer nos semblables, ils continuent à porter dans les familles le deuil et la désolation?

Non, Messieurs, cela ne se peut pas. Abolissez la contrainte par corps...

Prouvez au peuple que vous avez vraiment souci

de son sort ! N'écoutez pas de fallacieux discours ; laissez parler vos cœurs qui vous crient que vous accomplirez un acte juste, humain, un acte que la civilisation réclame de la démocratie haïtienne !

Il y a dans les prisons de la République, pour dettes, au moins cinq cents victimes de cette loi barbare et inique de la contrainte par corps. Cinq cents victimes qui se demandent parfois avec désespoir : « Dans quel siècle vivons-nous ? »

Eh bien ! Messieurs, brisez leurs chaînes, rendez-les à la liberté, et voilà cinq cents voix qui s'élèveront pour bénir la 17e législature.

(*Moniteur* du 9 septembre 1882.)

CHAMBRE DES DÉPUTES

Contrat Simmonds frères.— Usines à vapeur pour la préparation du café.

SÉANCE DU 8 SEPTEMBRE 1882.

L'article 6 est lu à l'Assemblée ainsi que l'amendement que la commission y a porté.

M. LE PRÉSIDENT. — J'attire l'attention de l'Assemblée sur l'article qui est en discussion. C'est le point capital du contrat Simmonds.

M. F. MARCELIN. — Messieurs, quand on vote les articles d'une loi ou d'un contrat, on doit bien se rendre compte de leur portée. Ainsi cet article 6 supprime une classe d'intermédiaires : celle des spéculateurs.

Notez que ce n'est pas précisément pour m'en plaindre que je fais cette remarque, c'est pour appeler simplement votre attention là-dessus.

D'après la législation sur les patentes, cette classe est protégée et paye à nos communes pour cette protection. L'habitant, pour employer lè style du projet de loi, mais plus exactement, le producteur de café, ne peut vendre son café directement aux négociants. Il faut qu'il passe par l'intermédiaire obligé du spéculateur; mais l'article en discussion, supprimant cet intermédiaire, le producteur ira vendre directement son café à l'usine.

D'un autre côté, Messieurs, il faut observer que la patente des spéculateurs est un des revenus les plus clairs des communes; avec la ruine des spéculateurs ce revenu doit disparaître.

Il n'y aura plus besoin de spéculateurs, parce que, affranchi de leur tutelle, le producteur ira, comme je viens de vous le dire, vendre directement son café à l'usine.

Messieurs, je répète que je ne me fais pas ici le défenseur du spéculateur... Je sais que son effacement est une nécessité du progrès... Nous disons souvent « le char du progrès » dans nos mouvements oratoires. Cette métaphore est très juste ici... Les roues de ce char vont passer sur le corps de toute la classe des spéculateurs. Mais c'est le progrès!

Quand Jacquart inventa sa machine, du même coup il apporta la misère et la faim dans le sein d'une multitude de familles. Il faut donc s'attendre à des cris.

Et vous devez vous souvenir avec quelle indignation on accueillit une proposition semblable du plus éminent économiste que nous ayons jamais eu dans le pays. Je ne veux pas citer son nom dans cette enceinte; car cet écrivain, s'il est un économiste distingué, est un de nos adversaires politiques que nous devons combattre avec le plus de vigueur (1).

Il demandait la suppression des intermédiaires entre le producteur et le négociant. Une tempête s'éleva contre lui.

Messieurs, en principe, je suis pour la suppression des intermédiaires, pour la destruction de toute corporation qui entrave le commerce et fait peser des charges inutiles sur les producteurs.

Mais mon patriotisme m'obligeait à vous présenter ces réflexions. C'est à vous à savoir si elles n'ont rien qui s'imposent à vos méditations.

. . . .

M. F. MARCELIN.—Messieurs, j'aime les déclarations nettes, simples, loyales. L'honorable secrétaire d'Etat des finances vient de faire une de ces déclarations-là. Au lieu d'appeler à son aide toutes les subtilités du raisonnement pour répondre aux considérations sur lesquelles j'avais attiré l'attention de l'Assemblée et essayer de vous prouver que les intérêts des spéculateurs en denrée n'étaient nullement atteints, il vous a dit avec une crânerie que pour ma part j'admire fort :

« Oui, la loi va faire du tort à certains individus, mais l'intérêt général doit passer avant l'intérêt privé. Et qu'importe le mécontement d'un petit nombre devant le bien que nous avons en vue et qui doit profiter à tous les producteurs ! »

Messieurs, ces principes sont corrects, ils sont con-

_____

(1) M. Edmond Paul.

formes à la science et quand on a le courage de les appliquer sans s'arrêter aux cris des uns et des autres, quand on se sent la force nécessaire pour braver ces cris (car il faut se sentir cette force-là), on mérite assurément des félicitations.

Aussi, au nom de la science, au nom des vrais principes économiques, j'applaudis au langage si ferme de l'honorable secrétaire d'État des finances et je l'en remercie au nom des producteurs de café qui forment l'immense majorité du pays !

En finissant, Messieurs, je demande que le mot *habitant* soit remplacé par l'expression plus spéciale de *producteur* de café. . . . .

. . . .

M. F. Marcelin. — Messieurs, je trouve défectueuse la rédaction de l'article 10. Ainsi, qu'avons-nous besoin d'y mentionner que MM. Simmonds frères, *ne pouvant diriger les usines qu'ils pourraient établir* dans la République, etc.?

Cette considération qui est d'un ordre tout à fait privé est déplacée ici et l'Assemblée ferait bien de la supprimer.

Au reste, est-ce que MM. Simmonds frères ont jamais demandé au gouvernement la faculté de mettre en leur lieu et place, à la tête de leurs maisons de commerce, telle personne munie de leur procuration ?

C'est ici la même faculté et les concessionnaires peuvent en jouir sans demander l'autorisation de l'État.

Ainsi, ils peuvent mettre qui ils veulent à la tête

de leurs usines; c'est leur affaire. Mais ces personnes n'étant que de simples mandataires ne peuvent bénéficier que pour le compte de MM. Simmonds frères des résultats de la présente concession. C'est ainsi, je crois, que nous l'entendons.

Mais le point le plus important réside dans le dernier membre de phrase et c'est là-dessus que je vais m'arrêter.

Messieurs, vous savez que l'opinion publique, l'année dernière, à l'origine de ce contrat, s'y était montrée très hostile. Elle n'avait pas accueilli avec bienveillance cette idée d'établir des usines pour la préparation du café.

Pourquoi? C'est qu'elle voyait dans ce contrat, à juste titre, un privilège, un monopole. Elle l'avait donc vivement commenté et décrié.

Aujourd'hui que le projet nous revient sous de meilleurs auspices, chacun est à même de le constater, il est de notre devoir de donner toute satisfaction à l'opinion publique par une déclaration nette et précise *que nous n'accordons aucun privilège, aucun monopole.* Or, comment le projet répond-il à cette idée? Messieurs, je regrette de le dire, il n'y répond que d'une façon fort incomplète. C'est par un bout de phrase : *le gouvernement restant libre, par contre, de concéder les mêmes avantages,* etc., etc.

Rien de net, de déterminé, comme vous voyez. On dirait même que le mot *par contre* établit, au profit des concessionnaires, une subordination du droit de concéder au droit principal que MM. Simmonds frères ont de mettre telles personnes à la tête de leurs usines.

L'accessoire devient ainsi le principal, et réciproquement. Eh bien! Messieurs, cela ne doit pas être.

C'est pour remédier à ces différentes imperfections que j'ai l'honneur de vous proposer de modifier l'article 10 ainsi qu'il suit et de faire un article spécial qui serait alors l'article 11 du contrat, pour la clause relative au privilège et au monopole.

Je les formule ainsi :

Art. 10. — MM. Simmonds frères ont la faculté de mettre en leur lieu et place avec l'agrément *du gouvernement*, à la tête des usines créées par eux, telles personnes qu'ils jugeront convenables. Ces personnes, pour compte des concessionnaires, bénéficieront des clauses contenues dans la présente concession.

Art. 11. — Les avantages consentis par le présent contrat ne constituent nullement un privilège, et l'Etat conserve expressément le droit, durant le temps de la concession et à toute époque, de concéder, concurremment aux concessionnaires, les mêmes avantages à tous ceux qui lui en feraient la demande.

Signé : F. MARCELIN. — Appuyé :
J.-C. LAFERRIÈRE, O. PIQUANT, L.-A. VILLAIR.

M. LE SECRÉTAIRE D'ÉTAT DE L'INTÉRIEUR. — J'accepte comme un article du contrat l'amendement

proposé par le député Marcelin, car cet honorable
député donne le plus grand développement à cet article, en même temps qu'il donne au gouvernement
des coudées plus franches.

Mis aux voix, l'article 10 proposé par le député
Marcelin, est voté.

M. LE PRÉSIDENT. — Maintenant, l'honorable député Marcelin propose d'ajouter immédiatement
après l'article 10 un autre article qui prendra la place
de l'article 11.

Cet article est ainsi formulé : « Les avantages con-
« sentis par le présent contrat ne constituent nulle-
« ment un privilège et l'État conserve expressément
« le droit, durant le temps de la concession et à
« toute époque, de concéder, concurremment avec
« les concessionnaires, les mêmes avantages à tous
« ceux qui en feraient la demande. »

Mis en discussion et aux voix, cet article est voté.

L'article 12, devenu article 13, est mis en discussion.

M. F. MARCELIN. — Ne trouvez-vous pas, Messieurs, que cet article est bien long ? Il n'en finit
pas.

Voyez plutôt (l'orateur donne lecture de l'article
et ajoute) : Ne pensez-vous pas qu'il serait bon de
rendre l'article plus court et partant plus clair ?

Je le crois, Messieurs, et c'est dans ce but que je
vous propose la rédaction suivante :

Art. 12. — Six mois avant l'expiration de la présente concession, MM. Simmonds frères seront tenus

de faire savoir au gouvernement leur intention de
continuer ou de ne pas continuer à jouir de leur contrat. Si le gouvernement, dans le même délai que ci-
dessus, ne notifiait pas aux concessionnaires son intention formelle de continuer, le contrat serait
résilié de plein droit et sans autre formalité.

Signé : F. MARCELIN. — Appuyé : SALOMON
FILS, L.-A. VILLAIR.

La proposition du député Marcelin est mise en
discussion.

M. F. MARCELIN. — J'ai cru proposer cette rédaction pour rendre l'article plus explicite, car il est dit
ceci.

L'orateur donne une nouvelle lecture de l'article
et ajoute : Vous remarquerez, Messieurs, que, dans
la rédaction que je vous propose, je dis que si dans
le même délai, c'est-à-dire dans le délai de six mois,
le gouvernement ne répondait pas à MM. Simmonds
frères pour déclarer son intention de continuer, le
contrat serait résilié de plein droit et sans autre formalité.

« Cette clause, Messieurs, a sa signification. Nos
gouvernements sont si négligents ! »

M. LE PRÉSIDENT, agitant sa sonnette. — Collègue
Marcelin !

M. F. MARCELIN. — Je n'ai parlé, Monsieur le Président, que des gouvernements en général. Vous savez, au reste, que les présents sont toujours
exceptés ! Et puis, le gouvernement actuel est trop

patriote, je le crois et je l'espère, pour jamais mériter de semblables reproches !

Je disais donc que nos gouvernements sont négligents, qu'une clause pareille est de toute nécessité. Les concessionnaires avant tout ont intérêt à ce qu'on renouvelle leur contrat et feront tous leurs efforts pour obtenir une réponse et, par là, ils finiront par attirer l'attention sur la question.

Il faudra bien qu'on réponde catégoriquement dans l'un ou l'autre sens. Mais si vous laissez dominer ici la maxime vulgaire « Qui ne dit mot consent » pour s'épargner la peine de prendre une décision, d'examiner une question importante, de donner son avis, on laissera aller les choses.

Le contrat se renouvellera indéfiniment.

Voilà pourquoi je vous propose cette rédaction nouvelle.

(*Moniteur* du 19 octobre 1882.)

CHAMBRE DES DÉPUTÉS

Proposition de M. Walter Icart tendant à augmenter l'indemnité des députés.

Séance du 22 septembre 1882.

M. F. Marcelin. — Je voudrais savoir à quel chiffre la proposition Icart fixe l'indemnité mensuelle des députés.

M. W. Icart. — A 150 piastres.

M. F. Marcelin. — Messieurs, le député Icart demande à fixer à 150 piastres l'indemnité mensuelle des députés et il vous dit que ce sera une économie pour la caisse publique et un soulagement de la misère du peuple.

Messieurs, je pensais que depuis mercredi cette proposition était morte et enterrée. Et la voilà qui reparaît de nouveau. En vérité, c'est à n'y rien comprendre. Il faut croire qu'elle a la vie dure. Je proteste donc comme j'ai protesté mercredi dans la séance à huis clos.....

M. Guillaume. — Motion d'ordre ! On ne doit pas révéler ce qui s'est passé à huis clos.

M. F. Marcelin. — Mais, puisqu'on revient sur une proposition qu'on pouvait croire à jamais enterrée, c'est bien mon droit, il me semble, de rappeler ce qui s'est passé à cette séance à huis clos.

M. le Président à M. Marcelin. — Non, collègue, tenez-vous-en à la question actuellement en débat.

M. F. Marcelin. — Voyez la puissance de la logique du député Icart ! Admirez la force de son argumentation : c'est parce que le peuple est misérable, c'est parce que le peuple souffre, qu'il demande, lui, le député Icart, qu'on nous donne 150 piastres par mois. Ne voilà-t-il pas une admirable façon de comprendre les intérêts du peuple ! Sans doute ce pauvre peuple, dont le député Icart a si grand souci du bien-être et pour lequel il fait si grand étalage de sentiments, se sentira singulièrement soulagé quand ses représentants, au lieu de recevoir 75 piastres par mois, en recevront 150 !

On pouvait croire, en écoutant son exposé, qu'il allait proposer une diminution de notre indemnité, et il conclut à une augmentation.

Eh bien, Messieurs, cela n'est pas bien, cela est mal en face de notre détresse, en face de notre misère qu'il faut soulager autrement que ne le propose le collègue Icart.

M. W. Icart à un membre de l'Assemblée. — Laissez-le combattre la proposition.

M. F. Marcelin à M. Icart. — Je combats votre proposition avec la plus grande modération, vous

devez le constater vous-même ; car pour rester
calme en face d'une telle chose, il faut être vraiment
maître de soi. Réservez vos arguments, je vous en
donne le conseil, pour convaincre cette Assemblée
qui va faire justice éclatante de votre proposition.
Réservez-les, je vous le répète. Mais il est malheureux pour la Chambre, pour cet auditoire qui
nous écoute, que vous nous ayez mis dans cette triste
obligation.

Messieurs, je bats ou plutôt je combats le député
Icart avec ses propres armes. Il vous dit qu'il est hon-
teux qu'un représentant du peuple ne gagne que 75
piastres par mois quand l'archiviste de la Chambre, par
exemple, en gagne 125. Cela le froisse, cela l'humilie.
Eh bien ! c'est là ce qui m'honore, ce qui vous
honore tous.

Nous ne sommes pas des salariés, des fonctionnaires ; le législateur a tenu à nous placer dans une
sphère plus élevée, plus haute, nous, émanation
directe de la souveraineté nationale.

Nous recevons une indemnité pour nos frais de
déplacement et autres ; nous ne recevons pas de
salaire !

Même si le député Icart ne demandait que 100
piastres par mois pour les représentants du peuple, il
faudrait protester énergiquement contre lui. Il
faudrait protester parce que ce serait supposer que
nous avons le droit absolu de rester quatre mois dans
cette enceinte.

Nous n'avons ce droit que pour des cas exception-
nels, et nous l'avons si bien compris que dans le

décret de prolongation de notre session, nous avons fait remarquer que c'est l'examen du budget qui nous retiendra ici un quatrième mois.

Je n'hésite pas à le déclarer, je crois qu'en face de cette misère qui augmente chaque jour, si nous avons quelque pitié pour ce pauvre peuple dont le député Icart comprend les intérêts d'une façon si étrange, ce sera la dernière session qui comptera quatre mois. Je l'espère pour mon pays. Il faudrait protester encore contre cette proposition, je le répète, parce que ce serait se dépouiller d'une noble prérogative constitutionnelle et descendre au rang de simples fonctionnaires !

Et le député Icart n'hésite pas à nous demander de porter notre indemnité à 150 piastres par mois, soit 1,800 piastres par an, et cela pour soulager la misère du peuple !

Messieurs, vous ferez justice de cette proposition, vous la repousserez solennellement. C'est là ce que le peuple attend de vous, c'est là ce que votre patriotisme et votre dignité vous commandent de faire.

M. W. ICART.—Avant de répondre aux protestants, qui pour la plupart ne sont pas là, je voudrais demander au député Marcelin à quel degré de l'échelle administrative il place les députés? Si les députés ne sont pas des fonctionnaires subalternes parce qu'ils ont une indemnité seulement dans la session et si les sénateurs sont des employés subalternes parce qu'ils reçoivent des émoluments mensuels?

M. F. MARCELIN (rentrant dans l'Assemblée).— C'est à moi que ce discours s'adresse.....

M. LE PRÉSIDENT (à M. Marcelin). — Oui, collègue, c'est à vous que ce discours s'adresse.

M. F. MARCELIN. — Eh bien ! Messieurs, puisque c'est à moi que le député Icart s'adresse, je vais lui répondre comme il sied à l'honneur, à la dignité de cette Chambre de répondre. Il y a trop longtemps, Messieurs, que cette indigne question d'intérêt personnel vole à la chose publique le temps que nous lui devons tout entier.

Il y a trop longtemps que cette proposition du député Icart souille nos délibérations. Il faut la rejeter, il faut la répudier ! Il faut que la Chambre, par un vote solennel, dégage sa responsabilité ! Il ne faut pas qu'on la croie solidaire d'une telle insanité ! En vertu de nos règlements, j'ai l'honneur, Messieurs, de vous faire la proposition suivante :

« Les députés soussignés voulant, par un vote « solennel, repousser la proposition du député Icart, « proposent à la Chambre la question préalable sur « ladite proposition. Signé : Marcelin, J.-D. Au- « guste, F. Ducasse, Momplaisir, A. Mérion. »

Voilà, Messieurs, la seule façon de répondre au député Icart ; voilà, Messieurs, comment l'honneur et la dignité de la Chambre répondront, j'en suis convaincu, à cette demande insensée. Quels sont les députés qui veulent signer ma proposition et m'aider à faire justice du député Icart ?

M. LE PRÉSIDENT (à M. Marcelin). — Vous avez profité de la question que le député Icart vous a proposée pour demander la question préalable.

M. F. MARCELIN (au président). — Aux termes de

l'article 42 de nos règlements, la question préalable, c'est-à-dire qu'il n'y a pas lieu de délibérer, passe avant la question principale.

Je vous prie donc, Monsieur le président, de mettre ma proposition aux voix.

M. W. ICART. — Le député Marcelin aurait dû demander la parole pour une motion d'ordre au lieu de profiter de ce que j'ai dit pour faire sa proposition.

Mise aux voix, la proposition du député Marcelin est rejetée par l'Assemblée.

M. F. MARCELIN (se levant). — Comme je ne veux pas prendre part au vote qui va avoir lieu, comme je considère ce vote désastreux pour mon pays et pour la Chambre elle-même, je demande à me retirer

M. MARCELIN se retire.

(*Moniteur* du 23 octobre 1882.)

CHAMBRE DES DÉPUTÉS

———

Discours sur le budget de la République.

Séance du 6 octobre 1883.

M. F. Marcelin :

Messieurs,

Nous voilà arrivés, depuis plusieurs jours, au point le plus important de nos travaux ; nous voilà à la discussion du budget des différents départements ministériels !

Si vraiment nous avons conscience des devoirs qui nous sont imposés, si vraiment nous avons en nous ce souffle patriotique d'où naissent les résolutions viriles, si vraiment nous nous sentons responsables vis-à-vis de notre pays, vis-à-vis du parti politique qui nous a fait l'honneur de nous envoyer ici, eh bien ! nous ne manquerons pas de faire sur cet acte important des considérations qui, si elles ne peuvent avoir toute leur valeur sur le budget actuel, du

moins pourront agir efficacement, nous devons l'espérer, sur les budgets futurs.

Vous le savez, Messieurs, la situation financière
que nous traversons est très difficile..... Hélas ! elle
nous ménage peut-être encore de bien douloureuses
surprises. Une grande misère s'étend d'un bout du
pays à l'autre..... Certainement, nous n'avons pas le
pouvoir de changer, comme à l'aide d'une baguette
magique, une situation aussi déplorable. Nous ne
pouvons pas malheureusement décréter l'aisance,
comme à d'autres époques, une assemblée héroïque,
décréta la victoire. Mais si nous ne pouvons opérer
ce prodige, il nous appartient toutefois, par des mesures sages et politiques, de préparer à notre patrie
des jours meilleurs !

Cela, nous le pouvons assurément.

Messieurs, c'est cette consolante pensée de faire
quelque bien à mon pays qui me guide en prenant
la parole sur le budget de la République.

C'est parce que je crois que je puis faire ce bien-
là — au prix peut-être de quelques contrariétés personnelles, je le sais et ne m'en inquiète guère —
c'est parce que je sens que j'ai des obligations importantes envers ce parti national qui a cru en moi et à
la fortune duquel, je le déclare solennellement, je
suis lié pour jamais, c'est pourquoi je prends en ce
moment la parole ! Puissé-je ne pas me tromper et
arriver au résultat que je me propose !

Est-il besoin, Messieurs, de vous le répéter encore ? Faut-il de bien grands efforts pour vous convaincre, pour faire passer dans vos cœurs le senti-

ment de la gravité de notre situation financière ?
Cette situation-là ne s'impose-t-elle pas aux plus
aveugles ? Qui ne voit que ce n'est pas seulement une
simple crise que nous traversons, que ce n'est pas
une situation anormale à laquelle peut remédier le
temps, la patience, qui n'a jamais fait défaut au peuple haïtien, à ce peuple si vraiment digne de ce vers
du poète :

« LE PEUPLE EST PATIENT, CAR IL EST ÉTERNEL ! »

Non, c'est une situation normale qui se déroule
avec toutes ses conséquences logiques et infailli-
libles. Or, s'il en est ainsi, n'est-ce pas que de tous
les cœurs patriotes, de tous les cœurs qui croient
aux destinées de notre race et pour qui l'effondre-
ment de cette république sous le poids de la misère,
sous le poids d'une situation financière intolérable,
serait non pas seulement une calamité nationale, mais
encore un deuil pour l'humanité si grandement intéressée à l'expérience qui s'accomplit ici, n'est-ce pas
que de tous ces cœurs-là, il ne doit sortir qu'un cri,
écho d'une même pensée :

« RÉFORME DU BUDGET ! »

Oui, Messieurs, réforme du budget, voilà le salut,
voilà l'avenir ! voilà comment nous pourrons améliorer l'état de notre pauvre pays et prouver enfin à
ce peuple, si souvent trompé et pourtant si confiant,
que nous voulons sincèrement son bonheur !

Le temps des résolutions courageuses, viriles, je
vous le répète, est arrivé.

On n'est digne de porter cette cocarde que lorsqu'on est prêt à dire la vérité, quand surtout cette vérité est le salut de tous. Le pays nous jette un suprême appel.... Prouvons-lui que nous avons non seulement l'énergie nécessaire, mais encore l'intelligence indispensable pour accomplir les réformes qu'il sollicite !

Le moment n'est-il pas opportun? S'il ne l'est pas, quand donc le sera-t-il ?

Pourquoi le temps de la maladie ne serait-il pas celui des remèdes?

Sully, ce grand ministre dont l'histoire vous est familière, disait : « Il faut respecter les abus quand ils ont les cheveux gris. »

Messieurs, le ministre d'une monarchie absolue, d'une monarchie de droit divin, pouvait peut-être s'exprimer ainsi, mais nous, serviteurs de la démocratie, de cette démocratie qui, si elle élève sur le pavois, sait aussi écraser sous ses talons ses fils indignes ou impuissants, nous n'avons pas besoin de respecter les abus, eussent-ils les cheveux gris !

Messieurs,

Il n'y a, il ne peut y avoir de budget qu'avec le système représentatif, car le contrôle d'une législature indépendante peut seule donner une sanction réelle à l'emploi des deniers publics. C'est là une des plus précieuses prérogatives des Chambres, à la condition, bien entendue, qu'elles l'exercent sérieusement, et que dans leurs mains cette prérogative-là ne devienne une habitude machinale à laquelle on se soumet sans conviction et sans élan. Il ne faut pas, parce qu'on vote chaque année, presque sans examen le plus souvent, de gros cahiers pleins de chiffres, il ne faut pas qu'on croie avoir rempli tous ses devoirs vis-à-vis du pays, vis-à-vis du pouvoir lui-même. Je dis vis-à-vis du pouvoir lui-même, car ce sont les Chambres qui en donnant les premières l'exemple de l'indifférence, de la négligence, du peu de souci des obligations qui leur sont imposées, ce sont les Chambres qui font les ministres négligents et frivoles.

Elles attachent généralement trop d'importance aux questions de pure abstraction politique, questions de personnalité qui ne sont guère profitables à la chose publique et qui parfois entraînent de fâcheuses complications. Mais le grand et beau terrain de la discussion financière, terrain ouvert à tout le monde, où les chocs ne sont guère à craindre, car la science économique a ce privilège d'arrondir les angles, les Chambres ne l'abordent que difficilement. Est-ce, Messieurs, parce que là il faut parler sobrement et utilement ?

Est-ce parce que cette phraséologie qui nous tue, qui remplace le vide de l'idée par l'expression pompeuse, cette phraséologie qui se complaît dans les attitudes et dans les gestes et qui a créé chez nous presque un genre national, est-ce parce que cette phraséologie-là ne trouverait pas sa place dans les sérieuses discussions que réclame l'examen du budget ?

Vous le savez, Messieurs, un budget est un état de prévoyance des recettes et des dépenses pendant l'exercice qu'il doit embrasser. C'est un tableau évaluatif et comparatif des recettes à réaliser, des dépenses à effectuer.

Or, il est évident que si, ayant à dresser un budget, vous ne tenez compte d'aucune des données positives sur lesquelles reposent le mouvement financier du pays, si, ayant besoin de telle somme pour vos dépenses, vous augmentiez simplement le chiffre des recettes, sans vous donner au préalable la peine de créer des ressources spéciales, il est évident que votre budget n'est qu'une œuvre de fantaisie, qu'une œuvre d'imagination. Il n'est pas digne d'un Corps législatif sérieux, et vous-même vous invitez le pouvoir exécutif, à qui vous l'avez voté, à s'en écarter. Vous croyez avoir rempli les prescriptions constitutionnelles qui vous sont imposées. Vous les avez éludées, et cela sciemment.

En voici une des plus importantes, celle qui établit nettement et formellement la spécialité budgétaire, celle exprimée en l'article 172 de la Constitution.

Comment voulez-vous qu'elle soit observée?

L'exécutif, en face de ce budget qui n'est qu'un chiffon — pardonnez-moi l'expression — en face de la réalité implacable qui se dresse devant lui, en face de l'énorme disproportion qui existe entre les dépenses votées et les recettes réelles, est obligé de dresser un nouveau budget, une sorte de budget rectificatif de celui des Chambres. Ainsi négation ab-

solue de notre droit constitutionnel... Et ce n'est
pas le seul mal qu'il faut déplorer.

Il y en a un autre beaucoup plus grand et qui
peut entraîner de plus fâcheuses conséquences. Non
seulement par cette façon de faire nous affaiblissons
notre autorité morale dans le pays, qui constate que
nous avons voté des dépenses quand nous savions
qu'on n'avait pas les moyens d'y faire face, mais
encore nous créons des embarras à l'administration
supérieure. A un citoyen, à une commune qui réclame telle allocation budgétaire, elle ne peut répondre que ceci : « IL N'Y A PAS D'ARGENT ! »

Mais comme, dans les dépenses votées par vous,
l'administration a été obligée de faire un choix,
d'admettre les plus urgentes ou celles qui lui paraissent telles, d'écarter les autres, elle se trouve
aux prises — et par votre faute — avec une foule
de gens qui naturellement ont le droit de penser
que leurs réclamations sont des plus légitimes et
qu'en les écartant on a agi avec passion et parti
pris vis-à-vis d'eux. C'est pourquoi aussi, chaque
année, vous voyez des députés se lever et demander
l'exécution d'une partie du budget. Exécution de
quoi, Messieurs? Exécution d'une chose parfaite-
ment inexécutable, convenez-en !

Ainsi donc l'équilibre est la première qualité d'un
budget ; c'est cette qualité qui fait de cet important
document une œuvre réelle, une œuvre digne des
grands pouvoirs publics !

Je parle, bien entendu, non seulement de l'équilibre matériel, mais encore de l'équilibre moral, de

cet équilibre qui consiste dans une juste et saine application des besoins et des ressources d'un pays et aussi dans une idée scientifique en quelque sorte du crédit dont il jouit et dont il peut facilement disposer.

L'équilibre matériel, tel que nous l'appliquons chaque année dans les Chambres, avec un peu de bonne volonté s'obtient toujours. Il n'y a pour cela qu'à élever, selon les besoins et en dehors de toutes les règles de la logique, nos prévisions de recettes. Un exemple récent, Messieurs, va vous le prouver. Quand la 16ᵉ législature eut à équilibrer le budget, que fit-elle? Vous vous en souvenez tous. Elle vota un emprunt de 500,000 piastres. Elle obtint, selon ses idées, l'équilibre matériel; je n'ai pas à le discuter avec elle. Mais si elle cherchait l'équilibre sérieux, l'équilibre moral, elle aurait compris que, selon toutes probabilités, dans l'état du pays son emprunt ne serait jamais réalisé.

Vous voyez donc, Messieurs, que l'équilibre matériel, l'équilibre des chiffres, peut n'être parfois qu'une immense plaisanterie, s'il n'est appuyé d'évaluations sérieuses et justifiées.

Toutefois, cette qualité seule ne suffit pas à un budget. Il serait parfait pour ce qui à trait à sa création, il serait très imparfait pour ce qui a trait à son application. Là ne s'arrêtent pas les devoirs du législateur. Il ne suffit pas qu'il ait prévu avec justesse; il faut qu'il vérifie si ses prévisions ont été exécutées ou qu'il apprécie les causes qui ont pu motiver leur inexécution. C'est cette prérogative

constitutionnelle que l'article 174 du pacte fondamental nous concède en termes formels.

Oui, Messieurs, nous aurons beau fixer les recettes
et les dépenses de chaque année, nous aurons beau
déclarer, selon les termes de la loi, que le budget de
chaque secrétaire d'Etat est divisé en chapitres et
qu'aucune somme allouée pour un chapitre ne peut
être reportée au crédit d'un autre, que nous ne ferons
qu'une besogne stérile et vaine, une besogne de pur
apparat, si nous n'avons pas les comptes généraux
qui doivent établir que la volonté du Corps législatif
a été observée, que ses votes ont été respectés.

Nous prenons, par exemple, telle décision cette
année, nous votons tel chiffre pour telle chose, mais
qui nous prouvera que notre décision a été exécutée ? Où est la sanction du vote que nous avons
donné ? Cette sanction, Messieurs, ne réside que
dans les comptes généraux, appuyés de tous les documents nécessaires à notre vérification. Et n'est-ce
pas justice que nous qui votons les recettes et les
dépenses, nous ayons le droit de vérifier l'emploi des
fonds que nous avons accordés ? En votant les recettes,
nous agissons, vous le savez, par simple hypothèse ;
nous établissons des prévisions que nous pouvons
croire fondées. Mais n'est-il pas évident que nous
avons pour devoir, l'année d'après, de contrôler nos
prévisions, de nous assurer quelles recettes nous
avons perçues réellement et à quelles dépenses ces
recettes ont été affectées ? Ne faut-il pas que de cette
vérification du Corps législatif il ressorte une loi de
réglement de l'exercice clos ?

Ne faut il pas que l'excédent des recettes, s'il y en a, soit nettement déterminé et connu du législateur?

Ne faut-il pas enfin que l'arriéré — qui, hélas! est presque toujours la règle dans nos finances — figure à un chapitre spécial du nouveau budget, afin que chacun sache quelle est la situation réelle de l'Etat?

Ce sont là, Messieurs, des règles élémentaires depuis longtemps appliquées partout dans le monde, puisque presque partout le système du contrôle législatif a prévalu dans le maniement des deniers publics, et cela dans l'intérêt des peuples.

Partout on a reconnu que la meilleure hygiène pour les finances d'un Etat, c'est la plus grande publicité, le plus large contrôle possible. Le défaut de contrôle fait les peuples anémiques, les peuples usés, les peuples misérables. Il n'y a que le contrôle seul qui donne la santé et la vie.

Souhaitons que le gouvernement actuel, ce gouvernement que nous avons contribué à fonder, chacun selon ses efforts, et pour le maintien duquel nous sommes prêts à donner nos fortunes et nos vies, mais que nous voudrions doter aussi de tous les mérites, souhaitons qu'il ait l'insigne honneur de ramener l'administration à ces saines et fortifiantes doctrines qui, à certaines époques, ont dominé dans notre histoire !

Pour cela, Messieurs, nous n'avons qu'à le vouloir ; les moments sont favorables, et c'est notre détresse financière qui nous en fait l'impérieuse obligation.

Hésiter à reclamer ces garanties de contrôle, c'est

être coupables envers le pays que nous représentons, envers le gouvernement qui est à sa tête et qui, du reste, il y a quelques jours, en déposant les comptes généraux des années précédentes, nous a fait la promesse solennelle de nous les remettre désormais dans le délai constitutionnel !

Messieurs,

Le 15 juin de cette année, le président de l'Assemblée nationale, en ouvrant la 1ʳᵉ session de la 17ᵉ législature, disait :

« Cette session se distinguera par le discernement que les Chambres s'efforceront d'apporter dans le règlement des dépensés dans le budget de 1882 à 1883. »

Le 6 juillet, l'exposé général de la situation présenté aux Chambres s'exprimait ainsi :

« La situation financière de la République, en présence de laquelle se trouvait le gouvernement, était tout à fait délicate et lui a suscité des embarras qu'il lui a fallu sinon aplanir, du moins atténuer. Cette situation s'explique. Avec un budget de dépenses s'élevant à 4,478, 580 piastres 69, il n'y avait comme voies et moyens que 3, 708,134 piastres, d'où un excédent de 770,446 piastres 69. »

Et plus loin :

« En dehors de l'écart des 770,446 piastres 69 ci-dessus établi, le gouvernement a eu à désintéresser les porteurs de bons remboursables à échéance et d'effets compensables pour droits de douane absorbés à l'avance par l'exercice périmé, soit 909.614 piastres 48, soit un découvert de 1,680,061 piastres 17. »

Plus loin enfin :

« Le gouvernement peut vous annoncer que les recettes pour le premier semestre de l'exercice courant se sont élevées à 2,257,983 piastres 17. La morte-saison étant arrivée, il pense qu'on ne peut guère compter sur de fortes rentrées avant la récolte prochaine. »

Le 31 juillet, répondant à l'exposé général de la République, l'Assemblée nationale exprimait sa volonté formelle, d'accord avec l'exécutif, d'équilibrer le budget.

Eh bien! que ressort-il de toutes ces déclarations? Quelle conclusion en tirer ?..... Evidemment, on a constaté que les prévisions budgétaires de l'année 1881-1882, portées à 4,850,000 piastres environ, avaient été singulièrement exagérées et que les recettes réelles s'éleveraient à peine à 3,000,000 de piastres. D'où un déficit de 1,850,000 piastres, auquel il faut ajouter les 909,614.48 d'effets compensables pour droits de douane absorbés à l'avance par l'exercice périmé.

L'exécutif déplorait avec raison que la 16º législature fût tombée dans une erreur si préjudiciable à la bonne marche du service, et la 17e promettait, de son côté, d'éviter soigneusement un tel écueil.

C'étaient là, Messieurs, des déclarations qui faisaient honneur au patriotisme des grands pouvoirs de l'Etat. Elles leur étaient inspirées par une juste appréciation des ressources réelles du pays. En effet, le café, notre principale branche de revenus, baissait tous les jours sur les marchés du monde, et il convenait d'envisager le moment où il nous faudrait étudier un nouveau système d'impôts qui permît de dégrever complètement cette fève, si nous ne voulions la voir disparaître de notre exportation.

Le budget de 1882-1883 devait donc, ce nous semble, être la démonstration pratique des grands principes proclamés et sur l'application desquels tout le monde était d'accord.

Or, les voies et moyens de l'exercice 1882-1883 sont évalués à 5,558,901 piastres, dépassant ainsi de près de 800,000 piastres les voies et moyens si décriés du dernier exercice!

Devant ce chiffre, chacun n'est-il pas en droit de se demander sur quelles données on s'est appuyé pour établir de pareilles prévisions? Comment ce qui était exagéré en 1882 a-t-il non seulement cessé de l'être, mais encore a pu être augmenté en 1883? Nos recettes ont-elles pris un nouvel essor? Notre café a-t-il enchéri sur les marchés européens?

Ou bien est-ce que ces combinaisons financières que nous promettait l'exécutif et qui devaient augmenter la richesse nationale nous ont été présentées? Non, Messieurs, rien de tout cela. Notre détresse n'a pas diminué, notre café est toujours avili sur les marchés européens, aucune combinaison devant relever la fortune publique ne nous a été présentée, la situation financière est donc la même, si elle n'a pas empiré, et pourtant notre chapitre des voies et moyens s'élève cette année à 5,558,901 piastres!

Messieurs,

C'est pour moi l'occasion de le dire, le rôle d'un ministre des finances est important dans tous les temps; mais il est important surtout quand il s'agit de la confection du budget. C'est à lui que revient la tâche difficile, j'en conviens, de dresser le budget des recettes; c'est à lui à dire quelles sommes le pays peut affecter aux différents services. Sa voix doit être prépondérante dans toutes les discussions qui ont trait à cet objet, car lui seul sait quelles sont les ressources à peu près exactes dont le pays peut disposer.

Si l'on a pu penser avec raison qu'un ministre des finances doit être doué d'une certaine dose de férocité, on peut ajouter que c'est surtout dans la préparation du budget qu'il doit déployer cette férocité-là et parfois vis-à-vis de ses collègues mêmes.

Il faut aussi qu'il cherche, qu'il combine, qu'il étudie, qu'il approfondisse tout ce qui peut l'aider dans sa tâche. C'est là un rôle difficile et glorieux. Mais savoir résister, se passionner pour la lutte, la lutte pour le Bien et pour la Patrie, n'est-ce pas déjà à quoi on reconnaît un homme d'Etat?..... Sans doute, l'honorable secrétaire d'Etat des finances possède amplement ces qualités-là..... Qu'elles se fortifient et se développent donc en lui chaque jour davantage pour le salut du pays!

Messieurs,

Je ne veux pas entrer plus avant dans l'examen

de ce budget de 1883. Il me suffit de vous avoir montré que la base en est bien fragile et qu'il est loin, dans son ensemble, d'être un état de prévoyance. Bien au contraire.

Mais après cette constatation ne nous reste-t-il rien à faire ? N'avons-nous pas un devoir à remplir ? Pour ma part, je le crois.

Sans doute, nous votons le budget tel qu'il est..... Nous le votons, mais en le confiant au patriotisme, au patriotisme éclairé du chef de l'Etat. Il y sera fait, nous le prévoyons, ce qui a été pratiqué dans le budget de 1882, c'est-à-dire qu'on dressera une sorte de budget rectificatif qui permette à l'administration de se mouvoir et d'agir.

En attendant, ne sommes-nous pas en droit de demander que l'année prochaine les choses se passent plus régulièrement ? Ne pouvons-nous pas déclarer que nous désirons désormais que le budget soit une chose sérieuse, une chose qui fasse honneur au gouvernement et aux Chambres, une œuvre d'études et de science ?

Nous avons ce devoir à remplir, et en le remplissant nous ferons quelque chose d'utile à notre propre gloire, quelque chose d'utile à notre pays !

Mais est-ce seulement aux ministres que nous avons à faire des recommandations touchant les finances de la République ? N'en avons-nous pas quelques-unes que nous pouvons sagement nous adresser à nous-mêmes ? Oui, Messieurs, et au premier rang de toutes il y a une recommandation que nous ferions bien d'avoir sans cesse présente à l'es-

prit à l'heure solennelle où le budget de l'État se vote.
Cette recommandation, la voici : c'est que les représentants du peuple n'ont pas pour mission d'augmenter les charges du budget, mais bien plutôt celle de les diminuer.

Ouvrez le *Moniteur*, Messieurs..... Non pas celui de cette année, mais de l'année dernière, car, tout le monde sait, n'est-ce pas, que les députés de cette législature n'ont rien demandé pour leurs localités?... Vous y trouverez, sans doute, de fort beaux discours dans lesquels chacun à tour de rôle prêche l'économie ; mais à côté combien de propositions particulières qui tendent toutes à augmenter les dépenses ! Et il n'est pas rare de voir tel exposé des motifs qui débute par un tableau pathétique et saisissant de la misère du peuple, de notre détresse financière et qui finalement conclut à une demande de quelques milliers de piastres, comme si ce n'était pas ce pauvre peuple dont on vient de décrire si bien la misère qui doit les payer !

Chaque député se croit ainsi obligé, de par le mandat qu'il a reçu, de réclamer quelque chose pour sa commune. L'un demande l'érection d'une église, l'autre d'une prison. Celui-ci d'une fontaine, cet autre d'un wharf. A l'un il faut une route nouvelle ; à l'autre un hôpital. Cet autre ne démordra pas si on ne lui accorde la fontaine, l'église, la prison, le wharf, toutes choses, déclare-t-il, indispensables à sa commune. Plus modeste, un autre ne réclame que des cloches, mais il y tient et c'est au son de ces cloches qu'il veut rentrer dans sa commune !

Tout cela, si on l'additionnait, s'élèverait à plusieurs centaines de mille piastres.

D'un autre côté, voilà un ministre des finances qui prépare son budget avec soin, qui a été jusqu'aux plus extrêmes limites des prévisions de recettes. Au delà, c'est le déficit, c'est la ruine. A peine ce budget a-t-il été soumis aux Chambres que les demandes des députés l'assaillent de toutes parts ; elles s'installent, elles se casent tant bien que mal dans ses différents chapitres... Mais l'équilibre du budget, qu'en faites-vous ? Qu'est-il devenu devant toutes vos augmentations ?

Il serait bon pourtant que MM. les députés fussent convaincus de cette vérité, que le gouvernement qui administre doit savoir mieux qu'eux ce qu'il faut à leurs communes, et que s'il arrive qu'une chose vraiment utile, véritablement urgente, une chose que les ressources du pays permettent d'accomplir, a attiré leur attention et a échappé à celle du ministre, c'est que ce ministre est incompétent, c'est qu'il est au-dessous de sa tâche !

Mais généralement nous demandons des choses qui n'échappent pas à l'attention de l'administration et que l'état seul de nos finances ne lui permet pas d'entreprendre. Il est donc nécessaire de revenir à des idées plus justes, et se rappeler, je le répète, que nous sommes ici non pas pour augmenter les charges publiques, mais pour essayer de les diminuer autant que nous le pouvons.

Messieurs,

En 1848, on venait de présenter le budget aux

Chambres françaises. Il s'élevait à un peu plus d'un milliard. C'était la première fois qu'on atteignait ce chiffre. L'opposition murmurait... Un homme d'État, célèbre dès cette époque, mais à qui une fortune autrement brillante était réservée, puisque la troisième. République devait être placée sous l'égide de son nom glorieux, M. Thiers enfin, dit aux interrupteurs : « Saluez ce petit milliard ; vous ne le reverrez plus ! »

Nos recettes effectives, Messieurs, s'élèveront peut-être cette année à 3,000,000 de piastres ; mais assurément pas à plus. Et de même que M. Thiers disait de saluer ce petit milliard, nous pouvons dire, mais dans un tout autre sens, à ceux qui demandent des dépenses : « Saluez ces trois millions ; vous ne les reverrez sans doute de longtemps ! »

En effet, de sombres jours vont se lever pour nous. Notre situation financière ne pourra s'améliorer que dans l'avenir. Et, en attendant, le présent, qui comportera sans doute bien de tristes années, nous commande de nous préparer à des sacrifices nécessaires. Il ne s'agit pas de cacher notre mal sous des fleurs de rhétorique. Les peuples ne se relèvent pas en employant de tels remèdes. C'est en contemplant froidement et sévèrement la réalité, en l'étudiant sous toutes ses faces, que nous pouvons espérer nous en rendre maîtres et arriver à la modifier un jour.

Nous avons à prendre, et cela dès l'année prochaine — hélas ! quel dommage que nous ne l'ayons pas fait cette année ! — une mesure d'une gravité, d'une importance extrême, mieux que cela une mesure de salut public. C'est celle relative à notre café.

De chute en chute, de désastre en désastre, le café, vous le savez, est tombé à 4 piastres, prix que l'on paye aujourd'hui au producteur. Et il supporte un droit à l'exportation de 3 piastres ! Pensez-vous que le producteur puisse continuer à livrer à 4 piastres, à 3 peut-être, car la baisse n'a pas encore dit son dernier mot, un produit qui en rapporte 3 à l'Etat ?

Messieurs,

Après l'empire, on a beaucoup crié contre le cinquième. Eh bien ! si on compare le cinquième aux droits actuels, on verra l'effroyable disproportion qui existe entre eux. Sur cent livres de café à embarquer, je suppose, on en livrait 25 à l'Etat. Que représentent ces 25 livres à nos prix du jour ? Une piastre. Ainsi le café qui paye 3 piastres n'en payait comparativement qu'une sous l'empire.

Aujourd'hui, faire supporter 3 piastres à un article qui n'en vaut que 4, c'est peut-être imprudent. Je crains que le producteur n'abandonne complètement la culture du café. Et qu'arrivera-t-il le jour où cette culture abandonnée, le café ne figurera plus dans notre exportation ou n'y figurera que pour des quantités insignifiantes ? Il arrivera que l'exportation annulée, l'importation, qui n'est que son corollaire, qui n'est qu'un des plateaux de la même balance, s'arrêtera aussi.

Plus d'exportation, pas d'importation, telle sera la conclusion logique de notre problème financier.

Pour écarter ces fâcheux pronostics, que faut-il faire? Dégrever complètement le café.

Il ne faut pas retirer une piastre, deux piast·es même sur ce produit. Vous vous imposeriez un grand sacrifice sans atteindre à aucun résultat palpable, tangible. Il faut frapper un grand coup, un coup qui résonne, un coup qui parle à l'imagination.

Dégrevez complètement le café..... Immédiatement le paysan sentira qu'un grand événement s'est produit et qu'après tant d'années d'iniquités sociales on vient de rentrer vis-à-vis de lui dans la justice et dans le droit !

Vous me demanderez sans doute : « Mais de quœ l'Etat vivra-t-il? » Je pourrais vous dire qu'en conservant les droits actuels l'Etat avant deux ans court le risque de ne percevoir presque plus rien sur le café, dont la culture peut être abandonnée.

Je pourrais vous dire que l'exportation ruinée, c'est la ruine aussi de l'importation et que ce n'est pas une raison parce qu'un œil est malade pour qu'on ne fasse pas tous ses efforts pour sauver l'autre !

Mais ne voyez-vous pas qu'en dégrevant le café vous mettez plus de ressources, plus d'argent aux mains du peuple, que le peuple consommera davantage et que vous pourrez, dans l'importation qui s'augmente, trouver une plus-value des revenus que vous perdez.

Au reste, Chambres et gouvernement doivent mettre sans retard cette importante question à l'ordre du jour, à l'ordre du jour du patriotisme et de l'intelligence ! Ne pourrait-on pas aussi augmenter dans une certaine proportion nos droits à l'importation et trouver là encore une compensation ? Combien d'autres mesures que l'Etat peut prendre, mesures qui tendraient à déplacer l'assiette mal équilibrée de nos impôts !..... Leur énumération m'entraînerait trop loin quant à présent et je n'ai déjà que trop lassé votre patience.

Pourtant, avant de finir, avant de finir ce trop long discours — non pas même un discours, Messieurs, ces trop longues considérations — je manquerais à mon devoir si je ne vous disais que ces mauvais jours dont nous menace notre détresse financière exigeront bientôt des grands corps de l'Etat quelques sacrifices patriotiques.

L'année prochaine, en étudiant soigneusement les moyens de sauver notre nationalité des épreuves de la hideuse banqueroute, de sauver ce dépôt dont nous devons compte non pas seulement à nos aïeux, mais encore à ces millions d'hommes de même race que nous et pour lesquels Haïti est l'étoile où le signe de la rédemption doit briller un jour, eh bien ! à ce moment-là, nous nous rappellerons assurément que l'exemple, l'exemple des résolutions viriles doit partir de haut.

Alors, nous inspirant de ces beaux dévouements à la chose publique dont l'histoire est pleine, sans forfanterie et dans le religieux accomplissement d'un acte nécessaire, Chambre des députés et Sénat de la République, nous offrirons à ce peuple agonisant l'offrande patriotique..... d'une large portion de notre indemnité.

Nous nous souviendrons que, si nous voulons être des réformateurs, il faut commencer par nous réformer nous-mêmes. Nous nous souviendrons que si nous voulons demander des sacrifices aux autres, il faut commencer par donner l'exemple du sacrifice... Et sans hésitation, pour l'amour de notre pays épuisé, en vue des réformes que nous voulons exiger, nous déposerons notre obole sur l'autel de la patrie !

Et ce peuple qui doutait de nous, qui doutait de notre volonté de soulager ses souffrances, ce peuple qui, le front bas et désespéré, semblait s'être éloigné de nous, à cette bonne nouvelle, tressaillira..... Il relèvera la tête, et joyeux, confiant, croyant, il nous dira : « Merci ! » Et nous, comme ces soldats de je ne sais plus quel capitaine de l'antiquité qui avaient brûlé leurs vaisseaux pour vaincre ou mourir, nous aurons aussi brûlé nos vaisseaux, mais pour sauver la République !

(*Moniteur* du 25 janvier 1883.)

CHAMBRE DES DÉPUTÉS

Loi sur les « MAGASINS GÉNÉRAUX ».
Établissement du « CRÉDIT COMMERCIAL ».

SÉANCE DU 11 OCTOBRE 1882.

M. F. MARCELIN. — Messieurs, le mouvement, la vie de notre pays, son être en quelque sorte repose dans le développement de son commerce. Tout contribue ou doit contribuer à donner à ce développement la plus rapide extension. Et c'est un de nos orgueils les plus légitimes, les plus justifiés par notre situation géographique, que de croire cette île appelée dans un avenir plus ou moins lointain à un grand rôle commercial. Notre petit peuple, je le crois fermement, brillera un jour dans le monde par sa prospérité, par ses richesses. Tout le prouve, tout lui marque nettement cette destinée. Voyez cette ceinture de mers qui entoure notre pays, voyez son admirable situation, voyez ces beaux ports, cette multitude de cités dont les pieds baignent dans les flots, ces magnifiques positions marquées par la na-

ture même et où un jour des villes considérables
doivent se fonder, tout ne dit-il pas que là est l'espérance, là est l'avenir ? D'un autre coté, jetez un coup
d'œil sur cette prodigieuse variété de richesses dont
notre sol est parsemé : rivières admirables, mines
encore inexploitées, terre dont la fertilité est prover-
biale !...

Quoi ! tous ces biens ne prouvent-ils pas que là est
la place d'un nouvel empire commercial, et qu'à
cette île, si bien dotée, le destin réserve une fortune
brillante ?

Une évolution, Messieurs, s'accomplit dans le vieux
monde. La guerre le tue : dans des armements formidables, dans une agitation stérile et permanente, il
consomme toutes les épargnes de la paix, il les dissipe follement dans une sorte de fumée où la vaine
gloire, la poudre et le sang forment les éléments
principaux. Il marche à sa perte, il marche à sa ruine.
Il a dit son mot ; les temps sont révolus et c'est le
dernier acte gigantesque de la civilisation européenne
qui est en train de se jouer ! Ce dernier acte-là,
Messieurs, ne sera pas long. Encore un siècle ou
deux peut-être, et une civilisation, une civilisation
dans laquelle l'idée de la force ne jouera qu'un rôle
secondaire ou plutôt ne jouera un rôle que dans le
développement de la richesse sociale, apparaîtra
dans le monde ! Mais il n'y aura pas d'éclipse, Messieurs... Le flambeau passera dans les mains du Nou-
veau-Monde pour y gagner un nouvel éclat, une in-
tensité plus vive. Vous vous rappelez l'ingénieuse et
poétique histoire des vestales, ces vierges qui gar-

daient le feu sacré dans l'antique Rome? Eh bien !
l'humanité procède de même ; il y a toujours quelque part une nation-vestale qui garde le feu sacré de
la civilisation pour le transmettre au monde. Tout
démontre que dans l'évolution future des destinées
humaines le monde appartiendra à l'argent, et l'empire du monde passera à notre continent américain
qui est jeune, qui est riche, quand le Vieux-Monde
se meurt d'épuisement. Messieurs, préparons-nous à
ce vaste avenir dans lequel notre pays jouera un rôle ;
jetons-en les bases pour ces siècles que le destin
nous tient en réserve !

L'argent, Messieurs, est une puissance aussi légitime que les autres. Avant longtemps, dans l'évolution qui s'accomplit dans le monde, il sera la seule
puissance ! Il y a des courants qui se font dans les
idées aussi bien que dans les mers. La guerre, qui a
fait la gloire de la vieille Europe, tend à se discréditer. Elle coûte trop cher et ne rapporte rien, selon
notre sentiment à nous autres démocrates ! Préparons-nous donc, Messieurs, à ces futures destinées,
destinées qui ne peuvent pas mentir, destinées auxquelles il nous faut croire. Etendons notre commerce,
faisons-en notre unique et constante préoccupation.
Dotons notre pays de toutes les institutions qui peuvent concourir à ce but, c'est-à-dire à notre développement commercial, et à faire de nous un peuple
riche, c'est-à-dire un peuple fort !

. . . .

Messieurs, en Angleterre, lorsqu'un négociant a
déposé des marchandises quelconques dans un des

docks que possède toute ville commerçante, il se fait délivrer par l'administration du dock un récépissé qui est transférable par simple endossement. Ce récepissé s'appelle warrant. Tous les honorables membres de cette assemblée parlent ʿanglais... Ils savent tous que ce mot signifie, *cautiong arantie*. Bref, la valeur de ce warrant est garantie par celle de la marchandise dont il est le signe représentatif et descriptif. Les avantages de ce système qui dispense les créanciers-gagistes successifs de tous frais et de tous embarras pour déplacer ces marchandises, lesquelles restent dans les docks jusqu'au moment de leur mise en consommation, étaient évidents. Aussi, songea-t-on à appliquer ce système en France.

En 1848, une loi fut adoptée par l'Assemblée constituante, qui autorisait la création des Magasins généraux pour remplir les fonctions que les Docks remplissaient en Angleterre. Malheureusement, la loi du 23 août 1848 soumettait les marchandises à des formalités tellement gênantes que la loi resta mort-née. Pour que cette institution se développe et prospère, il faut que les porteurs de récépissés soient affranchis de toutes obligations pouvant les entraver dans la réalisation de leurs titres. On ne le comprit pas à ce moment-là en France.

Ce ne fut que dix ans plus tard, en 1858, qu'une loi nouvelle, celle du 28 mai, vint donner à l'institution toute la faveur dont elle était digne.

Voici de quelle façon les Magasins généraux fonctionnent en France.

D'abord la marchandise déposée donne lieu à la création de deux titres :

1° Le récépissé ;

2° Le warrant.

Le récépissé est destiné à transporter la propriété de la marchandise ; le warrant est un bulletin de gage, un instrument de crédit.

Ces deux titres sont annexés l'un à l'autre, mais peuvent se détacher à volonté. Ils énoncent tous deux les nom, profession et domicile du déposant, la nature de la marchandise déposée, ainsi que les indications propres à en établir l'identité et à constater la valeur. L'expertise des marchandises déposées n'est pas nécessaire, elle n'a lieu que lorsque les parties le désirent. En ce cas, elle a lieu par les courtiers, moyennant un droit fixe. Si le déposant veut emprunter sur sa marchandise, il détache le warrant du bulletin de gage et le transfère par endossement au prêteur. L'endossement du warrant seul et détaché du récépissé vaut nantissement et confère au créancier sur la marchandise tous les droits du créancier-gagiste sur l'objet donné en gage.

Il doit être daté et doit énoncer le montant intégral en capital et intérêts de la créance garantie, la date de son échéance, et les nom, profession et domicile du créancier. Il doit en outre être transcrit sur les registres du magasin, avec les énonciations qu'il renferme à la diligence du premier cessionnaire. Cette transcription donne la date certaine, indispensable pour la constitution du nantissement.

Le porteur du warrant séparé du récépissé a le droit,

faute du payement de sa créance et huit jours après le protèt, de faire procéder à la vente de la marchandise. La marchandise réalisée, il est payé sur le prix, directement et sans formalité de justice, par privilège et de préférence à tous autres créanciers, sans autre déduction que les frais de magasinage de commission, d'intérêts, etc. En cas d'insuffisance, après la réalisation de la marchandise, le porteur du warrant a le droit de recours contre les emprunteurs et les endosseurs.

Maintenant, quand le déposant, au lieu d'emprunter sur la marchandise, veut la vendre, il endosse simplement les deux titres réunis (récépissé et warrant), et l'acheteur devient propriétaire. Lorsque le warrant a été déjà négocié séparément, le déposant, en transférant le récépissé seul, transfère encore la propriété de la marchandise, mais sans préjudice des droits acquis par le cessionnaire ou le porteur du warrant, c'est-à-dire à la charge de payer la créance garantie par le warrant ou d'en laisser payer le montant sur le prix provenant de la vente de la marchandise. L'endossement du récépissé, soit seul, soit conjointement avec le warrant, doit être daté. Lorsque le warrant a été séparé du récépissé, le porteur de ce dernier a la faculté de payer avant l'échéance la créance garantie par le warrant ; mais dans le cas où le porteur du warrant a fait vendre la marchandise, l'excédent du prix, s'il y en a, appartient au porteur du récépissé.

Relativement aux établissements de crédit, le warrant est considéré et accepté par eux comme un effet de commerce, ou billet à ordre, mais avec

dispense d'une garantie, en sorte que les comptoirs
d'escompte le reçoivent avec une seule signature et
la Banque de France avec deux.

Telle est, Messieurs, l'institution utile et pratique
qui fonctionne en France. Telle est, Messieurs, l'institution que nous voudrions acclimater chez nous.
Et nous espérons fortement, grâce à vous, arriver à
notre but; car douter du succès, ce serait douter de
votre patriotisme éclairé, de votre patriotisme qui
sait faire abnégation de tout sentiment personnel, de
toute lutte d'intérêt ou d'ambition privée, quand il
s'agit de la patrie, quand il s'agit de son bonheur,
quand il s'agit de sa prospérité ! ! !

J'en suis persuadé, vous ne verrez en moi qu'un
humble pionnier de la civilisation dans mon pays; vous
ne verrez en moi que l'idée bonne, l'idée patriotique
dont je vous demande la consécration. Et, Messieurs,
permettez-moi de vous le dire, il n'y a pas autre
chose en moi que le patriote, comme en vous, je le
crois, il n'y a que des citoyens sincèrement dévoués
à l'avancement de leur pays et de leur race !

Messieurs, pour acclimater l'institution des Magasins généraux en Haïti, que fallait-il faire? Si c'était
une simple société anonyme que nous prétendions
créer, nous nous serions adressés à l'exécutif, mais
ce n'était pas là seulement notre but. Nous visions
à plus haut, nous visions à l'établissement d'une institution qui a rendu partout de grands services au
commerce et qui, par un ingénieux procédé, arrive
à faire circuler les marchandises comme les billets
de banque font circuler les espèces qui reposent dans

les caveaux. Que fallait-il faire, je le répète? Il fallait
vous proposer de compléter notre code de commerce,
d'y introduire quelques articles additionnels.

L'art. 1851 du code civil (loi n° 32) qui règlemente
les prêts sur gages déclare : « Les dispositions ci-
dessus ne sont applicables ni aux matières de commerce ni aux maisons de prêts sur gages autorisés,
et à l'égard desquelles on suit les lois et règlements
qui les concernent. »

Eh bien! Messieurs, ouvrez le code de commerce,
cherchez ces lois et règlements qui concernent les
maisons de prêts sur gages, vous ne trouverez rien,
absolument rien. La loi est muette à cet égard.

Il y a bien les articles 92 et 93 qui paraissent traiter
du nantissement en matière commerciale ; mais c'est
dans le cas tout particulier d'un consignataire de
marchandises expédiées d'une autre place, destinées
à être vendues pour le compte du commettant et sur
lesquelles il a été fait des avances par le commissionnaire.

Celui-ci a privilège pour le remboursement de ces
avances, intérêts et frais, sur la valeur des marchandises dont il est nanti par préférence à tous autres
créanciers du commettant. Mais on ne parle pas des
consignations de marchandises faites sur la même
place.

Il s'agit, Messieurs, de remplir cette lacune. C'est
ce que le projet de loi que j'ai eu l'honneur de vous
soumettre et qui a été si heureusement modifié par
votre commission spéciale tend à faire.

Permettez-moi de croire, Messieurs et chers collègues, vous que la prospérité nationale et le développement de notre commerce n'ont jamais trouvés indifférents, permettez-moi de croire que ce ne sera pas en vain que j'aurai fait appel à vos lumières et à votre patriotisme. Vous êtes tous des hommes pratiques, tous expérimentés ; vous savez trop combien il importe de doter notre jeune société de puissants leviers, de puissants moyens de crédit propres à augmenter l'initiative privée, à lui donner toute la latitude qu'il lui faut pour accomplir les merveilles auxquelles elle nous a habitués dans le monde entier ; vous savez trop tout cela pour hésiter à voter la loi !

Introduisez donc dans notre législation l'institution dont je ne suis que le modeste avocat, et vous aurez fait une bonne besogne, une besogne dont vous aurez le droit d'être fiers !

Mieux que je ne pourrais vous le dire, vous avez senti les grands avantages qui peuvent en découler pour notre pays. Il ne vous reste à donner que votre vote, donnez-le et l'œuvre deviendra une réalité, une réalité que vous aurez voulue, une réalité qui sera votre ouvrage ! ! !

(*Moniteur* du 1er février 1883.)

CHAMBRE DES DÉPUTÉS

Discussion du projet de loi portant réduction sur les indemnités du Président de la République, des grands fonctionnaires, et sur les appointements des employés de l'ordre civil et militaire.

M. F. MARCELIN. — Messieurs, le projet de loi sur la diminution des appointements des fonctionnaires publics que l'exécutif, sous l'empire de hautes considérations patriotiques, vous a présenté soulève tout d'abord une question préjudicielle.

Nous n'avons pas à entrer, quant à présent, dans l'examen des motifs qui recommandent si puissamment ce projet à votre attention.

Nous n'avons pas à dire de quelle acclamation l'opinion publique saluera votre vote, et quelle page, la plus haute, la plus enviable qu'il soit possible d'obtenir (car elle sera gravée dans le cœur de nos concitoyens), l'histoire va consacrer à cette Assemblée!...

Une voix autorisée nous rappelait, ces jours passés, l'exemple de ces héroïques marchandes de Port-au-Prince qui, quand l'armée de Pétion était épuisée, affamée, nue, dirent à ses soldats, en ouvrant les portes de leurs boutiques : « Entrez, frères, et prenez ! »

Nous allons, Messieurs, imiter ces femmes sublimes, dignes de la plus haute antiquité romaine !

Nous allons dire à la nation tout entière :

« Mère, tu es meurtrie, tu es accablée, tu es épuisée, voilà notre or, voilà notre sang ! »

L'année dernière, il vous en souvient, au moment où la Chambre des députés votait les différents budgets de la République, je vous disais que ces jours sombres dont nous menace notre détresse financière exigeraient bientôt des grands corps de l'Etat quelques sacrifices patriotiques. Je vous disais qu'en étudiant soigneusement les moyens de sauver notre nationalité des épreuves de la hideuse banqueroute, de sauver ce dépôt dont nous devons compte non pas seulement à nos aïeux, mais encore à ces millions d'hommes de même race que nous, pour lesquels Haïti est l'étoile où le signe de rédemption doit briller un jour ; je vous disais que, nous inspirant de ces beaux dévouements à la chose publique dont l'histoire est pleine, la Chambre des députés et le Sénat de la République offriraient alors à ce peuple agonisant l'offrande patriotique d'une large portion de leurs indemnités !

Eh bien ! Messieurs, le voilà arrivé ce moment solennel où nous allons déposer notre obole sur l'autel de la patrie ! Mais comment faut-il faire cela ? Voilà la question préjudicielle dont je vous parlais.

Messieurs, les indemnités des députés, des sénateurs, du Président de la République, des secrétaires d'Etat sont fixées par les articles 35, 66, 122 et 131 de la Constitution. Deux opinions sont en présence dans cette Chambre. Les uns disent que la mesure étant temporaire, c'est-à-dire pour deux ans, il n'y a pas lieu de reviser la Constitution, et qu'une loi, même une simple résolution du Corps législatif, peut modifier les articles de la Constitution que je viens de vous citer ; les autres pensent, et je suis du nombre de ceux-là, qu'aucune loi émanée du Corps législatif ne peut valablement modifier la Constitution.

C'est cette dernière opinion que je vais défendre devant vous.

L'article 200 du pacte fondamental dit : « La Constitution ne peut être suspendue en tout ou en partie ; elle est confiée au patriotisme et au courage des grands corps de l'Etat. » Eh bien ! Messieurs, n'est-ce pas la suspendre dans une de ses parties que de déroger par une simple loi aux articles qui touchent à nos indemnités ?

Je sais que si toutes les dérogations étaient faites pour un motif aussi noble, aussi louable, aussi généreux, il faudrait y applaudir des deux mains. Mais en matière de Constitution, est-il prudent, même en vue d'un grand bien à réaliser, d'y porter la main en dehors des formes prescrites par la Constitution elle-même ?

Cela est-il sage, et de la part surtout des législateurs? Aujourd'hui, pour un motif excellent, par une simple disposition législative, vous modifiez quelques articles de la Constitution. Demain, qui vous garantit qu'on ne viendra pas fouiller dans vos archives, exhumer cette loi que vous aurez faite dans un moment d'enthousiasme patriotique, qu'on ne viendra pas invoquer les précédents pour étayer telle proposition qui sera contraire à l'esprit et à la lettre de la Constitution?

Non, Messieurs, craignez les précédents, les mauvais précédents. Il ne faut pas que dans le bel acte, l'acte glorieux que vous voulez accomplir, il entre quoi que ce soit qui puisse prêter à commentaire, à équivoque. Il faut que votre œuvre soit aussi pure, aussi éclatante que la lumière du jour.

Vous allez la faire noblement, loyalement, constitutionnellement.

En effet, Messieurs, la voie à suivre n'est-elle pas toute tracée? N'est-elle pas tracée par la Constitution elle-même? Sommes-nous enfermés dans un cercle sans issue, dans un cercle qui serait un obstacle, une borne à nos patriotiques intentions?

Non, Messieurs, tel n'est pas le cas!

Le titre VII de la Constitution fait de la revision un principe permanent de notre législation, un principe que nous pouvons invoquer à n'importe quelle époque. En cela, notre législateur a suivi le progrès de l'esprit humain, progrès qui tend à prévaloir partout. On a compris qu'un peuple a toujours le droit de reviser la Constitution qu'il s'est donnée, par l raison qu'une Constitution n'est pas un contrat avec un tiers, mais un règlement qu'on fait avec soi-même et qu'en définitive le principe de la souveraineté du peuple ne saurait être contesté.

Dans le cas actuel, celui de la diminution de nos indemnités, voilà un vœu de l'opinion publique, un vœu du peuple. Il serait absurde, il serait injuste que ce vœu ne pût pas prendre place dans notre législation, grâce aux entraves, grâce aux obstacles dont on aurait entouré la revision.

La volonté du souverain, c'est-à-dire du peuple, serait paralysée par l'acte même qui constate sa puissance, ses droits.

Ce serait illogique, et voilà pourquoi il faut louer l'esprit de sagesse du législateur qui a introduit dans notre pacte fondamental le principe de la revision, sans obstacles, sans entraves.

Je vous prie donc, Messieurs, de vouloir bien déclarer, ainsi que le veut l'article 201 de la Constitution, « qu'il y a lieu de reviser ». Selon moi, vous ne pouvez pas agir autrement.

Faut-il que j'ajoute qu'en suivant cette voie l'effet moral de la résolution que vous allez prendre sera plus grand aux yeux du peuple?

Je veux écarter, Messieurs, cette supposition qu'on a envisagée l'autre jour dans cette Assemblée, que vous n'entendez donner à votre sacrifice que des bornes étroites, circonscrites, que dans tous les cas vous n'entendiez pas qu'il allât plus loin que deux ans, et c'était pourquoi vous ne vouliez pas reviser.

Non, cette supposition n'a pu entrer dans vos
cœurs. Le sacrifice, vous le savez, n'a pas de limites,
il ne comporte pas de restrictions. Il est le sacrifice
ou il ne l'est pas. Des fils qui donnent à leur mère,
des citoyens qui donnent à leur patrie n'ont pas de
ces arrière-pensées-là.

Enfin, permettez-moi, Messieurs, de vous présenter
une dernière considération.

Hier, quand sur une fausse appréciation des ressources du peuple, nous voulions augmenter notre
indemnité, qu'avions-nous résolu? Qu'il y avait lieu
de reviser.

Aujourd'hui que ce peuple nous a montré sa misère, ses souffrances, que convaincus de son triste
état nous sommes décidés à porter remède à ses
maux, comment pouvons-nous vouloir lui donner
autrement que nous voulions lui prendre?

Non, Messieurs, diminuons nos indemnités dans
la forme solennelle que nous avions choisie pour essayer de les augmenter! Quant au rapport de votre
commission qui propose de se réunir en Assemblée
nationale pour voter un décret ne portant pas revision, cette opinion ne peut pas se soutenir; elle ne
peut pas se discuter! Vous réunir en Assemblée
nationale, et pourquoi faire? Je pensais que l'article 69 énumérait formellement les huit points hors
desquels il ne saurait y avoir Assemblée nationale.
Votre réunion serait illicite, illégale, inconstitution-
nelle, si elle pouvait avoir lieu. Je dis si elle pouvait
avoir lieu, car jamais le Sénat ne consentira à se
réunir à vous hors les cas formellement déterminés

par le pacte fondamental. Cette dangereuse innovation qu'on vous présente restera mort-née.

Vous voyez donc, Messieurs, que cette conclusion
du rapport ne peut être acceptée. On vous propose
là quelque chose que vous ne ferez pas, que vous
n'avez pas le droit de faire ! Au surplus, quand vous
aurez pris une décision contraire à la revision, que
comptez-vous faire de la résolution du Sénat dont
la Chambre au début de cette séance a été officiellement saisie, résolution qui déclare *qu'il y a lieu de
reviser ?* Voulez-vous donc établir un conflit entre le
Sénat et vous?

Ah ! nous savons trop de quelles calomnies cette
Chambre a été assaillie l'année dernière ! Craignons
le retour de pareilles choses ; faisons tout pour les
éviter. Ne laissons pas s'accréditer dans l'opinion
publique le soupçon que nous sommes contraires
non pas à la revision, mais à la diminution de nos
indemnités, ce que les malveillants ne manqueraient
pas de dire. Revisons, Messieurs ; c'est la voie constitutionnelle qui s'offre à nous ! N'en prenons pas une
autre où la malignité publique aurait trop beau jeu
pour nous accuser de faux-fuyants qui sont loin de
notre caractère et du souci que nous avons de notre
dignité ! Déjà nous avons perdu trop de temps dans
ces débats préliminaires. Il est urgent d'en sortir, car
ces actes d'abnégation patriotique, pour garder tout
leur prix, doivent être faits spontanément ¡

(*Moniteur* du 29 mars 1883.

CHAMBRE DES DÉPUTÉS

Dégrèvement du café à l'exportation.

SÉANCE DU 27 FÉVRIER 1883.

M. F. MARCELIN. —Messieurs, je regrette d'avoir à combattre l'orateur qui vient de parler, j'eusse préféré me rencontrer avec lui sur le même terrain, défendant les mêmes doctrines. Mais mon intervention dans le débat, et dans un sens complètement opposé à l'amendement qui vient de vous être proposé, s'explique et se justifie : c'est la conséquence logique des idées que j'ai défendues dans cette enceinte..... Et à ce sujet, Messieurs, permettez-moi de vous rappeler que, cette année, je vous disais que nous aurions à prendre, à la prochaine réunion des Chambres, une mesure extrême, mieux que cela, une mesure de salut public !

Je vous disais qu'il fallait arriver à un dégrèvement de notre principale denrée d'exportation, le café. Et j'ajoutais que si nous n'arrivions pas à cette mesure, nous risquerions de voir le cultivateur, dégoûté des bas prix qui pèsent sur le café, abandonner cette culture et procéder à son égard comme, il n'y a pas longtemps, il avait commencé à procéder contre le coton, c'est-à-dire en arrachant tous les cotonniers.

Le dégrèvement des droits sur le coton, vous le savez, a pu seul arrêter cette exécution sommaire.

Je suis heureux, Messieurs, je n'ai pas besoin de vous le dire, de voir réaliser en partie le vœu que j'avais émis l'année dernière ; j'en suis heureux, non pas pour moi personnellement (je suis au-dessus de ces petites vanités), j'en suis heureux pour mon pays ; j'en suis heureux pour ces 200,000 habitants des campagnes, nos frères, que depuis notre indépendance nous tenons systématiquement courbés vers l'ignorance, vers la misère, en leur faisant porter une charge quadruple de celle des autres citoyens !

Certes, Messieurs, bien des voix généreuses se sont souvent élevées en leur faveur ; souvent on a réclamé pour eux et dans l'enceinte même du Corps législatif. Notre égoïsme, notre mauvaise foi, répondaient en les traitant de paresseux et de misérables.

Paresseux, eux qui donnent à notre exportation 70 millions de livres de café ! Paresseux, eux qui nous permettent de faire quelque figure dans le monde, eux qui payent nos folies et nos bamboches !

Misérables ! Oui, je comprends ce reproche, mais cette misère est notre œuvre, c'est nous qui l'avons faite ; c'est nous qui retirions à ces malheureux les moyens nécessaires de s'élever, de s'instruire, de connaître, d'apprécier les bienfaits que procure la civilisation, toutes choses que l'on n'acquiert que par l'aisance !

En effet, Messieurs, dans tous nos budgets, nos droits d'exportation égalent la somme de nos droits d'importation. Prenons, par exemple, l'état de la Chambre des Comptes de l'année 1882. Eh bien ! les droits sur les cafés se sont élevés à 1,550,000 piastres et l'importation a donné 1,850,000 piastres.

Est-il juste, je vous le demande, de faire porter à une portion déterminée de nos concitoyens une telle charge ?

Ils sont 200,000 et ils payent autant que les 7 ou 800,000 habitants du pays !

Pourquoi les accabler ainsi, eux qui ont tant besoin de voir diminuer le fardeau de l'impôt, afin de s'élever un peu plus dans l'échelle des êtres !

C'est là le côté moral de la question ; mais si, nous en abordions le côté économique, combien alors le champ s'élargit, combien ce principe que nous défendons ici trouve une facile application!

Vous l'avez dit vous-mêmes en termes formels :

« *Il est temps que le pays choisisse entre une révolution fiscale et cette consomption qui menace de nous anéantir. Le devoir de l'Etat est nettement tracé. Il faut qu'il favorise le commerce d'exportation tout en restreignant le plus que possible le commerce d'importation.* »

Vous l'avez dit dans le message en réponse à l'exposé de la situation. C'est cette promesse, Messieurs, qu'au nom du pays je viens vous prier de tenir.

Quand vous aviez exprimé cette pensée, vous étiez d'accord avec les vrais principes de la science ; vous étiez d'accord avec tous les peuples qui pratiquent la bonne et sage économie politique.

Savez-vous qu'en France, sur un budget de deux milliards et demi de francs, les droits d'exportation sont à peine de 2 à 300,000 francs. Et chez nous, sur un budget 3,500,000 piastres, ils forment la moitié de ce chiffre !

N'est-ce pas exorbitant, n'est-ce pas en dehors de toutes les règles?

Quoi ! vous prétendez développer votre industrie agricole, vous prétendez encourager ceux qui cultivent la terre, ceux qui travaillent et produisent réellement, tandis que, paresseusement assis dans les villes, nous vivons du fruit de leur labeur et leur laissons à peine quelques miettes d'un festin où ils devraient être à la place d'honneur !... Et cette industrie agricole, vous la frappez d'une taxe aussi lourde !...

Dites-moi donc pourquoi, moi, producteur de café, moi qui paye déjà ma part dans les impôts indirects quand j'achète les objets nécessaires à ma consommation, pourquoi dois-je voir mon industrie l'objet d'une si grande tendresse de la part du fisc?

Ce n'est pas une raison parce que cet impôt est facile à percevoir, qu'il rend bien ; ce n'est pas une raison pour le considérer comme une panacée à l'usage de tous nos empiriques financiers.

Mais, Messieurs, à ces considérations d'équité, à ces considérations basées sur les principes de la vraie économie politique, il est bon d'en ajouter d'autres, tirées d'un troisième élément, lequel n'est pas le moins intéressant du débat.

Ce troisième élément, le voici :

L'intérêt même du Trésor nous oblige à diminuer nos droits sur le café. Prenons exemple, Messieurs, sur les pays producteurs. Qu'a fait le Brésil, ce géant de la production caféière ?

Le Brésil a abaissé de moitié le droit d'exportation sur cette fève : au lieu de 0.75 centimes pour cent livres (écoutez, 0,75 !), le café ne paye plus que 0.37 1/2 c.; au lieu de 1 piastres par cent livres que l'Espagne percevait sur le café exporté de ses colonies, elle ne perçoit plus que 0.50.

Pourquoi, Messieurs ? C'est que l'Espagne et le Brésil comprennent que l'abaissement du prix du café sur les marchés d'Europe en ferait délaisser la culture et que le Trésor perdrait davantage en maintenant les anciens droits.

Chez nous, le dégrèvement du café doit non seulement encourager *l'habitant* à en soigner la culture, mais encore ce dégrèvement aura pour résultat de nous procurer une récolte plus abondante.

Le producteur protestait en quelque sorte contre les bas prix qu'on lui offrait, en s'abstenant de descendre sur nos marchés. Et à ce propos je puis vous dire qu'un citoyen digne de foi, dont la parole inspire toute confiance, et qui revient de l'intérieur, m'affirme que plus de la moitié de la récolte n'est pas encore livrée. Il m'a cité dans tel canton des habitants qui ont chez eux jusqu'à deux cent cinquante barils de café. Ces habitants attendent quoi? La hausse.

Ils ont confiance dans l'avenir ; ils ne peuvent croire que ce produit qui leur a coûté tant de peines, tant de soins, et qui, vendu à 5 piastres, ne laisse aucun profit; ils ne peuvent croire que ce produit ne doive hausser prochainement. Et en attendant ils ne se décideront à vendre que le plus tard possible.

Eh bien ! quand vous aurez voté ce dégrèvement partiel, que le gouvernement vous propose, savez-vous ce qui arrivera? Le café montera à 7 piastres, et alors les livraisons seront abondantes.

Et ces deux cent mille producteurs, courbés depuis si longtemps sous le poids d'une injustice séculaire, béniront le Corps législatif, béniront l'exécutif qui auront adouci leur malheureux sort ! Et le patriote, l'homme de cœur, tous ceux qui rêvent un état social meilleur pour nos concitoyens de tous les rangs et de toutes les classes, pourront alors entrevoir dans un avenir prochain le moment où cette iniquité sociale, funeste au développement de notre industrie agricole et contraire à la science, disparaîtra complètement de notre législation !

Ces préliminaires établis, j'entre, Messieurs, dans le fond du débat pour répondre aux arguments qui viennent d'être présentés. J'espère les réfuter victorieusement.

On a demandé des chiffres, je viens avec des

chiffres ! On a demandé des documents, je vous en apporte. Et je souhaite que l'esprit de justice qui domine cette Assemblée m'aide à faire la conviction dans vos cœurs !...

S'il est une bonne mesure, une mesure qui doit produire les plus heureux fruits, c'est bien celle-là !

De toutes les réformes que le gouvernement nous a proposées, c'est la meilleure. Elle replace l'assiette de nos impôts sur une base plus équitable et tend, dans un avenir tout proche, à ramener l'aisance parmi nous.

Il faut donc que nous la soutenions, que nous la défendions, et c'est ce que nous allons faire virilement, courageusement.

Oui, nous le savons, il y a eu en dehors de cette enceinte, et depuis quelques jours, bien des intrigues contre ce projet de loi ; une véritable coalition, une ligue qui, hélas ! n'est pas celle du *bien public*, s'est formée pour le combattre.

Oui, des individus ont dit que le dégrèvement était trop large, qu'il risquait de gêner l'Etat, qu'au surplus le café haussait, haussait en Europe, que partant le moment était inopportun.

Mais qui parle ainsi, Messieurs ? Ce sont les gros bonnets de la finance, ceux qui font des affaires avec l'Etat, ceux qui lui prêtent de l'argent à remettre contre traites, ces bonnes traites que procure l'exportation.

Ce sont ceux qui craignent que l'Etat, qui leur doit ou qui leur devra demain, ne soit pas dans l'impossibilité de tenir les engagements qu'il aura pris vis-à-vis d'eux.

Certes, l'intérêt de ces personnes-là est légitime, mais le nôtre ne l'est pas moins quand nous défendons les droits sacrés de 200,000 de nos concitoyens que l'on voudrait tenir sous un joug séculaire !

Je n'ai pas l'honneur, Messieurs, d'être créancier de l'Etat. Je n'ai jamais trempé dans ces brillants emprunts où le tiers, au lieu d'être versé en espèces, se verse en bons d'intérêts sur la Caisse d'amortissement qu'on a achetés à 50 0/0 dans le public !

Aucun ministre des finances ne m'a jamais dit :

« A telle date l'Etat vous remettra tant en traites sur l'Europe. »

Et je n'ai jamais été amené à considérer les droits d'exportation sur le café comme ma propriété !

Etant donc dans ces conditions, vous comprenez que je sois libre de défendre le droit et la justice. Je les défends le cœur et l'âme hauts !...

L'intérêt particulier ne m'aveugle pas et je ne vois ici que l'intérêt de mon pays, l'intérêt général !

Messieurs, examinons les objections que l'on fait à la mesure projetée.

D'abord, on vous dit que le dégrèvement des droits sur le café va mettre l'État dans l'embarras. Permettez-moi quelques chiffres.

Les chiffres sont arides, je le sais, mais c'est encore la meilleure démonstration de la vérité, la meilleure réfutation de l'erreur !

Soyez donc patients, je vous prie ; le sujet en vaut bien la peine.

Posons-nous une première question... Avec les mesures que l'on vous propose, quelle sera la situation du budget public après le dégrèvement ?

Nous prendrons le tableau général fait par la Chambre des Comptes pour l'exercice 1881-1882. Les droits d'exportation sur le café y figurent pour la somme de 1,530,000 piastres, soit 51,000,000 de livres, à 3 piastres.

L'Etat, en diminuant les droits de moitié, c'est-à-dire 1 1/4 piastre de droits fixes et de 20 0/0 de surtaxe, soit 1 1/2 piastre, va perdre environ 750,000 piastres.

Voilà le chiffre qu'il s'agit de lui restituer.

Comment le lui restituer ?

On vous a proposé pour cela deux moyens ;

1º Diminution de 20 0/0 sur les fonctionnaires publics ; 2º augmentation de 55 0/0 sur les droits d'importation.

Examinons ces deux moyens :

L'arrêté de Son Excellence le Président de la République, à la date du 31 janvier de cette année, fixe pour le mois de février la somme des crédits à répartir entre les différents départements ministériels à 248,145 piastres. Comme la réduction de 20 0/0 ne doit pas porter sur le département de la guerre et de la marine, il faut retrancher la somme affectée à ce département, soit..............Piastres   72,712

Il reste donc..................Piastres   175,433

Mais il faut encore retrancher de cette somme les appointements des agents de la République à l'étranger, de leurs attachés, des membres du clergé des professeurs engagés par contrats. D'un calcul qu'il est facile de faire en prenant le budget, nous voyons que de ce chiffre qui s'élève à 103,737 piastres par an il faut retirer environ 9,000 piastres par mois.

Mettons-en.................... Piastres   10,000
Soit ....Piastres   165,433

C'est sur ce dernier chiffre qu'il faut frapper les 20 0/0. Or, cela fait 33,086 piastres de diminution par mois ; soit pour l'année près de 400,000.

Ces 400,000 piastres, c'est bel et bien de l'argent que nous remettons à M. le ministre des finances ; c'est une somme réelle, effective dont notre budget va être déchargé.

Sur le café nous perdions environ 750,000 piastres ; voilà 400,000 piastres que nous rattrapons ; il ne reste donc à combler que 350,000 piastres.

Comment le faire ?

C'est à quoi vise le second moyen.

Prenons toujours ce même exercice dressé par la Chambre des Comptes ; c'est le document officiel le plus récent que nous ayons sur la matière.

Vous y verrez que les importations en chiffres ronds s'élèvent à 1,850,000 piastres ; sur cette somme il y a 606,300 piastres environ pour les 50 0/0 de la surtaxe.

Si sur les 1,252,000 piastres de droits fixes vous prélevez les 32 0/0, cela vous donnera un chiffre qui dépassera celui de 400,000 piastres. Vous avez donc pour le service courant plus qu'il ne vous en faut.

Aussi, loin de vous proposer une augmentation de droits à l'importation, il serait plus logique, il nous semble, de dire au secrétaire d'Etat des finances : « *Nous ne vous donnerons que tant pour cent d'augmentation à l'importation, car c'est tout ce qui vous est nécessaire.* »

Et notez, Messieurs, que cette année vous aurez, par le fait du dégrèvement des droits du café, une plus-value considérable dans le rendement des droits à l'exportation.

Ce n'est pas seulement 750,000 piastres que vous aurez, mais bien 1,000,000 de piastres, soit 65,000,000 de livres.

La dernière objection que l'on a fait est celle-ci :

« Le café hausse sur les marchés d'Europe. » Et le public a pu lire sur le *Moniteur* une note significative à ce sujet.

Cette objection, Messieurs, n'est pas sérieuse ; elle n'est pas morale !

Ah ! parce que le café hausse, vous ne devez pas réparer une injustice quand vous le pouvez ?

Or, je vous le demande, au nom de ces 200,000 producteurs de café, de « quel droit limitez-vous les bénéfices de mon travail » ?...

Mais je vais plus loin, j'affirme que la hausse n'est pas si grande qu'on le dit. C'est une campagne dont le but se devine assez : entraver les mesures que nous voulons voter.

Le mois dernier, le café faisait sur les marchés du Havre 43 à 46 francs selon qualité ; aujourd'hui il fait

47 à 50 francs. La hausse est donc de trois francs et elle n'est pas aussi rapide qu'on veut bien le dire.

Sur nos marchés intérieurs, par exemple, sur celui de Port-au-Prince, en janvier le café se payait 4 piastres 15. Aujourd'hui il fait 5 piastres 40. Savez-vous pourquoi? C'est que chacun s'attend à une diminution de droits et que cela active la spéculation sur place. Et quand vous aurez voté la mesure, le café ira à 7 piastres!

Il y a une autre objection que vous me permettrez aussi de réfuter. On dit que l'augmentation de 33 0/0 sur l'importation aura pour effet d'en arrêter le développement.

En est-on bien sûr? Même en temps de crise, l'expérience économique le démontre, les impôts indirects fléchissent moins que les autres. Et si la paix publique est maintenue, ce que j'espère et crois fortement, il ne m'est pas prouvé qu'une déception soit à craindre de ce côté.

Au reste, *l'habitant* qui a de si grands besoins, devenu plus riche, consommera davantage et rétablira ainsi l'équilibre.

Certes, et puisque l'occasion se présente de dire mon avis là-dessus, je n'y manquerai pas, je ne suis pas loin de critiquer la façon sommaire dont on nous a présenté cette augmentation de 33 0/0.

Je déplore que le ministre des finances se soit complètement placé à un point de vue purement fiscal. Je crois qu'il aurait pu, en se mettant sur le terrain de la protection à accorder à notre industrie agricole, atteindre plus complètement son but.

En effet, Messieurs, si les douanes ont pour mission d'assurer un revenu au Trésor, elles doivent aussi donner à l'Etat les moyens d'exciter ou de ré·primer le développement de telle ou telle industrie, de tel ou tel genre de commerce. De forts droits d'importation augmentent le prix de revient des produits étrangers et par conséquent en restreignent la consommation.

Ainsi les peuples sont poussés au travail, à la production, tout au moins à l'économie.

Quand une livre de riz étranger se vendra 25 centimes sur nos marchés, nos producteurs n'auront plus peur de la concurrence des autres peuples, vis-à-vis desquels, dans l'état actuel des choses, ils sont complètement désarmés.

A côté d'eux tout le monde dispose de cette accumulation de progrès en tous genres qu'on appelle le patrimoine de l'esprit humain..... Mais eux, ils n'ont pas encore pris leur part de ce patrimoine-là. Cela arrivera, mais cela n'est pas encore arrivé.

En attendant, sur ses propres marchés, on fait la guerre au producteur haïtien, et c'est la science et le capital combinés (puissances formidables) qui lui livrent bataille.

Peut-il lutter avec son travail primitif, qui lui revient si cher, contre les machines perfectionnées de l'industrie moderne?

Les tarifs protecteurs faciliteront donc chez nous la création et le développement de l'industrie et du commerce. Ils seront une arme défensive contre les peuples déjà arrivés et qui inondent nos marchés de leurs produits.

Pour ma part, j'estime que le producteur national, tout le temps que nos tarifs de douane ne seront pas revisés dans un sens résolument protecteur, ne sortira pas de son misérable état.

Le voudrait-il, essayerait-il de produire un peu plus, qu'il commettrait une fâcheuse imprudence ; car devant la concurrence étrangère la plus grande portion de ses produits lui resterait pour compte.

Mais le jour où vous lui assurerez le marché intérieur, de lui-même il prendra son élan vers les marchés extérieurs, car le capital, son profit garanti, viendra lui apporter les armes nécessaires pour la lutte !

Et à côté de ce principe, la protection à l'industrie nationale que j'invoque, je pourrais aussi invoquer cet autre : que la productivité des droits de douane dépend du taux des droits sur les objets de consommation journalière et dont on ne peut se passer.

Ici, vous le voyez, l'intérêt du fisc et l'intérêt général se trouveraient d'accord.

Ainsi, si j'ouvre notre tarif des douanes, j'y vois une foule d'articles, surtout de provenance américaine, qui tombent sous l'application immédiate de ce principe.

D'abord, en les grevant fortement, ils arriveraient un jour à faire naître l'industrie agricole, ainsi que je l'ai déjà dit ; et en attendant, comme on ne peut s'en passer, ils seraient une source à peu près certaine de revenus pour l'Etat.

C'est sur ces articles-là que l'augmentation aurait dû principalement porter, je le reconnais.

Si nous faisons un appel à la statistique, nous trouvons que notre République importe des Etats-Unis environ pour un chiffre de 3,000,000 de piastres annuellement. Cela fait 800,000 piastres de droits à peu près.

Que d'articles, tels que : tabac, sucre, kérosine, vin, riz, jambon, etc., pourraient facilement supporter des droits triples de ceux qu'ils payent.

Pensez donc que la Régie du tabac rapporte en France plus de 200 millions ! Ce sont là les impôts recommandés par tous les économistes. Ils sont moraux en même temps que productifs.

Dans ce même ordre d'idées, mais dans une classification toute différente d'impôts, puis-je ne pas citer le tafia, ce produit démoralisateur par excellence, aussi désastreux que le gin l'est en Angleterre pour les classes pauvres ?

N'est-il pas temps de le réglementer ?

Savez-vous qu'à la Martinique, un tout petit pays, la ferme du tafia rapporte annuellement à l'Etat près de 150,000 piastres !

Quand donc sortirons-nous de la routine et qu'à l'exemple de tous les peuples civilisés établirons-nous un droit sur les boissons ?

En Angleterre, la moitié du budget est alimentée par l'impôt sur les boissons.

Dans les articles, Messieurs, de provenance américaine que j'ai cités, j'ai omis et à dessein le *savon*. Pourtant le savon tient une part très large dans notre importation et il serait d'un excellent rendement, car il n'y a pas d'exagération à dire que sa consommation annuelle dans le pays est au moins de 1,200,000 caisses.

Mais voilà, une augmentation de droits sur cet article ferait un tort immense au fisc et profiterait largement à la savonnerie américaine établie à Port-au-Prince.

C'est là, il faut en convenir, un malheureux contrat que nous avons signé. Il est sans compensation aucune pour le pays. Les ouvriers qu'on y emploie sont étrangers ; le suif, les matières premières dont on se sert viennent de l'étranger ; les boîtes vides où l'on empaquette le savon *sont tirées de l'étranger. Ce n'est donc pas là une industrie nationale;* et si elle se développait, son succès équivaudrait pour le fisc à une perte sèche, et sans compensation aucune, je le redis, de 300,000 piastres environ !

Il est donc nécessaire dans l'augmentation des droits d'excepter le savon, si l'on ne veut pas développer une entreprise privée au détriment du Trésor public.

Je répète, Messieurs, que l'augmentation à l'importation est critiquable, parce qu'elle pouvait être répartie autrement.

Le secrétaire d'Etat des finances le sent lui-même, car au sein de la commission spéciale, il nous a solennellement promis qu'il nous soumettrait à la session ordinaire un tarif revisé qui nous donnerait pleine satisfaction.

Au surplus, et je n'ai pas besoin d'insister là-dessus, la condition *sine quâ non* de l'augmentation de droits à l'importation réside dans la diminution des droits d'exportation.

L'amendement que je combats nous propose de porter les droits sur le café à 2 piastres, mais il ne touche pas au 33 0/0 de l'importation.

Eh bien ! j'ai le regret de le dire, l'un ne va pas sans l'autre. Et si la modification demandée pouvait être adoptée, les calculs démontreraient péremptoirement que c'est le fisc qui en bénéficierait et que ce déplacement d'impôts lui serait favorable de 200,000 piastres environ.

Je crois pouvoir le dire, ni le gouvernement ni les Chambres ne l'entendent ainsi.

C'est bien une amélioration générale de la situation du pays qu'ils ont en vue, et pour le moment aucun de nous, je l'espère, ne vise à augmenter les revenus du Trésor.

Essayer de les lui maintenir tels qu'ils étaient l'année passée, c'est la limite extrême où l'on peut aller !

Acceptons donc, Messieurs, la loi telle qu'elle nous est présentée, sous le bénéfice de la promesse formelle qui nous est faite par l'exécutif, d'un remaniement prochain du tarif des douanes.

Et la dernière considération sur laquelle je veux arrêter vos esprits est celle-ci : Nous voulons équilibrer le budget, nous en parlons à tout bout de champ ; mais cet équilibre sera fictif, il ne sera jamais que sur le papier tout le temps que nous ne rétablirons pas la *fortune publique*.

Ce n'est pas le gouvernement qui est gêné, c'est le pays.

Et le gouvernement est gêné parce que le pays est pauvre.

Par de bonnes mesures, enrichissons d'abord le pays et le budget de l'Etat sera en équilibre avant longtemps.

Un des meilleurs moyens pour atteindre ce but est le dégrèvement des droits sur le *café* !

Je vous prie donc, Messieurs, de rejeter l'amendement proposé par un de nos honorables collègues, amendement qui tend à perpétuer une iniquité, condamnée par la *morale*, condamnée par la *science* !

(*Moniteur*, numéro du 31 mars 1883.)

CHAMBRE DES DÉPUTES

———

Dégrèvement du café à l'exportation.

SÉANCE DU 28 FÉVRIER 1883.

M. F. MARCELIN. — Messieurs, vous venez d'entendre mon honorable contradicteur, et de tout ce
qu'il vous a dit, j'en suis convaincu, vous n'avez
tiré aucun argument propre à appuyer la thèse qu'il
soutient devant vous. Aucune lumière ne s'est faite
dans vos esprits; aucune déduction logique ne s'est
imposée à vos méditations. Partout contradictions et
ténèbres, et je regrette d'avoir à le déclarer à mon
honorable contradicteur : dans son argumentation,
je le cherche en vain, je ne le retrouve pas! Je ne la
retrouve pas, cette intelligence que généralement
nous nous plaisons à lui reconnaître !...

Par une tactique familière à certains orateurs et
qu'on pourrait trop avantageusement lui retourner,
mon adversaire affirme que je me suis placé sur un
terrain où l'on ne rencontre pas le vrai et que toutes
mes allégations ne sont appuyées que sur des chif-

fres erronés. Voilà une déclaration formelle, précise et qui pourrait faire impression sur vous si elle était justifiée. Mais ce n'est qu'une affirmation, une affirmation, j'en conviens, doctorale, et à laquelle l'adversaire n'a oublié qu'une chose : les preuves à l'appui. Certes, Messieurs, il est beau et de grand effet de déclarer mensongères les allégations d'un contradicteur, quand ce contradicteur les a avancées à la légère et qu'il est incapable de les soutenir. Mais tel n'est pas notre cas. Nous avons présenté des chiffres à cette honorable Assemblée ; notre adversaire n'en présente aucun et se borne à dire que les nôtres sont faux.

Evidemment cela ne suffit pas en matière de finances, où la vérité se prouve, non par des arguments sophistiques, mais par des documents irrécusables.

Entrons, Messieurs, dans l'examen du discours que vous venez d'entendre, et par une analyse sommaire prouvons à cette Assemblée sur quelles bases fragiles il est établi.

Tout d'abord mon adversaire me dit qu'il cherche, lui, l'équilibre du budget, ce qui fait entendre assez clairement que je ne le cherche pas.

Sans vouloir me parer de la vaine gloire qu'il semble ambitionner, je lui demanderai de quel budget parle-t-il ?

Quel est cet équilibre dont il nous entretient sans cesse ?

C'est sans doute du budget voté par les Chambres l'année dernière et dans lequel les dépenses s'élèvent à six millions de piastres. C'est l'équilibre de ce budget-là qu'il cherche? Ah! pour le trouver, il y mettra du temps !

La vérité est que l'exécutif, dans sa sagesse, a été obligé de créer un budget rectificatif de celui des Chambres, budget en vertu duquel la République se meut depuis l'année dernière. Ce budget-là, le seul que je connaisse, le seul que le pays connaisse, le seul duquel les Chambres auraient dû s'inspirer, a été imposé par la nécessité, cette loi suprême devant laquelle toutes les lois fléchissent.

Il fait le plus grand honneur au gouvernement, car il démontre que l'économie est son souci le plus cher. Chacun, au reste, en lisant dans le *Moniteur* l'arrêté du Président de la République qui fixe la somme à répartir entre les différents départements ministériels, peut aisément en calculer le chiffre pour l'année. Il ne s'élève pas à plus de 3,000,000. C'est de ce budget-là qu'il s'agit, et j'ai, je crois, suffisamment établi que par les nouvelles mesures présentées son équilibre ne serait pas compromis.

Mon honorable adversaire, Messieurs, assure que j'ai dit que le budget s'équilibrera de lui-même......
De là, il s'élance, et planant dans l'espace, avec un petit rire sarcastique qu'il croit de grand effet, il vous montre ce phénomène d'un budget s'équilibrant de lui-même. Et il vous invite à rire avec lui.

Eh bien! Messieurs, je ne rirai pas et je lui répondrai d'une autre façon. Sans doute, il m'eût été facile de vous convier à rire aussi de ce squelette de discours, si pauvrement vêtu, que nous offre notre honorable collègue.

Je pourrais me payer le facile plaisir de rire un peu de ce chétif raisonnement duquel pas une parcelle de vérité ne se dégage. Je ne le veux pas, et j'estime que ce débat doit garder ses grandes lignes, ses sévères proportions. Il s'agit, à mon sens, d'intérêts trop sacrés, trop élevés pour rire. Ce n'est pas ainsi que je veux répondre à mon adversaire; je ne quête pas de succès éphémères, je vise à plus haut.

Pourtant, même sur ce terrain, il n'est pas heureux et le trait qu'il a lancé ne porte pas. Quand, et où ai-je dit que le budget s'équilibrerait de lui-même? Voici les paroles exactes que j'ai prononcées hier ici :

« Nous voulons équilibrer le budget, nous en parlons à tout bout de champ. Cet équilibre sera fictif, il ne sera jamais que sur le papier, tout le temps que nous ne rétablirons pas la fortune publique. Ce n'est pas le gouvernement qui est gêné, c'est le pays!... Et le gouvernement est gêné parce que le pays est pauvre !

« Pas de bonnes mesures, enrichissons d'abord le pays et le budget de l'Etat sera en équilibre avant longtemps ! »

Que mon adversaire trouve cette considération erronée, hasardée, funeste à la bonne marche des affaires publiques, il en a bien le droit. Pour moi, je m'honore de l'avoir fait entendre.

L'équilibre du budget !... Lui aussi, Messieurs, ce fameux syndicat du commerce de Port-au-Prince, le

9

cherchait tout comme le cherche encore aujourd'hui
mon honorable adversaire. Mais vous vous souvenez
de quelle façon.

Ce syndicat, d'impérissable mémoire, avait présenté au gouvernement un plan remarquable et qui
dénotait un bien beau génie financier. D'après ce plan,
on augmentait les droits à l'importation de 50 0/0.
C'est peut-être 40 0/0 — je n'ai pas exactement les
chiffres — On laissait les droits à l'exportation à
3 piastres, ce dont il fallait remercier le syndicat, qui
aurait pu les augmenter aussi, et on conseillait l'émission de deux millions de papier pour payer — c'était
là où ce génie financier atteignait son apogée — pour
payer, non pas les titres de la caisse d'amortissement,
mais simplement les intérêts.

Vous savez, Messieurs, la justice éclatante qui fut
faite de ce projet. L'opinion publique le repoussa
avec enthousiasme. Il était évident pour tous que le
syndicat du commerce de Port-au-Prince était trop
intéressé dans la question pour y voir clair. De même
que dans toutes les questions où il sera intéressé —
et il est intéressé dans toutes ces questions-là — il
ne pourra jamais donner de bons conseils au gouvernement, soit qu'on lui demande un plan financier,
soit qu'on lui soumette la solution des embarras actuels de l'Etat. On ne peut pas contester l'exactitude
rigoureuse de cette affirmation. Les faits sont là.

Savez-vous ce qui serait arrivé si — permettez-moi
une minute cette supposition injurieuse pour les
grands corps de l'Etat — si le plan du syndicat avait
été adopté ? Cette année, au lieu de nous demander

un dégrèvement d'impôts sur le café, les secrétaires d'Etat seraient venus nous demander une augmentation de droits à l'exportation, conséquence logique de l'émission des deux millions de papier-monnaie. Je saisis donc cette occasion pour féliciter l'exécutif d'avoir repoussé ce funeste projet. Ce n'était pas l'équilibre du budget qu'on cherchait ; c'était la ruine, la désorganisation du pays !

Fait curieux, Messieurs, et digne de remarque ! Depuis longtemps, il est de mode chez nous de célébrer le dégrèvement du café. Chacun voit l'injustice et voudrait la réparer.

Le syndicat du commerce de Port-au-Prince lui-même, dans son fameux plan, écrivait ceci : « Et quand, grâce aux mesures que nous proposons, le budget des recettes dépassera celui des dépenses, ne serait-ce pas le moment de dégrever nos cafés et de rendre justice à nos bons campagnards qui paient sans rien dire la taxe la plus lourde ? »

Ah ! ces bons campagnards, si les mesures proposées par le commerce de Port-au-Prince avaient été adoptées, l'heure de la justice n'aurait jamais sonné pour eux !

Vous le voyez donc, tout le monde est d'accord sur le dégrèvement du café. Chacun applaudit des deux mains, de toute la force de son âme, à la mesure proposée.

En principe, oui ; dans l'application, non. Ah ! qu'il avait raison l'illustre Vauban, qui disait dans son livre de la *Dîme royale* :

« Les misères d'autrui touchent peu certaines

gens quand ils en sont à couvert, et j'ai vu souvent
que beaucoup d'affaires publiques ont mal réussi,
parce que des particuliers y ayant leurs intérêts mê-
lés, ils ont su trouver le moyen de faire pencher la
balance de leur côté. »

Cela, Messieurs, est resté vrai. depuis que Vauban
l'écrivait. Cela est vrai, dans tous les temps et chez
tous les peuples.

Mon honorable adversaire, pour combattre mes
chiffres, dit que j'ai présenté un vieil état de 1881
sur lequel j'ai basé mon argumentation. Messieurs,
les chiffres que je vous ai présentés sont tirés du dernier tableau de la Chambre des Comptes publié dans
le *Moniteur* pour l'exercice financier 1881-1882.
C'est le document officiel le plus récent que nous
ayons sur la matière, c'est le seul que nous pouvons
invoquer dans une discussion sérieuse, devant une
assemblée politique. Si mon contradicteur a en
sa possession d'autres documents, je serais curieux
de les voir. En attendant qu'il les présente, je suis
obligé de me borner à celui que j'ai sous les yeux et
qui émane, je le répète, de la Chambre des Comptes.

Quant au reproche qu'il me fait de ne pas m'occuper des 20 0/0 et 50 0/0 de la caisse d'amortissement, je n'y réponds pas, car je ne le saisis pas trop
bien. Toutefois qu'il me permette, en passant, de déclarer que j'appelle de tous mes vœux le jour prochain
où les Chambres, en votant le budget des dépenses,
n'y feront entrer que des dépenses réelles, le jour où
l'on cessera d'y faire figurer des chiffres qui ne
sont là que pour mémoire, et en vertu de lois vir-

tuellement abrogées. Quand cette réforme, basée sur la réalité des choses, sera accomplie, le budget deviendra une œuvre sérieuse, une loi obligatoire pour le secrétaire d'Etat des finances. Jusque-là il ne peut pas l'être, il ne le sera jamais.

Je conclus, Messieurs... Mon contradicteur révoque mes chiffres, il les met en doute, il déclare que mes assertions sont fausses, erronées ; c'est son droit ; c'est même son devoir, s'il le croit sincèrement, de les critiquer, de les combattre, car le débat est assez important pour être approfondi dans ses moindres parties.

Toutefois, il y a quelqu'un qui doit aussi se faire entendre ; il y a quelqu'un qui a des chiffres à produire, des documents à vous soumettre ; il y a quelqu'un qui, sans doute, avant de vous présenter ce projet de loi, l'a considéré sous toutes ses faces, quelqu'un qui peut vous dire avec certitude si la diminution projetée n'entravera pas la marche de l'administration.

[Ce quelqu'un, c'est le secrétaire d'Etat des finances.

Celui-là, vous ne révoquerez pas ses chiffres en doute ; vous ne constesterez pas ses documents, et quand il vous dira : « J'ai pesé, j'ai délibéré, j'ai débattu mon plan. Ce n'est pas à la légère que je vous l'ai présenté, je me respecte trop, et je respecte trop la Chambre pour agir ainsi. Eh bien ! de toutes les études, de toutes les investigations auxquelles je me suis livré, il ressort pour moi la certitude que la marche du service courant ne souffrira pas de l'adoption du projet de loi du gouvernement. »

Et si le secrétaire d'Etat des finances nous tient ce langage, j'espère que vous ne lui répondrez pas : « Non vous n'aurez pas assez d'argent, non, le service courant souffrira. » Ce fait d'un ministre des finances à qui l'on accorde plus d'impôts qu'il n'en sollicite serait unique dans les annales parlementaires.

Généralement, c'est la Chambre qui refuse, qui rogne un peu sur les crédits demandés Si donc vous le faisiez, vous seriez en opposition flagrante avec les usages de toutes les assemblées politiques.

Il y a quelques jours, Messieurs, au sein de la commission spéciale, à l'examen de laquelle le projet qui nous occupe avait été renvoyé, j'ai eu l'honneur d'entendre le secrétaire d'Etat des finances déclarer catégoriquement que la diminution des droits d'exportation dans les conditions proposées ne ferait aucun tort à la marche des affaires de l'Etat. J'ai eu l'honneur de l'entendre dire que ses calculs étaient rigoureux, précis, que le moment venu il soumettrait à la Chambre des documents qui établiraient sans réplique la logique de son affirmation. Et cela se comprend, cela s'explique sans peine. Car, Messieurs, comprendriez-vous un homme politique qui viendrait vous proposer une mesure de cette importance sans avoir fait tous ses calculs à l'avance et le plus rigoureusement possible ?

On accorde généralement plus de clairvoyance aux ministres des finances, surtout quand il s'agit pour eux de crédits à obtenir. Et pour ce qui concerne l'honorable secrétaire d'Etat que nous avons devant nous, chacun connaît son expérience, et l'esprit de prudence, résultat d'une longue pratique, qui l'anime.

Aussi est ce à lui que je confie le soin de répondre à mon adversaire. On conteste mes chiffres, il va en produire que, sans doute, on ne contestera pas aussi sommairement que les miens.

C'est à lui à dire si les craintes émises ici ont leur raison d'être ; c'est à lui à dire quel esprit l'a guidé dans son œuvre : si c'est l'esprit le plus rigoureux ou bien, comme on semble le croire, si l'œuvre n'est que le fruit d'un travail hâtif, légèrement ébauché sur le sable.

C'est à lui à parler..... Lui, sans doute, défendr victorieusement la réforme dont il a pris l'initiative devant le pays, devant les Chambres.

(*Moniteur* du 5 avril 1883.)

CHAMBRE DES DÉPUTÉS

M. F. MARCELIN.— Messieurs, je me lève pour recommander fortement au secrétaire d'Etat des finances le paiement, autant que possible, à date fixe, des appointements des fonctionnaires publics. La conséquence logique de la diminution de 20 0/0 que nous votons est le paiement des appointements à échéance. Nous diminuons pour pouvoir payer.

Je crois, Messieurs, que le gouvernement comprend aussi bien que personne la nécessité de satisfaire régulièrement les employés de l'Etat. Le lui rappeler de nouveau, lui dire que c'est là un de ses plus importants devoirs, c'est faire œuvre de patriote. Et c'est pourquoi j'appuie la réflexion de notre honorable collègue, car elle est d'un ordre politique très élevé.

Il est bon de rappeler au ministre des finances que de même qu'il y a dans les contrats sociaux des dettes privilégiées, il y a, en administration aussi, des dettes privilégiées, et que la première de toutes est la solde des militaires et le salaire des employés de l'Etat.

Aucune dette n'est l'égale de celle-là ; elle doit passer avant tout. Dette intérieure, dette extérieure sont des transactions commerciales, et comme telles sujettes aux chances aléatoires du commerce. Sur ces opérations, on a réalisé déjà un profit quelconque, profit parfois très élevé et qui est comme la prime d'assurance de ces sortes d'affaires. Mais le salaire de l'employé, la solde du militaire, c'est là le pain de chaque jour. Devant cette obligation, tout doit s'effacer, tout doit passer au second plan. Et s'il est si difficile de payer le soldat et le fonctionnaire public, nous ne comprendrions pas qu'on songeât avant eux aux autres créanciers de l'Etat !

Pour satisfaire cette dernière catégorie, il faut que les premiers, les plus besogneux, soient d'abord servis. Pas un centime de nos deniers ne doit être détourné de ce but. Et avant de payer quoi que ce soit de la dette intérieure ou extérieure, il faut, je le répète, que le moindre fonctionnaire ait reçu le montant intégral de ses appointements !

Le gouvernement, chacun le sait, n'a jamais oublié cette partie si essentielle de sa tâche. Aussi les réflexions de notre honorable collègue ne peuvent que le fortifier davantage dans une ligne de conduite dont il ne peut dévier dans les circonstances actuelles et qui est indispensable à la bonne marche du service public ! Les recettes, sagement administrées et concourant toutes à cet emploi nettement indiqué, nous donnent le droit d'espérer que la loi que nous votons ne sera pas inutile et aura pour résultat de rendre plus facile le paiement des appointements des fonctionnaires publics.

(*Moniteur* du 12 avril 1883.)

CHAMBRE DES DÉPUTÉS

———

Banque foncière et agricole. — Projet Enoch Désert.

Session extraordinaire.

SÉANCE DU 8 MARS 1883.

M. MARCELIN. — Messieurs, l'année dernière, vous vous en souvenez, j'ai eu l'honneur de vous présenter un projet de loi touchant la création des Magasins généraux en Haïti. Je vous demandais l'introduction chez nous de ce rouage de crédit si puissant partout ailleurs. Vous savez comment ma proposition échoua misérablement ! Aujourd'hui voilà revenus devant vous les Magasins généraux !

Les voilà revenus, non plus sous la forme d'une loi générale modifiant quelques articles de notre Code de commerce, mais bien sous celle d'une loi spéciale, relative à un établissement de crédit public. Eh bien ! aujourd'hui comme hier, je vous dis que la mesure

est excellente, aujourd'hui comme hier, je vous dis
que l'institution est utile.

Je vous répète qu'en la votant vous soulagerez
notre commerce, vous lui mettrez aux mains de plus
puissants moyens d'action !

Et ce n'est pas une raison parce que je n'ai pas
réussi pour que je dénigre aujourd'hui ce qu'hier
j'avais si hautement patronné ! De tels sentiments,
croyez le bien, n'entrent pas dans mon âme.

J'applaudis donc à la mesure. J'y applaudis de
toutes mes forces !

Que ce soit le docteur Désert, que ce soit tout autre
concitoyen qui réussisse, c'est toujours un enfant
d'Haïti qui a vaincu ; et c'est là un double motif pour
applaudir au triomphe de la vérité, quand ce triomphe est obtenu par un des nôtres ! C'est pourquoi,
Messieurs, avec la même ardeur qui m'animait hier,
quand le projet de loi était présenté par moi, aujour-
d'hui qu'il est présenté par un autre fils de notre pays
bien-aimé, je vous dis : « *Dotez le commerce de ces
utiles établissements ! Accomplissez une œuvre qui
avant longtemps, vous vaudra les remerciements de
tous nos concitoyens !* » Quant à moi, mon ambition est
satisfaite. Je n'avais en vue que l'intérêt général, que
le bien de tous. Eh bien, l'intérêt général triomphe ;
que faut-il de plus ?

Demain, quand ce que vous votez aujourd'hui sera
une réalité, quand au sommet de l'édifice qu'il veut
élever le nom du concessionnaire se détachera en
lettres vigoureuses, sans doute bien bas, tout bas,
presque perdue dans la nuit, il y aura une petite place

pour celui qui en prit l'initiative, au sein du Parlement !

Cette place-là, Messieurs, suffira largement à mon ambition.

. . . .

M. F. MARCELIN. — Messieurs, je vous demande la permission de dire quelques mots à propos de l'article 40.

C'est sur une question posée par moi au sein de la Commission spéciale que le mot *espèces* a été ajouté à cet article.

Par des circonstances absolument indépendantes de ma volonté, le jour où l'on discutait ce projet de loi, je suis arrivé un peu tard au sein du comité.

On en était au titre 6. Le secrétaire d'État assistait à nos délibérations ; je demandai à ce haut fonctionnaire de quelle façon le crédit foncier entendait faire ses avances. Le secrétaire d'État répondit : *En numéraire, évidemment!* Voilà. La commission ajouta le mot *espèces* à cet article.

Permettez-moi, Messieurs, de vous expliquer pour quelles raisons je fus amené à poser cette question au secrétaire d'État.

En France, Messieurs, le Crédit foncier, vous le savez, prête sur obligation et ce mode a été l'objet de nombreuses critiques. On prétend, avec justice, qu'il est défavorable à la propriété foncière et surtout aux agriculteurs. L'emprunteur, en effet, contre sa terre, contre des produits hypothéqués, reçoit en retour non pas des espèces, mais une obligation.

Cette obligation, il va l'escompter dans un établis-

sement de crédit. En France, il va à la Banque de
France, c'est-à-dire à la Banque nationale.

Mais si ces critiques sont fondées en France, combien ne le seront-elles pas plus chez nous, où il n'y
a guère d'institution de crédit. Remarquez, j'insiste
sur ce point, que chez nous il y a manque absolu de
capitaux et d'établissements prêteurs. L'État, aussi
bien que les particuliers, sont écorchés par les usuriers de la haute et de la petite bourse.

Le Crédit foncier n'arrive pas chez nous comme le
couronnement, comme l'achèvement d'un système
économique déjà existant ; non ! Il arrive sur un sol
nu où tout est à créer en fait d'institution de crédit.
Il n'y a qu'une Banque nationale, c'est-à-dire un
prêteur qui fait payer 4 0/0 par mois à l'État lui-
même.

A moins que le Crédit foncier n'escompte lui-
même ses obligations et ses bons commerciaux, je
ne vois pas trop comment l'emprunteur, sans faire
de très grands sacrifices, pourra se procurer des
espèces.

Il ira à la Banque nationale, direz-vous. Admet-
tons, c'est la supposition la plus favorable, qu'on lui
demande 2 0/0 par mois, l'argent lui reviendrait avec
les frais de 3 1/2 à 4 0/0. — Nos usuriers de profession prêtent sur hypothèque à meilleur marché que
cela.—Ce ne serait plus une banque de crédit foncier,
ce serait une banque d'expropriation foncière !

Pour ma part, je crois que le crédit foncier, pour
réussir en Haïti, doit au début faire ses prêts en numéraire.

Quand l'institution sera implantée chez nous, quand à sa suite, et pour développer ses transactions, d'autres institutions se seront établies, on pourra faire des prêts sur obligations, comme cela se pratique en France.

Au reste, notre Crédit foncier avec son puissant capital est en mesure de répondre pendant longtemps encore aux plus grandes exigences.

Mais je me pose la question, à savoir : si le mot *espèces* introduit dans l'article 40 et en regard du titre V ne créera pas une anomalie dans le contrat que nous votons.

Le titre V prouve surabondamment que le crédit foncier fera ses avances en obligations et en bons commerciaux. Or fixer à l'article 40 le maximum d'intérêts sur avances en espèces, c'est dire aussi que les avances ne seront faites qu'en espèces.

De là, contradiction avec le titre des obligations et bons commerciaux que vous venez de voter.

Il semblerait que nous voulons établir deux taux, selon que les avances seraient faites en espèces ou en obligations.

Maintenant, Messieurs, je passe à un second point, le *taux de l'intérêt*, et je vous demande la permission de vous donner quelques explications, à mon avis, nécessaires.

Il peut paraître étrange au premier abord que la commission ait substitué au taux de 9 0/0 primitivement fixé, celui de 12 0/0.

Nous devons croire que le projet de loi que nous avons sous les yeux et qui relate les différentes

clauses arrêtées entre les parties a été l'objet de nombreuses discussions entre elles, qu'il a été mûrement
délibéré, débattu, et que ce n'est qu'après être
tombé d'accord sur tous les points qu'on vous l'a
enfin soumis.

Dans ces conditions, je le répète, il vous semblerait étrange que de notre propre initiative nous
ayons porté le taux de l'intérêt de 9 à 12 0/0. Voilà
pourquoi je désire vous expliquer comment cette
modification a eu lieu.

Tout d'abord, il était sage, il était utile de fixer un
maximum d'intérêt que le Crédit foncier ne pût dépasser ; autrement, le propriétaire serait livré sans
défense à toute l'avidité d'un prêteur sans conscience. Nous avions le droit de fixer ce maximum
en retour des avantages que nous concédions à la
banque.

Dans un pays où les capitaux sont rares, il n'est
pas toujours bon de dire que la création d'une nouvelle institution de crédit en fera baisser le loyer.
Rien n'est plus faux. Je n'ai pas besoin de vous citer
un exemple célèbre. — Vous savez tous que notre
Banque rationale prête à 48 0/0 l'an. — Et, après
cette expérience, on comprend aisément que si on
laissait la Banque agricole absolument maîtresse du
taux de l'intérêt, avant longtemps cette institution
exproprierait tous les propriétaires.

Ce ne serait, comme je vous le disais il y a un
instant, qu'une société d'*expropriation foncière*.

Certes, ce n'est pas le but que nous poursuivons.
Tout au contraire, nous désirons la création en Haïti

d'une institution qui aide, qui favorise la propriété, qui lui permette de se libérer au moyen d'annuités à long terme, qui l'affranchisse enfin du fléau de l'usure !

Le propriétaire gêné, chacun le sait, ne réfléchit pas. Il a besoin d'argent, il lui en faut à n'importe quel prix. Sous le coup de la nécessité, il acceptera sans hésiter le taux qu'on voudra lui imposer. C'est là son moindre souci, et dans une heure d'égarement, c'est ainsi qu'il aliène le toit familial, l'abri où il espérait finir tranquillement ses jours.

Nous avons pour devoir, nous autres législateurs, de le protéger contre ses propres entraînements, nous devons veiller sur lui ! Voilà pourquoi il était utile de fixer un maximum d'intérêt sur les avances.

Mais au sein de la commission, l'honorable secrétaire d'État de l'intérieur s'est présenté et nous a déclaré que le taux de 9 0/0 risquait d'arrêter l'éclosion de la Banque et qu'il serait bon de porter ce maximum à 12 0/0. Les raisons alléguées par l'honorable secrétaire d'État, nous devons le dire, nous ont semblé fondées et nous les avons admises.

En effet, il n'y a pas de doute possible qu'un établissement de crédit qui prêterait à 12 0/0 l'an chez nous ne fît un bien immense à la propriété et à l'agriculture. Qui ne s'estimerait très heureux, dans l'état actuel de notre crédit public, d'avoir de l'argent à 1 0/0 par mois ?

Toutefois, nous devions vous dire, Messieurs, sous quelles considérations nous avions agi en augmentant le taux de l'intérêt. Si votre commission pouvait

le modifier, après qu'il avait été librement débattu
entre le concessionnaire et l'État, elle ne le pouvait
que dans un sens : en l'abaissant. Le porter à 12 0/0,
elle ne le pouvait pas de sa propre initiative.

La Chambre votera, nous l'espérons, cette modification afin de ne pas entraver le développement de
l'institution.

Pour nous personnellement, nous souhaitons ar-
demment que le crédit foncier réussisse. Nous le
souhaitons pour notre pays, nous le souhaitons pour
le Chef de l'État.

On a dit que le plus beau fleuron de sa couronne
était d'avoir rétabli la paix publique dans son pays.
A ce fleuron-là, puisse-t-il s'ajouter un second :
celui d'avoir restauré la fortune publique en Haïti

(*Moniteur* du 19 avril 1883.)

CHAMBRE DES DÉPUTÉS

Loi qui frappe d'hypothèque les biens des condamnés politiques.

Session extraordinaire.

SÉANCE DU 21 AVRIL 1883.

M. F. MARCELIN. — Messieurs, le projet de loi qui vous est présenté me suggère quelques réflexions que je crois de mon devoir de vous soumettre. Je les offre à votre patriotisme, je les offre à votre sagesse ! L'amour que je professe pour mon pays, le respect que j'ai pour la personne du chef de l'Etat, me font l'obligation de vous parler ainsi. Cet amour et ce respect que j'ai déjà prouvés, que je veux prouver chaque jour davantage, je leur serais infidèle si je vous tenais un autre langage, ou si, en cette circonstance, je me taisais simplement. Au surplus, le souci que j'ai que tous les actes de cette Assemblée soient empreints d'un tel esprit de justice que le pays

entier leur rende hommage, doit me porter à faire
entendre ma voix à propos de la loi que vous dis-
cutez !

Oui, Messieurs, il faut flétrir, il faut flétrir énergiquement ces coupables citoyens qui n'hésitent pas à
appeler les horreurs de la guerre civile sur leur
malheureux pays ! Il faut les flétrir, eux, qui n'ayant
qu'un but : l'intérêt personnel, qu'une soif : leur ambition, s'écrient : « Périsse la patrie pourvu que nous
triomphions ! »

Insensibles à toutes les calamités qu'ils nous ont
infligées, qu'ils veulent nous infliger encore, sans
remords devant Port-au-Prince en flammes, devant les
Gonaïves brûlés, ils souhaitent régner, même sur les
ruines ! Qu'ils soient flétris !

Pour moi, c'est avec une conviction absolue, sans
crainte, sans hésitation, que je le dis.

Je n'ai jamais pactisé avec ceux qui font métier de
conspiration, car je suis persuadé que le plus mauvais gouvernement vaut encore mieux que la meilleure des révolutions. L'histoire nationale, à chaque
pas, nous démontre cette vérité. Et devant mon pays
qui agonise par le fait des nombreuses guerres civiles qu'il a traversées, je maudis encore une fois
tous les conspirateurs quels qu'ils soient !

Ah ! Messieurs, si nous pouvions par le projet de
loi qui nous est présenté frapper ces fils indignes et
dénaturés !... Mais cela ne nous est pas démontré. Je
le dis avec regret, mais je le dis avec loyauté : je
trouve à la loi un caractère d'exception qui me fait
craindre qu'elle ne soit envisagée par l'opinion plutôt

comme une mesure révolutionnaire que comme une mesure légale. Et il ne nous est pas permis, à nous autres législateurs, de voter des mesures ayant ce caractère-là.

Je crois que nous n'avons pas ce droit.

Je crois que c'est contre la loi.

Au reste, Messieurs, est-ce que le Code civil n'établit pas *que celui qui cause un dommage à autrui doit le réparer?*

Nous avons là, il me semble, les moyens de rendre ces coupables citoyens responsables des maux qu'ils auront faits à des tiers.

Je trouve donc la mesure inutile en même temps que dangereuse, persuadé que l'arsenal de nos lois nous offre assez d'armes pour nous défendre.

Je le répète, je n'aime pas l'exception légale, surtout quand cette exception légale paraît devoir garder un caractère illimité dans son application.

Autant que personne, Messieurs, plus même que beaucoup de personnes qui semblent le plus inféodées au gouvernement actuel, j'ai intérêt à faire adopter toutes les mesures qui tendront à fermer les portes de la patrie à nos ennemis, bien entendu, en tant qu'ils viennent en ennemis du repos public, en révolutionnaires !

Pour avoir défendu le droit, la justice avec le plus absolu désintéressement, je sais, moi, le sort qui m'attend. Le moins qui puisse m'arriver, c'est l'exil, c'est la proscription ! Et je vous avoue, Messieurs, que je ne suis pas du tout disposé à aller en exil.

Mais à côté de mon intérêt personnel, il y a un

intérêt supérieur que je ne saurais méconnaître : l'intérêt général.

Et au moment où vous allez délibérer, c'est au nom de cet intérêt que je vous dis : Vous mettez aux mains des gouvernements futurs une arme terrible dont on pourra abuser contre tous les citoyens.

Craignez de dépasser le but, et en visant un groupe de criminels, craignez de viser les Haïtiens en général.

Ah ! au lieu de l'arme à double tranchant que l'on vous présente, combien j'ai plus grande confiance en cet élan unanime qui a saisi le peuple, quand le premier magistrat de la République a annoncé que nos ennemis allaient tenter un nouvel effort ! Ah ! combien j'ai plus grande confiance dans ce bruit d'armes qui s'entend d'un bout à l'autre du pays ! Voyez, un vaste frémissement a parcouru la nation ! Elle est debout, l'arme au pied, et malheur aux imprudents qui essaieraient de troubler son repos !

Nous sommes la majorité, nous avons pour nous notre courage et notre formelle volonté de maintenir ce que nous avons créé.

Cela vaut mieux qu'une loi d'exception, Messieurs. Je vote contre le principe du projet de loi.

. . . .

. M. F. MARCELIN. — Messieurs, permettez-moi de faire une observation à l'Assemblée.

L'article 1er de la loi dont vous venez de voter le principe dit que l'hypothèque pèsera tant sur *les biens meubles qu'immeubles*. Je regrette que le secrétaire d'Etat de la justice, ni aucun membre du cabinet ne soit présent à la séance. Je leur aurais demandé comment ils entendent faire peser une hypothèque sur des *biens meubles*. Cela, je crois, est en dehors de toutes les notions générales du droit. Vous savez tous que le droit de suite n'existe pas contre les meubles, et il y a un axiome légal qui dit *qu'en fait de meubles possession vaut titre*. Les meubles se transmettent de la main à la main, et s'il en est ainsi, comment établir l'hypothèque légale sur eux ?

Ne craignez-vous pas que dans l'application la loi ne soulève bien des difficultés, n'excite bien des injustices ? Tel objet, une somme d'argent, un bien meuble, en un mot, sont en ma possession, je les crois ma propriété incontestée, et pourtant, parce qu'on les aura soupçonnés d'avoir appartenu à un condamné politique, une hypothèque légale pèsera sur eux, quoiqu'ils soient dans mes mains ? Cela ne se peut pas, Messieurs, cela ne saurait être ; le Code civil déclare formellement et nettement que l'hypothèque ne peut peser que sur les immeubles. Vous ne pouvez donc voter cet article avec le mot *meuble*. J'en demande la suppression au nom des lois qui nous régissent.

Tout à l'heure, en me combattant, un collègue a déclaré qu'il était patriote. Eh bien ! moi aussi, Messieurs, je me crois patriote, et la meilleure preuve que je puisse vous donner de mon patriotisme, c'est, je crois, de combattre, comme je le fais, les choses que je ne crois pas favorables à la République.

Selon moi, il n'y a qu'une façon de prouver son

patriotisme, son dévouement au gouvernement actuel, c'est de faire son devoir en tout et partout. Mon devoir ici est de dire la vérité. Et toutes les fois qu'il s'agira de faire son devoir, si je ne suis pas au premier rang, qu'on le sache, je ne serai pas non plus dans un des derniers!

Je vous prie, Messieurs, de supprimer à l'article 1er le mot *meuble*.

(Moniteur du 21 avril 1883.)

CHAMBRE DES DÉPUTÉS

Pétition Chambeau-Débrosse.

SÉANCE DU 3 AOUT 1883.

M. MARCELIN. —Messieurs, la pétition dont lecture vient de vous être donnée me paraît digne de toute notre attention. Elle soulève, à mon sens, une importante question de droit constitutionnel. Pour ma part, je me croirais complice d'un grand déni de justice, si je ne me levais pour demander que la plainte soit discutée devant vous. Un citoyen nous dénonce une iniquité commise à son égard ; il est de notre devoir de l'écouter.

Le tribunal de cassation est, vous le savez, Messieurs, le tribunal suprême ; mais s'ensuit-il pour cela qu'il soit affranchi des règles, des principes qui réglementent sa juridiction ? Non, il y a des règles, des principes qu'il ne saurait franchir, qu'il ne peut violer. Ce tribunal, chacun le sait, ne connaît que de la forme, il ne connaît jamais du fond des affaires.

Je me trompe, il connaît du fond, mais dans un cas spécial, nettement, formellement déterminé par la Constitution.

En effet, l'article 140 s'exprime ainsi :

« Le tribunal de cassation ne connaît pas du fond « des affaires. Néanmoins en toutes matières autres « que celles soumises au jury, lorsque, sur un se- « cond recours, une même affaire se présentera « entre les mêmes parties, le tribunal de cassation, « en admettant le pourvoi, ne prononcera point de « renvoi et statuera sur le fond. »

Vous le voyez, Messieurs, le cas est formellement déterminé.

Supposez que le tribunal de cassation annule un jugement dénoncé, que doit-il faire ? Selon le texte de l'article 937 du Code de procédure civile, il ordonnera le renvoi de l'affaire devant le tribunal le plus voisin de celui qui aura rendu le jugement. Ce second jugement rendu, et les parties revenant encore devant le tribunal de cassation, alors, mais alors seulement — et selon le vœu de l'article 140 de la Constitution — il prononcera, *sections réunies*, sur le fond de l'affaire.

Or donc, quand le tribunal de cassation — une section du tribunal de cassation, remarquez-le — casse sans renvoi, il enlève au citoyen deux degrés de juridiction, celui du tribunal le plus voisin et celui des sections réunies. Ce que quatorze juges seuls peuvent faire, et dans un cas spécial, quand cinq usurpent le droit de le faire, ils commettent un attentat à la Constitution et aux lois.

Je ne parle pas, Messieurs, de l'article 937 du Code de procédure civile. Vous savez que cet article s'applique au cas où la cassation est prononcée pour contrariété de jugement. Le tribunal n'ordonne pas de renvoi et déclare que le premier jugement sera exécuté dans sa forme et teneur. Cela ne nous concerne pas et n'a aucun rapport avec la plainte dont nous nous occupons en ce moment.

Dans l'espèce, Messieurs, voici ce dont il s'agit : Le tribunal de cassation casse, par un arrêt en date du 17 juin 1880, un jugement du tribunal de commerce de Port-au-Prince en nomination d'arbitres. Le citoyen qui vous fait un suprême appel, en vertu de cet arrêt, s'adresse au tribunal civil et réclame l'annulation de toutes les décisions judiciaires rendues en vertu du jugement arbitral. Le tribunal civil se basant sur l'arrêt du 17 juin 1880 du tribunal de cassation, par deux jugements, annule les décisions arbitrales. Les deux jugements sont portés par-devant le tribunal de cassation. Que fait-il? Par un nouvel arrêt, il casse les deux jugements et déclare qu'il n'y a lieu à aucun renvoi, c'est-à-dire que, usurpant une puissance que la loi, que la Constitution ne lui accorde pas, n'a jamais entendu lui accorder, il statue sur le fond et, au mépris du texte précis de l'article 140, il enlève arbitrairement, par le fait de son plaisir, de son caprice, de sa fantaisie, le droit de la défense à un citoyen.

Il lui retire les deux degrés de juridiction que la loi tutélaire, gardienne de ses intérêts, lui accorde.

Lui, placé pour observer, pour faire observer la

loi, il la viole, il l'outrage. Se peut-il que ce soit
impunément ?

Messieurs, j'estime qu'une grande illégalité a été
commise. J'estime qu'un citoyen a été illégalement
dépouillé du droit sacré de la défense, illégalement
jeté en prison.

Or, s'il en est ainsi, si la Constitution a été placée
sous la sauvegarde des grands corps de l'Etat, il convient, quand elle a été violée, de prendre en main
la cause de ceux qui en appellent à notre justice et
à notre équité.

Nous sommes les défenseurs officiels de tous ceux
qui ont légalement à se plaindre, de tous ceux qui
revendiquent leurs droits méconnus.

La liberté, Messieurs, est le premier des biens que
Dieu a donnés à l'homme, et si elle peut lui être
ravie, il faut qu'elle le soit selon toutes les formes
prescrites par la loi.

Et quand nous pensons qu'elle l'a été illégalement,
il faut que la cause de l'opprimé devienne nôtre, car
c'est pour cela que nous sommes ici !

Je demande donc à interpeller, mercredi prochain,
le secrétaire d'Etat de la justice sur l'arrêt du tribunal de cassation qui casse, dans l'affaire F. Sylvie et
C. Debrosse, deux jugements du tribunal civil de
Port-au-Prince, en déclarant, au mépris de la loi, qu'il
n'y a lieu à aucun renvoi.

Il ne se peut pas qu'une violation aussi flagrante
de la Constitution ait été commise sans appeler l'attention du secrétaire d'Etat de la justice !

Il ne se peut pas qu'il soit resté indifférent en face

d'un tel acte ! Nous avons besoin qu'il vienne nous
dire son opinion, nous donner les renseignements
qui nous sont indispensables devant l'importante
décision que nous aurons à prendre sur la plainte
qui est déposée devant nous.

En vain nous dira-t-on que les pouvoirs sont indépendants...

Oui, ils sont indépendants dans le cercle que la
loi leur a tracé ! Ils sont indépendants dans les limites
qui leur sont fixées par la Constitution !

Le tribunal de cassation n'est pas au-dessus de la
loi, pas plus que nous, législateurs, nous ne le sommes !... Et rappelez-vous, Messieurs, que vous n'aurez jamais une plus belle occasion d'exercer votre
légitime contrôle qu'en prenant en main, comme
vous devez le faire aujourd'hui, la défense de la
Constitution et des lois !

M. LE PRÉSIDENT (s'adressant à l'orateur). — For-
mulez votre demande d'interpellation.

M. Marcelin la formule et la fait parvenir au bureau.

Le premier secrétaire est invité à donner lecture
de la proposition. Elle est ainsi conçue :

Les députés soussignés, conformément à l'article
128 de la Constitution, invitent le secrétaire d'Etat
de la justice à leur fournir, dans la séance de mercredi prochain, des explications sur l'arrêt du tribunal
de cassation qui casse *sans renvoi* deux jugements
du tribunal civil concernant l'affaire C. Débrosse.

« Signé: F. MARCELIN ; appuyé: M. MONPLAISIR,
ICART, J. LAFERRIÈRE, GUILLAUME. »

(*Moniteur* du 15 septembre 1883.)

ASSEMBLÉE NATIONALE

Discussion de la réponse à l'Exposé de la situation de la République.

M. F. MARCELIN. — Messieurs, il est de mode depuis quelque temps de dénigrer à tout propos l'Haïtien au profit de l'étranger. A en croire certains individus, l'étranger seul est honnête, capable, intelligent. Il doit tenir le haut du pavé. Partout où il passe, soit dans l'antichambre de nos ministres, soit ailleurs, il a droit à la préséance. Quant à l'Haïtien, véritable bête de somme, c'est à lui que sont réservés tous les déboires, toutes les avanies.

Je ne viens pas essayer de réagir contre cette tendance qui, j'en suis sûr, passera comme tant d'autres modes ont passé. Je ne tiens à dire qu'une chose: c'est que l'Haïtien est aussi honnête, aussi capable, aussi intelligent que qui que ce soit. Seulement, ce n'est pas sa faute si les gouvernements ont parfois la main malheureuse. Ils n'ont qu'à bien choisir, et leurs choix leur donneront toutes les satisfactions désirables.

Pourtant, quand je trouve, comme aujourd'hui, l'occasion de démontrer ce que cette idée a de faux et d'erroné, je ne la laisse jamais échapper.

Vous savez ce qui se passe. Vous savez le scandale qui, depuis plusieurs mois, préoccupe l'opinion publique. Des mandats, des feuilles déjà payés ont été remis en circulation.

Comment le fait a-t-il pu se produire? Comment la Banque, gardienne vigilante de ces effets publics, a-t-elle pu s'en dessaisir? Est-ce qu'il n'y a pas à la Banque un mode d'administration qui devrait rendre ces fraudes impossibles? Est-ce que les mandats, quand ils sont acquittés par la Banque, ne portent pas au timbre bleu le mot *payé*, ce qui doit les rendre *innégociables*? Pourquoi a-t-on négligé, oublié d'accomplir cette formalité? Nourrissait-on la coupable pensée de profiter un jour de ce volontaire oubli?

Tels sont les mystères que nous avons pour devoir d'approfondir.

Maintenant une autre question.

A quel chiffre s'élèvent ces détournements frauduleux au préjudice de l'Etat?

Dieu seul le sait, et je crains fort que ce secret ne reste éternellement entre lui et la Banque.

Mais nous, mandataires du peuple, nous qui devons peser également le bien et le mal, nous devons le dire, jamais dans l'histoire de nos Trésoreries dirigées par des Haïtiens et si critiquées, jamais une fraude aussi gigantesque ne s'était rencontrée, ni même n'était présumable. Et il faut avouer, en verité, Messieurs, que la Banque instituée pour ramener l'ordre et la régularité dans notre administration a singulièrement méconnu ses devoirs ou les a étrangement oubliés !

Ces mystères d'Isis d'un nouveau genre, auxquels nous avons été si soudainement initiés, quoique d'une façon bien imparfaite encore, ne doivent-ils pas nous faire trembler pour les revenus de la République engagés dans une comptabilité si fantaisiste ou pour le moins si inexpérimentée !

Je trouve donc, pour ma part, que le paragraphe que nous discutons ne rend pas assez fidèlement la pensée de l'opinion publique. Je le trouve bien faible en présence des faits. Je vous propose la rédaction suivante :

« L'Assemblée se plaît à compter sur l'activité de votre gouvernement pour découvrir l'origine des fraudes qui, en remettant en circulation des mandats et des feuilles déjà payés, pourraient compromettre le renom d'une institution dont le pays avait salué la création comme devant ramener à jamais l'ordre et la régularité dans nos finances.

« Elle demande, et avec elle l'opinion publique, justement alarmée, que le résultat des investigations des deux commissions que vous avez instituées lui soit communiqué le plus tôt possible. Elle prévoit qu'elle aura des mesures à prendre pour sauvegarder les intérêts de l'Etat toujours menacés quand ils sont confiés à des mains négligentes ou coupables. »

CHAMBRE DES DÉPUTÉS

Rapport de la Commission spéciale à la Chambre des Communes.

Messieurs,

La Commission spéciale que vous avez nommée à l'effet de statuer sur le rapport des deux commissions chargées, l'une de vérifier les livres de la Banque nationale d'Haïti, l'autre de rechercher l'origine des fraudes qui, en remettant en circulation des feuilles et des mandats déjà payés, ont compromis la fortune publique, a l'honneur de vous présenter le résultat de ses travaux.

Interprète, elle le croit, de vos sentiments et du sentiment de tous, elle a voulu attendre, pour s'occuper des mandats et des feuilles déjà payés, la publication dans le journal officiel de la République du rapport concernant ces détournements, afin que chacun, l'ayant sous les yeux, fût à même de juger de l'importance et de la gravité des faits qu'il dénonce.

Jamais, chacun maintenant est à même de le re-

connaître, fraude aussi gigantesque n'a souillé nos
annales financières. Jamais scandale plus retentis-
sant n'a éclaté dans ce pays. Tout, l'importance des
sommes détournées, ce vol audacieux de près de
300,000 *gourdes*, si, bien entendu, de nouvelles investigations ne font pas découvrir de nouvelles fraudes, la situation particulière de l'établissement dépositaire des fonds de l'Etat et justement créé pour
remédier aux irrégularités naguère reprochées à nos
trésoreries particulières, irrégularités qui deviennent
de véritables peccadilles en présence des faits qui
préoccupent à si juste titre l'opinion publique depuis
tant de mois, tout, disons-nous, devait appeler la
plus sérieuse et la plus légitime attention de l'Assemblée sur cette criminelle spéculation.

La nation demandait à ses mandataires de faire
leur devoir. Nous n'avons pas hésité, elle le recon-
naîtra, et nous avons répondu à son appel.

Elle nous demandait la lumière, le jour, sur les faits
incriminés ; nous avons voulu les faire aussi larges
que possibles, persuadés qu'ils sont les seuls spécifi-
ques du vol et de la fraude !...

Comment, du reste, hésiterions-nous en face de
ces paroles de l'exécutif, consignées dans l'exposé
de la situation :

« J'entends que les deniers publics soient désor-
« mais respectés, et je suis fermement résolu à
« mettre en œuvre tous les moyens de répression
« dont je suis armé par la loi pour faire régner
« l'honnêteté et la probité dans cette branche si
« importante du service public.

« Détourner frauduleusement les revenus de
« l'Etat est un crime qui entraîne contre ceux qui
« s'en rendent coupables une peine afflictive et
« infamante, et la loi sera exécutée à la lettre sans
« acception de personnes. »

Et nous, n'avons-nous pas répondu dans le message du 9 juillet :

« L'Assemblée se plaît à compter sur l'activité de
« votre gouvernement pour découvrir l'origine des
« fraudes qui, en remettant en circulation des mandats et des feuilles déjà payés, pourraient compromettre le renom d'une institution dont le pays
« avait salué la création comme devant ramener à
« jamais l'ordre et la régularité dans nos finances.

« Elle demande, et avec elle l'opinion publique,
« justement alarmée, que le résultat des investigations des deux commissions que vous avez instituées lui soit communiqué le plus tôt possible.
« Elle prévoit qu'elle aura des mesures à prendre
« pour sauvegarder les intérêts de l'Etat toujours
« menacés quand ils sont confiés à des mains négligentes ou coupables. »

Il nous restait à mettre nos déclarations, que la nation avait solennellement enregistrées, en rapport avec nos actes.

C'est ce que nous faisons aujourd'hui en soumettant à votre approbation la résolution suivante :

La Chambre des communes, vu les rapports des deux commissions nommées par le pouvoir exécutif le 27 février et le 7 avril,

Déclare ce qui suit :

La Banque nationale d'Haïti, dépositaire officiel des valeurs encaissées pour compte de l'Etat, est et demeure responsable vis-à-vis de lui :

1º D'une somme de trente-neuf mille quatre cent quarante-huit piastres cinquante-quatre centimes, qu'elle restituera en espèces effectives et avec intérêts, nonobstant toute prétention de sa part à se faire rembourser les sommes enlevées aux agences par les comités insurrectionnels de Miragoâne, de Jacmel et de Jérémie, l'institution étant haïtienne, ne pouvant, au reste, jouir ni comme haïtienne, ni comme étrangère, de privilèges que la loi n'accorde pas aux nationaux ;

2º D'une somme de G. 14,903.40 qu'elle reconnaît elle-même avoir payée une deuxième fois, avec les deniers publics ;

3º Reconnue coupable d'une impardonnable négligence qui s'est traduite en vols opérés dans son propre sein, la Banque nationale d'Haïti est et demeure responsable vis-à-vis de l'Etat du montant total des mandats et ordonnances déjà payés et remis en circulation par le fait de détournements dont elle se prétend victime, tant de ceux déjà signalés par la Commission et s'élevant à G. 259,153.60, déduction faite des G. 14,903.40 payés deux fois, que de ceux qui seraient découverts dans la suite ;

Considérant, d'un autre côté, qu'il importe de prendre des mesures pour protéger les intérêts de l'Etat, dans le passé comme dans l'avenir, la Chambre des communes décide ce qui suit :

Un état annexé à la présente résolution signalera à

la nation les numéros des effets publics déjà payés et frauduleusement remis en circulation, s'élevant pour le moment à la somme de 274,057 gourdes, avec les noms de ceux en faveur de qui ils avaient été originairement émis et de ceux des porteurs actuels qui se sont fait connaître;

De nouvelles et actives investigations devant se poursuivre, si des fraudes au préjudice de l'Etat venaient à être découvertes dans le surplus des mandats non encore vérifiés, les numéros de ces mandats, avec tous détails à l'appui, seront immédiatement, et par la voie du *Journal officiel*, portés à la connaissance de la nation, et ce, sous la responsabilité directe du secrétaire d'Etat des finances ;

Toutes transactions généralement quelconques dont ces mandats et ordonnances, ainsi solennellement dénoncés, pourraient être l'objet par quelque fonctionnaire public que ce soit et pour compte de l'Etat, seront considérées comme des crimes prévus et punis par le Code pénal ;

Le montant des ordonnances et mandats déjà payés étant légitimement la propriété de l'Etat, et la Banque n'en étant que le dépositaire, un délai d'une année lui est accordé pour les représenter à l'administration supérieure, ou, à défaut de cette représentation, pour lui remettre une bonne et valable décision judiciaire qui les déclare nuls.

Ce délai expiré, si la Banque ne pouvait représenter à l'Etat, ni les mandats et ordonnances déjà payés, ni la décision judiciaire, l'Etat, pour se prémunir contre toutes éventualités, prendrait telles mesures que de droit, concernant les comptes statutaires et extra-statutaires de la Banque avec lui ;

Une commission composée de quatre députés, de deux sénateurs, nommés par le Corps législatif, et de trois citoyens, au choix du pouvoir exécutif, sera chargée de la revision complète et totale des comptes du gouvernement avec la Banque depuis son installation jusqu'à ce jour ;

Cette commission sera immédiatement formée et commencera ses travaux sans délai ;

Dans le cours de ses investigations et à mesure que les circonstances les lui inspireront, la commission proposera au gouvernement tous les moyens qui lui sembleront indispensables pour sauvegarder les intérêts de l'Etat et aussi ceux de la Banque intéressée directement à ce que de semblables délits ne se reproduisent plus dans son administration.

En attendant, et comme la Banque nationale d'Haïti dans la gestion des deniers publics n'a pas montré toute la vigilance que le pays était en droit d'attendre d'elle, la Chambre des Communes, pour sauvegarder les intérêts du fisc, ordonne au secrétaire d'Etat des finances de suspendre provisoirement le service de la Trésorerie fait par la Banque jusqu'à ce que le personnel actuel, qui n'a pas la confiance du pays, soit radicalement réformé et que tous les comptes de l'Etat soient régularisés, approuvés et définitivement arrêtés entre la Banque et la commission dont il vient d'être parlé plus haut.

Telle est, Messieurs, la résolution que votre commission spéciale a l'honneur de vous proposer.

En finissant, elle exprime un vœu, c'est que l'exécutif, pour former avec le Corps législatif la commission chargée de vérifier les comptes de l'État avec la Banque, depuis son installation jusqu'à ce jour, choisisse parmi les citoyens qui ont rempli leur devoir avec tant d'impartiale indépendance dans les rapports qu'ils ont faits sur les mandats et ordonnances déjà payés et remis en circulation et sur la vérification des livres de la Banque.

Enfin votre commission n'a pas pensé, et elle espère que vous l'approuverez, qu'il fût nécessaire d'entrer dans des considérations plus étendues, plus générales. Les faits sont trop éloquents et il faut les laisser parler tout seuls !

Ils diront mieux et plus haut que personne combien étaient fondées les appréhensions du pays et quel contrôle doit être imposé tant aux dépositaires de l'autorité exécutive qu'aux membres du Corps législatif pour défendre la fortune publique exposée à de si rudes assauts.

Chambre des Représentants, le 19 août 1884.

Les membres de la Commission :
Signé : GUILLAUME, R. HONORAT, CINCINNATUS LECONTE, O. PIQUANT, J. LAFERRIÈRE, JAMEAU, F. MARCELIN, F.-N. APOLLON, H. VAVAL, G. MANIGAT, S. PAILLIÈRE, A.-DIEUDONNÉ THOMAS, JEAN-PIERRE APOLLON, A. MÉRION, F. DUCASSE, D. PIERRE.

Le président, F.-C. DOMINGO.

(*Moniteur* du 21 août 1884.)

CHAMBRE DES DÉPUTÉS

Discussion du rapport de la Commission spéciale.

SÉANCE DU 20 AOUT 1884.

M. MARCELIN. — Les débats actuels sont assez importants pour réclamer le concours de tous les patriotes qui composent cette honorable Assemblée.

C'est pour cette raison que, quoique malade, j'ai
tenu à me rendre à mon poste.

Chacun de nous, en cette circonstance, doit au pays
et au gouvernement le concours de ses lumières, de
toute sa bonne volonté, pour régler, à la satisfaction
nationale, cette question qui, depuis trop longtemps,
tient en suspens l'opinion publique.

Mais nous devons aborder ces débats sans passion,
sans parti pris. C'est à cette condition seulement que
nous ferons une œuvre sérieuse et digne de nous-
mêmes.

Hier, lorsqu'il s'était agi de voter, séance tenante,
le rapport de la commission spéciale, vous m'avez
vu me lever et demander le renvoi de la discussion à

demain, parce qu'il était juste, parce qu'il était convenable et parlementaire que l'honorable ministre des finances fût appelé à faire entendre sa voix dans ces débats. Nous ne pourrions pas voter une semblable résolution en son absence.

Mais aujourd'hui que le cabinet tout entier est là, assis à son banc, je crois que plus tôt nous aurons fini avec cette question de la Banque, mieux cela vaudra pour tout le monde.

Discutons donc une bonne fois.

. . . .

M. MARCELIN. — Messieurs, je remercie l'honorable secrétaire d'Etat de la justice de ses bienveillantes paroles ; je l'en remercie profondément. Il a fait appel à de vieux souvenirs que j'aime me rappeler avec plaisir, avec orgueil.

Si j'ai demandé la discussion immédiate du rapport de la commission spéciale, c'est pour deux motifs :

Le premier, c'est qu'il est temps, grand temps d'en finir avec cette question de la Banque, qui tient depuis trop longtemps le pays inquiet. Il faut lui donner une solution. Il n'est pas bon quand il s'agit de choses semblables de ne pas aboutir immédiatement. Le second motif, c'est que je ne saurais croire, sans faire injure à l'honorable secrétaire d'Etat des finances, qu'il ne soit pas prêt. Je trouve la confirmation de ce que j'avance dans la lettre du Conseil des secrétaires d'Etat à M. Montferrand, secrétaire général de la Banque.

Cette lettre, Messieurs, qui est un document d'un

prix inestimable, dit formellement *que le gouverne-*
ment compte demander au siège social l'envoi ici d'un
délégué muni de pleins pouvoirs et qui puisse donner
satisfaction au pays.

Or, si le gouvernement demande un délégué, c'est
que celui qui est actuellement ici et la direction de
la Banque ont cessé d'avoir sa confiance.

Le rapport de la commission spéciale de la Chambre des députés ne dit pas autre chose.

Je crois donc que le secrétaire d'Etat des finances
a pris toutes ses mesures pour parer à toutes les éventualités que la lettre du Conseil à M. de Montferrand
peut faire naître.

Je crois donc qu'il est prêt.

Messieurs, je ne prétends nullement imposer ma
façon de voir. Je me contente simplement de l'exposer.

. . . .

M. MARCELIN. — Pour un tacticien de la force de
l'honorable secrétaire d'Etat des relations extérieures,
je m'étonne qu'il puisse me reprocher de faire usage
d'une arme qu'il m'a lui-même fournie.

Dans un débat public, on peut, on doit faire usage
de toutes les armes, pourvu qu'elles soient courtoises
et loyales. Je prétends que celles dont je me suis
servi ont ces qualités-là. Je soutiens donc que les
hommes intelligents qui sont à la tête de l'administration du pays ne peuvent pas dire qu'ils ne sont
pas prêts, après avoir écrit la lettre à M. de Montferrand.

Avant d'écrire cette lettre dont ils ont sans doute

pesé toutes les syllabes, ils ont combiné, ils ont arrêté un plan, un *modus vivendi* quelconque pour le cas où la Banque prendrait elle-même l'initiative d'une rupture, ce qui est son droit aux termes du contrat que nous avons signé avec elle. Mais puisque le cabinet déclare qu'il n'est pas prêt, pour donner satisfaction au secrétaire d'Etat des finances, accordons-lui un sursis jusqu'à vendredi !

. . . .

M. F. MARCELIN. — Messieurs, l'accord est parfait. Chambre des députés, pouvoir exécutif, au fond veulent la même chose : *La sauvegarde des intérêts publics.*

Le pays tout entier écoute le verdict que nous allons rendre dans cette importante question de la Banque nationale d'Haïti. Ce public, qui est en intime communion d'idées avec les mandataires de la nation et le gouvernement dans le but que nous poursuivons, sera lundi dix fois plus nombreux. Il viendra applaudir aux louables efforts que nous faisons tous pour combattre les abus et les vices de notre administration publique !

C'est là la plus noble joute à laquelle un citoyen puisse prendre part, la joute pacifique qui relève un pays, honore un gouvernement et glorifie les mandataires du peuple !

Messieurs, devant la déclaration du secrétaire d'Etat des finances qui dit n'être pas prêt, je retire ma proposition et je prie la Chambre d'accepter le renvoi de la discussion à lundi.

(*Moniteur* du 16 octobre 1884.)

CHAMBRE DES DÉPUTÉS

—

Indemnités haïtiennes.

SÉANCE DU 15 SEPTEMBRE 1884.

M. F. MARCELIN. — Messieurs, j'ai un projet de loi à soumettre à l'honorable Assemblée.

Puisque nous avons le bonheur de posséder en ce moment le Conseil des secrétaires d'Etat, j'aurais désiré parler en sa présence. La question que je vais traiter est importante et quoique la discussion qui vient d'avoir lieu ait duré assez longtemps, je leur serais vraiment reconnaissant si les membres du cabinet voulaient m'accorder quelques instants d'attention.

M. LE PRÉSIDENT. — Vous avez la parole, honorable collègue Marcelin.

M. F. MARCELIN. — Messieurs, la cause que je viens défendre devant vous ne soulève aucune fausse interprétation, aucune équivoque. Elle est simple, elle est nette comme la justice, comme le droit dont elle est la plus fidèle expression. C'est pourquoi elle reviendra toujours dans le parlement, soyez-en convaincus, jusqu'à ce qu'elle ait reçu la sanction que l'équité commande de lui donner. Si ce n'est aujourd'hui, ce sera demain..... Mais elle sera toujours là à la barre de vos délibérations, vous disant : « Concitoyens, c'est à vous que je m'adresse ! Pourquoi me tournez-vous le dos quand vos bras sont ouverts à tous ceux qui n'ont pas le triste privilège d'être Haïtiens? »

M. LE SECRÉTAIRE D'ETAT DES FINANCES. — Motion d'ordre ! Je prie le député Marcelin de retirer le qualificatif malheureux dont il s'est servi : « le triste privilège d'être Haïtiens. » — Je proteste contre ces paroles. Ce n'est pas un triste privilège que celui d'être Haïtien. Je demande que le député Marcelin retire ces expressions.

M. F. MARCELIN. — Je n'ai rien à retirer. Ces expressions rendent bien fidèlement la pensée qui me domine en ce moment. Que le secrétaire d'Etat ait patience, qu'il veuille bien attendre, et il partagera, je l'espère, mon avis.

Je continue : Un jour, Messieurs, vous écouterez cette voix, un jour vous rendrez justice à cette cause, car elle est imprescriptible ! Les années ne peuvent rien contre elle, car c'est dans la conscience de tous, c'est dans l'équité de chacun qu'elle puise sa force et son origine.

Pour moi, j'en prends l'engagement, tout le temps que j'aurai l'honneur d'appartenir au Corps législatif, je viendrai, chaque année, élever ici la voix en faveur de la plus juste et de la plus sainte des causes, en faveur des victimes de ces inoubliables journées des 22 et 23 septembre !

Mais pourquoi des suppositions injurieuses? Pourquoi ne pas croire plutôt que vous allez par un vote unanime effacer le mépris qui resterait à jamais attaché au nom haïtien, si, dans le règlement des indemnités, vos concitoyens étaient écartés ? Pourquoi ne pas croire que, dans cet acte de réparation nationale, ils peuvent au moins trouver place ? Pourquoi ne pas penser qu'aux yeux de cette Assemblée le Martiniquais, le Guadeloupéen, l'homme des îles qui nous avoisinent, l'Haïtien naturalisé français ou anglais ne valent pas plus que le citoyen honnête, laborieux, conservateur, qui n'a qu'un tort, celui d'être Haïtien ; qui n'a commis qu'un crime, celui d'aimer son pays et d'y avoir mis tout ce qu'il possédait !

Oui, Messieurs, ces suppositions sont injurieuses et je vous en demande pardon. Ce serait de l'ingratitude de ma part, et l'ingratitude, vous le savez, est le péché des gens heureux. Ceux qui, comme moi, ont une fois senti combien était lourde cette main de la destinée appesantie sur eux, sont obligés d'être justes, ne serait-ce que parce qu'ils espèrent !

Je ne saurais donc oublier qu'ici, à cette même place, et à propos d'un amendement que je voulais introduire dans le Message en réponse à l'exposé de la situation, vous avez accueilli avec bienveillance, je dirai même avec sympathie, mon appel en faveur de nos concitoyens. Si dès cet instant, le principe de l'indemnité pour les Haïtiens n'a pas été admis, la faute n'en est pas à vous, Messieurs. Je ne veux pas revenir sur certaines choses bien pénibles pour les vrais patriotes..... Mais quand on me disait qu'il fallait retirer ma proposition, qu'on m'y conviait au nom du gouvernement, j'ai cru qu'on calomniait le pouvoir exécutif et je l'ai maintenue !

Nous ne savons pas quand les procès-verbaux de l'Assemblée nationale seront sanctionnés et pourront paraître dans le journal officiel de la République. Le Sénat, par l'organe de son président, nous a répondu, il y a quelques mois, qu'ils le seront *incessamment*. C'est une raison pour croire que l'époque en est encore éloignée. Aussi je vous demande la permission de vous rappeler, de rappeler au public en quels termes je défendais ma proposition.

« Messieurs, disais-je, il me semble qu'il y a une lacune à combler, qu'il y a un principe de justice qui a été trop manifestement méconnu dans le message de l'Assemblée.

« Vous venez par votre vote de féliciter l'exécutif d'avoir, au lendemain des désastreuses journées des 22 et 23 septembre, pris spontanément et sans attendre la production des réclamations, la résolution d'indemniser les étrangers victimes de nos troubles civils.

« Sans doute, en émettant ce vote, vous vous êtes souvenus des circonstances particulières qui ont dominé dans ces fatales journées et qu'il n'est pas nécessaire de rappeler ici. Vous vous êtes souvenus des précédents analogues déjà établis chez d'autres peuples et dans des cas presque identiques ; vous vous êtes rappelés notamment qu'en France, en 1871, après l'insurrection de la Commune, l'Assemblée nationale vota des indemnités à tous ceux qui avaient souffert par le fait de cette guerre civile.

« Vous n'avez pas oublié que, dans les débats qui eurent lieu à ce propos, Paris, théâtre de cette insurrection et siège du gouvernement, comme Port-au-Prince est le siège du nôtre, fut placé sur un terrain exceptionnel et l'Etat déclaré responsable.

« Mais pourquoi vous êtes-vous arrêtés à mi-chemin ? Pourquoi n'avez-vous envisagé qu'une des faces de la question et avez-vous laissé l'autre, la plus intéressante, volontairement dans l'ombre ?

« Dans tous les pays où ces mesures réparatrices ont été prises, on a toujours établi la plus parfaite égalité entre les nationaux et les étrangers.

« Parfois, je le sais, on a essayé d'accorder une préférence, un privilège, mais à qui ? Aux nationaux ; jamais, jamais aux étrangers.

« Cette Assemblée ne voudra pas, je l'espère, sanctionner un principe si contraire à la morale et à l'équité. Elle ne sanctionnera pas, dans un acte aussi important que celui que nous discutons, la supériorité devant la loi, devant les mandataires du peuple, de l'étranger sur l'Haïtien.

« Eh ! quoi, Messieurs, voudriez-vous que l'Haïtien soit déshérité dans son pays même ?

« Ce serait la première fois que cet exemple, d'une Assemblée sacrifiant ses concitoyens de ses propres mains, se verrait dans l'histoire des peuples ! Et ce vote, dont les conséquences seraient néfastes à tous les points de vue, serait destructif de tout patriotisme, destructif de notre autonomie !

« Pour l'honneur de cette Assemblée, il ne faut pas qu'on puisse croire qu'aucun de nous veuille donner ici une prime d'encouragement à ceux qui renient leur pays.

« Eh bien ! Messieurs, votre vote, s'il restait aussi incomplet, n'aurait pas une autre signification. Tel serait son résultat fatal, inéluctable dans un avenir prochain.

« Pour le rendre digne de vous et digne du pays, je vous propose de le compléter par l'addition suivante :

« L'Assemblée regrette toutefois que votre gouvernement n'ait pas cru, de son initiative, étendre la même bienveillante mesure aux nationaux injustement frappés dans ces néfastes journées des 22 et 23 septembre. Puisqu'il était nécessaire d'indemniser, il semble qu'au moins l'égalité la plus parfaite dût être observée entre les Haïtiens et les étrangers. »

Sans fausse modestie, je puis dire que ce jour-là mes paroles ont trouvé de l'écho dans vos cœurs. Et comment pouvait-il en être autrement? Cette injustice que je vous signalais, que je vous priais de réparer, n'était-elle pas flagrante? Ne tombait-elle pas en quelque sorte sous les sens? Et celui-là ne serait-il pas un ennemi perfide qui donnerait à entendre que l'équité et la vérité n'ont pas la vertu d'émouvoir vos âmes?

Laissez-moi croire plutôt, Messieurs, que si elles

étaient menacées sur cette terre d'Haïti, elles trouveraient leur refuge naturel dans le sein de ce Parlement.

D'où vint donc qu'après une heure, une heure de suspension tacite, mais de travail actif, l'Assemblée nationale, sans qu'aucun orateur eût combattu ma proposition, la rejetait à une écrasante majorité?

Ce sont là de ces mystères que je ne me charge pas d'approfondir. C'est bien assez de les constater.

Mais aujourd'hui que j'ai l'honneur de parler devant vous, de reprendre la thèse que j'effleurai en Assemblée nationale, je vous avoue que je suis plein d'espoir...

Et cet espoir, Messieurs, est le meilleur hommage que je puisse vous rendre! Faut-il appuyer ma démonstration d'auteurs en renom, de textes irréfutables? Il n'en est pas besoin... J'ai pour moi un texte qui, aux yeux des gens de bien, ne prête pas à controverse; j'ai pour moi un auteur dont personne ne peut contester l'autorité. Ce texte, cet auteur, c'est l'équité naturelle. Il suffit de la consulter, de vouloir bien prêter l'oreille à sa voix pour me donner gain de cause.

Est-il possible, en effet, d'admettre que dans un pays qui se pique de démocratie et qui surveille d'un œil jaloux tout ce qui pourrait compromettre son indépendance, est-il possible d'admettre que l'on fasse ainsi à l'étranger une position privilégiée aux dépens de l'Haïtien?

Vous avez ici, Messieurs, bien des collègues auxquels les questions internationales sont familières et qui peuvent les traiter avec toute l'autorité que leur donnent l'étude et la réflexion réunies. Eh bien ! qu'ils disent si dans les auteurs qu'ils consultent chaque jour, dans les Calvo, les Wheaton, les Bluntschli, s'ils trouvent un texte dans lequel il est proclamé que les étrangers méritent plus de considération, des égards et des privilèges plus marqués et plus étendus que ceux accordés aux nationaux mêmes du pays où ils résident.

Un pays qui permettrait qu'une semblable doctrine devînt sa pratique internationale ne serait plus digne de la liberté. Le jour où il l'aurait adoptée, il aurait virtuellement abdiqué son indépendance.

Bien au contraire, tous les auteurs qui ont écrit sur les questions internationales n'ont qu'un souci : prémunir les gouvernements contre une tendance à laquelle ils pourraient céder, en favorisant leurs nationaux au détriment des étrangers. Mais jamais ils n'ont émis, même pour le combattre, ce singulier principe : « Les gouvernements doivent se garder de prendre l'initiative d'indemniser les étrangers quand ils refusent de le faire pour leurs propres nationaux. » Ce serait une aberration à laquelle ces auteurs avec raison n'ont pas pensé. Et je n'hésite pas à le dire, le jour où vous auriez voté une disposition aussi vexatoire, vous auriez commis un véritable scandale, le plus grand de tous, le scandale dans la loi !

Dans nos assemblées politiques, on aime à invoquer, et ce n'est pas un mal, pourvu que cela reste dans certaines limites, ce qui se passe en France. Cette tendance a envahi même la première page de nos journaux, où chaque jour se discute le rôle que certaines imaginations ont hâte de voir remplir ici à l'ancienne métropole. Eh bien, à propos de la question que j'ai l'honneur de traiter devant vous, permettez-moi de vous faire souvenir qu'en France le principe des indemnités, tant aux nationaux qu'aux étrangers, est de droit coutumier. Je l'ai déjà dit d'une façon sommaire en Assemblée nationale permettez-moi de vous le rappeler aujourd'hui d'une façon moins succincte.

Ainsi en 1830, pour adoucir les pertes qu'avait occasionnées la révolution de cette année, une loi spéciale, celle du 30 août, ouvrit au gouvernement français un crédit de deux millions à répartir à titre de secours entre tous les ayants droit.

En 1834, les Chambres françaises furent saisies d'un projet de loi destiné à secourir les personnes qui avaient éprouvé des pertes par suite de l'insurrection de Lyon.

La révolution du mois de février 1848 fournit un autre exemple de libéralité du même genre. Le décret du 24 décembre 1851 créa aussi un fonds spécial de secours de 5,000,000 de francs.

En 1871, un des premiers actes de l'Assemblée nationale fut de décréter l'institution d'une commission spéciale chargée de rechercher et de faire connaître les diverses catégories de dommages éprouvés.

A diverses reprises, l'Assemblée vota une somme totale de 360,000,000 de francs.

Les étrangers comme les nationaux ont été appelés à jouir des mesures bienfaisantes décrétées par la loi pour réparer les pertes causées par l'insurrection de 1871.

Il faut observer aussi, Messieurs, que dans toutes les discussions qui eurent lieu à cet égard, la ville de Paris fut placée sur un terrain exceptionnel, parce que Paris est le siège du gouvernement, que le gouvernement détient seul toute la force publique et que dans aucun cas Paris ne peut être responsable. C'est pourquoi on a admis comme une charge de l'État l'indemnisation des dommages causés par la rentrée des troupes françaises dans Paris au mois de mai 1871 à la suite de l'insurrection de la Commune, ces dommages étant regardés comme *un fait du prince*, un cas de force majeure, un acte pour la défense et la protection de l'intérêt public contre une sédition ou une émeute.

Je n'ai pas besoin de redire, Messieurs, que jamais, à l'occasion de ces différentes mesures, personne n'a songé à faire aux étrangers une position privilégiée.

La France, qui a une si haute et si fière idée de ce qu'elle doit à ses enfants, qui recherche tous les moyens possibles de fortifier chez eux le patriotisme, d'en faire une véritable religion, ne pourrait songer, pas plus qu'aucun pays du globe, à adopter une mesure dont l'effet funeste et certain serait de détruire ce qui fait vraiment les nationalités : l'amour du sol natal !

Et maintenant, Messieurs, voulez-vous savoir comment on apprécie à l'étranger cette question des indemnités ? Voulez-vous savoir ce qu'on en pense ? Permettez-moi de vous lire quelques extraits de lettres qui ont été adressées à des commerçants de cette ville, Haïtiens bien entendu, et qui m'ont été communiquées.

« On nous dit, écrit un commissionnaire parisien, que votre commission mixte a terminé ses travaux. X..., de votre ville (un Français, Messieurs), nous annonce qu'il espère pouvoir solder son compte bientôt. Pourquoi nos deux lettres sont-elles restées sans réponse ? Nous prenons la liberté de vous faire observer que l'indemnité qui vous est accordée doit être employée d'abord à payer ce que vous devez. Vous voyez quelle confiance nous avons en vous. Malgré les grosses sommes que vous nous devez, nous n'avons pas hésité à vous ouvrir un nouveau crédit après le pillage et l'incendie de votre magasin. C'est que nous vous croyons honnête homme et prêt à tous les sacrifices pour tenir vos engagements. Mais si nous devions être punis de cette confiance, en vérité, il faudrait désespérer de l'Haïtien et rompre définitivement avec lui. Ce à quoi nous sommes bien résolus après cette expérience. »

Le malheureux commissionnaire, Messieurs, croyait qu'on indemnisait Haïtiens et étrangers, comme cela se fait partout. Un autre s'exprime ainsi :

« Je ne comprends rien à ce que vous m'écrivez. Il est impossible que votre pays indemnise les étrangers victimes des événements des 22 et 23 septembre et refuse la même faveur à ses nationaux. Ce serait illogique. Si cela est vrai, si votre pays refuse de vous indemniser comme on le propose pour les étrangers, vous n'avez qu'une chose à faire, c'est de vous faire naturaliser Français, Anglais ou Américain. Autrement, vous pouvez être sûr, quand la chose sera consommée, quand votre Parlement aura voté la loi qui fera de vous de véritables parias dans votre pays, vous pouvez être sûr que personne en Europe ne voudra vous donner à crédit. Pour moi, c'est avec regret que je vous le dis, mais je vous déclare que si vos créances à vous autres Haïtiens ne sont pas admises, j'aime mieux liquider une bonne fois mes pertes. Je le regretterai, mais vous sentez que ma décision est légitime. Je ne saurais continuer à faire des affaires avec vous autres Haïtiens, qui ne pouvez obtenir justice même chez vous. Il vous sera impossible d'avoir du crédit à Paris ni sur aucune autre place du monde, car chacun fera la comparaison entre la situation qui vous est faite et celle tout à fait privilégiée qu'occupe l'étranger chez vous.

« J'ai appris que X..., de votre place, a mis sa maison de commerce au nom d'un Français. X... est un homme de précaution. Il faut arriver à une semblable mesure ou à toute autre qui protège, dans l'avenir, les intérêts qu'on vous confie. Autrement, je vous le répète, je ne donnerai pas un liard de crédit à l'Haïtien en son nom propre.

« Qui nous garantit que les mêmes scènes ne se reproduiront pas demain?

« Dans votre malheureux pays ce n'est pas le bien qu'on imite, c'est le mal. »

Je repousse cette assertion, Messieurs, je la trouve risquée. Si le peuple n'imite pas le bien dans notre pays, c'est qu'il n'en voit pas souvent l'exemple.

Un troisième écrit :

« Vous avez été un client exceptionnel, et nous ne pouvons pas oublier que vous vous êtes toujours montré soucieux de tenir vos engagements vis-à-vis de nous. Vous êtes la victime d'un fait indépendant de votre volonté. Nous savons que la situation de vos affaires, avant le déplorable événement qui vous a ruiné, était fort belle, et notre confiance, d'un autre côté, était si grande en vous que jamais nous n'avons songé à limiter votre crédit. Vos besoins étaient la seule limite que vous vous traciez vous-même. Certes, nous serions en droit, après la catastrophe qui vous frappe et qui nous frappe aussi, sans tenir compte du passé, de refuser de nous engager par de nouveaux crédits dans un avenir qui peut être bien menaçant. Avouez qu'il faut avoir la foi robuste pour continuer encore les affaires avec votre pays ! En tout cas, même en les continuant, nous ne pouvons perdre de vue que le règlement des indemnités, tel qu'il a été proposé par votre gouvernement, fait aux Haïtiens une position bien périlleuse pour les intérêts qui leur sont confiés. Nous ne pouvons oublier qu'il y a tout avantage pour nous à contracter plutôt avec les maisons étrangères établies en Haïti qu'avec vous.

« Vous êtes pillé, incendié, on ne vous donne aucun dédommagement. Nos créances sur vous se réduisent ainsi à zéro. Si c'est un étranger, c'est tout le contraire. Non seulement il est indemnisé et nous paie, mais plusieurs de nos maisons d'ici ont l'espoir, par le fait des événements du 22 septembre, de rentrer dans des créances sur lesquelles elles ne comptaient plus.

« La position que votre pays vous fait vous condamne à être les tributaires des étrangers de votre place, qui sont appelés dans un avenir prochain à être les seuls importateurs en Haïti. Vous êtes condamnés à acheter de leurs mains pour revendre. Nous nous expliquons franchement avec vous, car nous sommes habitués à dire les choses telles qu'elles sont.

« Vous ne pouvez pas ne pas admettre que la première condition du commerce, c'est la sécurité. Nous devons la chercher par tous les moyens possibles, et si nous continuons à faire des affaires avec votre pays, il est évident que nous devons pencher du côté où elle se trouve. Où se trouve-t-elle maintenant en Haïti? Du côté de l'étranger, cela est indubitable. Il est indemnisé et vous ne l'êtes pas ! Il nous paiera, même ceux qui étaient gênés auparavant dans leurs affaires, et vous, vous ne pouvez rien nous offrir ! Il est donc tout naturel que nous allions à lui.

« Maintenant que nous vous avons donné toutes ces explications, nous voulons vous prouver combien nous tenons à cœur, sans toutefois léser nos intérêts, à vous obliger.

« Vous nous demandez de nouvelles marchandises pour recommencer. Nous ne pouvons vous les envoyer en votre nom, au moins jusqu'à ce, que vous arriviez à trouver une combinaison qui préserve nos intérêts d'une nouvelle catastrophe. Mais nous avons le désir de vous être agréable, de vous aider. Nous vous envoyons donc les marchandises commandées au nom de MM. XX de votre ville, qui ouvriront chez eux un compte de consignation en votre nom. Vous ouvrirez pareil compte en leurs noms sur vos livres.

« On nous fait espérer que nous pouvons protéger nos intérêts de cette façon. Il y a, dit-on, des maisons chez vous qui, grâce à ce procédé, ont réussi à se faire allouer, comme indemnités, de grosses sommes.

« Nous voulons bien le croire. »

Un quatrième, qui n'est pas dans les affaires, mais qui connaît bien les choses et les hommes du pays, écrit :

« Est-il vrai qu'on ait alloué 96,000 piastres à X, à Z 70,000, à G 60,000, à V 50,000, etc ? Mais qu'ont-ils donc perdu ces gens-là ? Est-ce que leurs boutiques de salaisons et d'articles marseillais valaient 500 et 400,000 francs ? Des bouteilles, des caisses de morue, du macaroni et des saucisses ; des aiguilles, du poivre, du girofle, des chapelets et des scapulaires ; il en faut beaucoup pour atteindre à des chiffres aussi fantastiques.

Comment a-t-on dressé ces comptes ? Puisque tout était brûlé, au moins aurait-on dû songer à l'étendue des magasins des réclamants ? Songe-t-on à ce qu'il faut d'espace pour loger 500,000 francs d'huile de Marseille et de vin de campêche ?

« Mais chacun sait qu'avec la rapidité des communications et la diminution des crédits à l'étranger, il y a longtemps que vos négociants en provisions, surtout en provisions marseillaises, n'importent plus des factures de 60 à 70,000 francs. Il y a donc à supposer que ces indemnitaires avaient reçu coup sur coup trois, quatre factures de ce chiffre ! ! !

« Et que faisaient-ils de ces stocks formidables ?

« Où les logeaient-ils ?

« Les livres des réclamants ont brûlé, soit. Mais il me semble qu'il y avait un contrôle naturel ; celui de l'opinion publique. Il fallait imprimer les chiffres originairement réclamés et provoquer la discussion là-dessus.

« La commission, il semble, devait travailler dans une maison de verre. C'était la seule façon de s'éclairer. Chacun serait venu déposer à sa barre. Mais en s'enfermant, en tenant le public complètement en dehors de ses travaux, en n'ayant pour auditoire que les représentants des puissances étrangères et les intéressés, elle s'est privée des éléments les plus propres à la faciliter dans sa tâche, qui consistait surtout à faire une besogne équitable. Dans tous les cas, voilà des gens (beaucoup d'entre eux ne sont pas sans péché d'excitation à la guerre civile) qui, heureux de cette bonne aubaine, vont rentrer comme commissionnaires, qui au Havre, qui à Paris. Partis gueux, depuis plusieurs années, criblés de dettes, ils vont rentrer riches. Ils doivent bénir ces fatales journées, qui leur font des rentes ! Et à vous autres, Haïtiens, qui avez tout perdu, dont les magasins ont été pillés, les maisons brûlées, maisons que chacun pouvait voir au soleil et qui ne reposaient pas sur des comptes fictifs, que donne-t-on ? Rien.

« Et pourquoi restez-vous haïtiens ? C'est pour l'honneur d'être battus, pillés, incendiés et pour travailler à payer les indemnités accordées aux XX, aux ZZ et consorts ! En vérité, c'est à n'y rien comprendre. Et de cette façon, je le crains bien, vous n'arriverez jamais à créer une nationalité compacte. Vous dégoûtez trop les gens qui sont haïtiens ! Vous pourrez me répondre, comme dans Molière :

« — Et s'il me plaît d'être battu ! »

« — A votre aise ! Mais pendant que vous êtes en guenille, regardez ces étrangers qui rentrent dans leurs pays avec les magnifiques manteaux de soie et d'or que vous venez de leur payer ! Après tout, vous êtes peut-être des philosophes. » . . . . . .

. . . .

Oui, Messieurs, voilà ce qu'on écrit de l'étranger. A vous il appartiendra, par vos sages délibérations, de décider si ces lettres doivent rester une vérité ou devenir une calomnie !

En attendant, il est bon de vous demander s'il est politique de dégoûter ainsi vos concitoyens de leur nationalité, il est bon de vous demander s'il est opportun de voter leur infériorité légale vis-à-vis de l'étranger.

Je vis absolument en dehors des intrigues, re-

cueilli, absorbé dans le travail matériel qui m'est
imposé pour faire vivre les miens. Je ne sais ce qui
se passe que par ce que j'en lis dans les journaux. A
entendre les uns et les autres, il paraît que nous
pouvons, à un moment donné, être l'objet de certaines convoitises, que notre indépendance même peut
être en danger. Je répète que je ne sais si le fait est
réel, ou si c'est simplement une agitation factice
qu'on mène autour de cette question à l'effet d'obtenir des avantages individuels. Mais s'il en est ainsi,
est-ce bien le moment de faire sentir à l'Haïtien
combien vis-à-vis de l'étranger il est bas placé?
Est-ce bien le moment de lui faire sentir combien
marâtre la patrie est pour lui? Je ne le crois pas.
Je crois plutôt qu'il faut réconforter le patriotisme
chez les hésitants à l'heure où de faux amis, des
perfides et des intéressés, en nous présentant des
mirages séducteurs, rêvent peut-être notre asservis-
sement!

Les courtiers de notre bonheur, ceux qui spéculent sur les richesses qu'ils nous octroient si libéra-
lement, nous permettront de penser que notre petite
république a sans doute une destinée manifeste qu'elle
n'a pas encore remplie, mais à laquelle nous
croyons. Qu'importent les tristesses, les humilia-
tions de l'heure présente? Nous plaçons nos espérances plus haut et plus loin. Celui qui ne croit pas à
l'avenir n'est pas digne d'être Haïtien!

Pour moi, la pratique de cette patriotique patience
m'est devenue facile, car il y a longtemps que j'ai
pris pour devise le mot de je ne sais plus quel incom-

pris, ce que je n'ai pas la prétention d'être, comme bien vous le pensez : « J'attendrai ! »

Avec ce mot pour viatique, quelles que soient les aspérités de la route, on n'est jamais découragé et l'on poursuit son chemin. Aussi, à ceux qui, au prix peut-être de notre autonomie, font un tableau si enchanteur de la félicité qu'ils nous promettent en échange des misères de notre existence sociale, je réponds par un autre vers de Molière :

Guenille si l'on veut, ma guenille m'est chère,

Et c'est parce qu'elle m'est chère, cette sublime guenille de la patrie, que d'autres ont répudiée, que d'autres ont foulée aux pieds, que je vous supplie, Messieurs, de ne pas lui donner, en votant l'exclusion des Haïtiens du bénéfice des indemnités, un dernier, un irréparable accroc ! Ne préparez pas de vos propres mains à ceux qui ont renié leur pays un glorieux et éclatant triomphe ! Que s'ils rient ironiquement de nous en montrant leurs sacoches pleines d'or, que du moins ce ne soit pas avec votre sanction légale !

Vous voterez pour tous, sans exception, Haïtiens comme étrangers !... Ils diront peut-être, les intéressés, ceux qui dans nos jours sereins envahissent tout, chassent l'Haïtien des places qu'il devrait légitimement occuper, se targuent de leur influence, prodiguent les conseils et qui aux jours de danger ne songent qu'à une chose : spéculer encore et toujours sur le pauvre cadavre palpitant à peine ; ils diront que je fais ici un plaidoyer *pro domo suâ*. Eh bien, après ?... Oui, durant ces désastreuses journées, ma famille a éprouvé les coups les plus terribles dont la fatalité peut accabler des créatures humaines. En quelques heures j'ai vu disparaître le fruit du travail opiniâtre des miens. La veille, nous étions dans une position de fortune qui n'avait rien à envier à celle des autres ; le lendemain, nous étions complètement ruinés... Mon père, dont la longue carrière fut tout entière consacrée aux plus rudes labeurs et qui, dans un pays où tout le monde mange plus ou moins au ratelier de l'Etat, n'a pas même été conseiller de sa commune, à 70 ans passés a été jeté sur le pavé, dénué de toutes ressources.

Mon beau-père, cet honnête homme que vous savez, ce conservateur de conviction et de situation, ce doux lettré dont la science profonde, mais modeste, n'avait que plus de charmes, après avoir assisté à la destruction de tout ce qu'il possédait, a été massacré dans les rues comme un malfaiteur...

Ma famille enfin, maltraitée, dispersée, a subi un long et douloureux calvaire avant de s'abriter au séminaire. Moi-même, après avoir vu fusiller, à mes côtés, presque dans mes bras, un parent que j'aimais comme un frère, je n'ai dû la vie qu'au dévouement de quelques amis qui m'ont fait un rempart de leurs corps, et surtout à l'intervention héroïque du chef de bureau de nos archives, le citoyen Horelle Momplaisir.

Je le vois encore, au moment où les carabines s'abaissaient définitivement sur ma poitrine, fendre d'un élan chevaleresque les flots de la foule et se porter à mon secours.

Je lui rends publiquement l'expression de toute ma reconnaissance ! Non pour la vie qu'il a aidé à me conserver... La vie, je la méprise, étant de cette école qui pense que, pourvu que l'on soit humain et juste sur cette terre, on ne doit pas craindre la mort. Mais je lui suis reconnaissant de ce beau mouvement. Il m'a fait éprouver la joie la plus douce, la plus chère que je pouvais ressentir, celle de songer que, même dans les moments les plus terribles des crises sociales, l'humanité ne perd jamais ses droits sur les cœurs nobles et bien nés.

Eh bien ! Messieurs, qu'est-ce que cela fait ? Plus on a souffert, plus on acquiert le droit de parler au nom de son pays, plus on doit l'aimer aussi. Les lieux témoins de notre bonheur, les lieux témoins de nos larmes, ont les uns et les autres les mêmes profondes racines dans le cœur de l'homme.

Mais, je le répète, Messieurs, ce ne sont ni mes malheurs privés, ni l'espoir que votre vote pourra me rendre une portion de mon bien-être qui m'ont poussé à soulever ce débat devant vous. Vous me connaîtriez bien peu si cette pensée pouvait vous venir. J'ai envisagé la question à un point de vue plus élevé. J'ai dénoncé une iniquité nationale à ceux qui sont la sauvegarde naturelle de la justice et du droit. Mes intérêts particuliers ne sont pour rien dans ce débat.

Du reste, je le dis sans orgueil, j'ai prouvé et je prouve tous les jours qu'il n'est au pouvoir d'aucune adversité humaine d'affaiblir les ressorts de ma volonté. Aussi, au lendemain de ces déplorables événements, je me suis remis sans défaillance au travail.

Le travail seul m'avait donné une fortune; le travail seul me la redonnera, j'en suis certain... Non pas celle que procurent si rapidement la négociation des effets publics deux fois payés, les spéculations à outrance sur le squelette du peuple haïtien et la camaraderie servile avec les grands, mais celle qui, gagnée loyalement, à la sueur de son front, quelles que soient les épreuves de la vie, laisse l'âme tranquille, confiante, et ne force pas à *poser au destin* cette mystérieuse interrogation : *Est-ce le châtiment?*

On peut ne pas m'aimer, on peut critiquer l'attitude que je garde dans la vie publique, mais on ne peut, sans injustice, suspecter ma bonne foi. Or quand je dis que dans la politique je n'ai jamais cherché la spéculation, je puis regarder chacun et tous en face ; je n'ai jamais connu les antichambres des ministres comme solliciteur et aucun gouvernement, aucun, n'a jamais eu à m'accorder ou à me refuser des faveurs.

A mon point de vue, le citoyen laborieux, conservateur, sincèrement attaché à la liberté légale, ne cherchant jamais à renverser le gouvernement de son pays, mais cherchant plutôt, dans sa sphère d'action, à l'améliorer et partant à le rendre durable, devrait être le premier citoyen de la République et le plus respecté ! C'est à cet idéal que j'ai toujours essayé de rapprocher ma conduite, sans me dis-imuler par là combien j'étais exposé à tous les coups des partis extrêmes.

Aujourd'hui, volontiers, Messieurs, je me réjouirais d'être écarté de la liste des réclamants, si ce sacrifice était nécessaire pour démontrer que je n'ai en vue que l'intérêt de tous, que l'intérêt de la patrie.

Du reste, Messieurs, il est bon de vous dire que, pour ce qui m'est personnel, il n'est pas en votre pouvoir, il n'est au pouvoir d'aucune assemblée sur la terre, d'aucune puissance humaine, de m'indemniser des pertes que j'ai essuyées le 23 septembre. Car hélas ! ce n'est pas ma fortune anéantie, mon labeur de tant d'années d'épargne et de lutte disparu en une heure, ce n'est pas cela que je regrette . . .

. . . .

Dans des travaux, qui pour moi étaient d'un prix inestimable, j'avais essayé de consigner l'amour que je porte à mon pays, ma confiance dans ses destinées futures, et par une cruelle ironie du sort, ces pages où je parlais d'avenir n'ont pas même eu un lendemain ! Voilà ce que je regrette et que vous ne sauriez me rendre.

S'il me vient parfois un sentiment de découragement et d'amère tristesse, ce n'est jamais qu'aux heures où je songe à ces pertes irréparables.

On recommence la vie, on la recommence jusqu'au tombeau, mais on ne recommence pas ces choses-là quand surtout le destin vous refuse tout loisir.

Je vous demande pardon, Messieurs, de m'être laissé entraîner par mes souvenirs personnels.... Je termine en ajoutant que si j'ai désiré la présence des secrétaires d'Etat, c'est que je suis persuadé que ce n'est pas seulement parmi vous que mes paroles trouveront de l'écho.

Les hommes qui sont assis à ce banc sont, je le crois, des hommes généreux, patriotes. Comment pourraient·ils résister à une proposition qui déjà a triomphé dans leurs cœurs? Cette proposition n'est-elle pas le complément logique, indispensable, de celle qu'ils ont déposée ici, vendredi passé, en faveur des indemnitaires étrangers?

Ils le savent, Messieurs...

Et le premier magistrat de la République lui-même, qui a la noble ambition de tenir haut et ferme le drapeau de sa race, comment n'applaudirait-il pas à une pensée en si complète harmonie avec la sienne, puisqu'elle tend à faire disparaître cette funeste inégalité établie en faveur de l'étranger contre l'Haïtien?

C'est donc au patriotisme, à l'équité de vous tous que je confie, Messieurs, le projet de loi suivant:

Considérant que la ville de Port-au-Prince, siège du gouvernement, s'est trouvée dans les journées des 22 et 23 septembre 1883, par le fait d'une criminelle insurrection, dans une situation exceptionnelle qui n'a pas permis à l'autorité de faire respecter les propriétés et les personnes;

Considérant qu'il est d'une saine politique de réparer des malheurs immérités et d'effacer autant que possible les douloureux souvenirs de la guerre civile;

Considérant que l'Etat ayant offert d'indemniser les étrangers qui ont souffert de ces troubles, il serait souverainement injuste et en dehors de toutes les notions de droit et d'équité, de ne pas admettre les nationaux au bénéfice de ces mesures,

La Chambre des Communes, usant de l'initiative que lui donne l'article 79 de la Constitution, a adopté,

Et le Corps législatif a voté la loi suivante :

Art. 1er. Une somme de *cinq cent mille gourdes* sera répartie entre les Haïtiens victimes des journées des 22 et 23 septembre, notoirement connus pour leur éloignement des troubles civils et leur attachement aux principes conservateurs.

Art. 2. Une commission composée de trois députés, de deux sénateurs, nommés respectivement par les deux corps, et de deux citoyens, au choix du pouvoir exécutif, sera chargée, après avoir dressé le tableau général des pertes, de la répartition au prorata des chiffres admis.

Art. 3. Les décisions de cette commission seront sans appel.

Art. 4. Les mêmes dispositions financières qui seront prises pour le payement des indemnités aux étrangers seront également adoptées pour celles accordées par la présente loi aux Haïtiens.

F. MARCELIN ; appuyé : G. CAYEMITTE, C. VALADE, A. DNE THOMAS, S. FAILLIÈRE.

(*Moniteur* du 8 novembre 1884.)

CHAMBRE DES DÉPUTÉS

SÉANCE DU 12 AOUT 1885.

M. LE PRÉSIDENT. — Je me fais le devoir de vous lire une lettre du député Marcelin qui a assisté, à Paris, aux derniers moments de notre regretté collègue Nérestan Béreaud :

Paris, 19 juillet 1885.

Monsieur le Président de la Chambre des députés.

Monsieur le Président,

Hier, nous avons rendu les derniers devoirs à notre infortuné collègue Nérestan Béreaud. Après quelques jours de maladie et une douloureuse opération, il s'est tristement éteint.

Venu à Paris pour y chercher la santé, de l'éblouissante ville il n'a eu que la fugitive vision. Sa mort et son arrivée se confondent presque.

Loin des siens, loin de son pays qu'il adorait et dont il était un des meilleurs citoyens, non sans doute par des qualités d'extérieur et d'apparat que le vulgaire estime trop, mais par des mérites réels et solides, il a vainement cherché autour de lui les visages aimés, les objets familiers... Au seuil mystérieux où l'inconnu commence, il lui manqua cette consolante jouissance de reposer son regard sur les mêmes horizons qui le charmèrent durant la vie.

Et comme il en souffrit!... Car ce sentiment, qui se retrouve chez tous les peuples, combien plus vivace est-il chez l'Haïtien! Il ne peut vivre, il ne peut surtout mourir hors de chez lui. Nos riches, chez l'étranger, vainement diront-ils qu'ils sont heureux. Ils se font illusion à eux-mêmes. La patrie est la patrie, toujours séduisante. Et peut-être le tourment de ne jamais savoir au juste si le triste état social que nous nous sommes créé nous permettra d'achever paisiblement l'existence chez nous, est-il pour les Haïtiens l'aiguillon qui surexcite au delà de toute expression ce sentiment d'attachement au sol natal si naturel à l'homme!

Nérestan Béreaud a eu cette douleur.

Son dernier soupir s'est exhalé sur la terre étrangère. A ce patriote qui aimait tant son pays, qui aimait la paix afin que chacun pût mourir tranquillement dans son lit, au milieu des siens, les yeux sur les images chères à la première enfance, le destin a été cruel!

La Chambre donnera un dernier adieu à notre infortuné collègue, et d'autant plus sympathique, d'autant plus ému, qu'il s'est éteint privé de sa famille, de ses amis, dans l'ineffable douleur de l'isolement!

Recevez, Monsieur le Président, l'expression de mes meilleures salutations.

(*Moniteur* du 10 septembre 1885.)

CHAMBRE DES DÉPUTÉS

––––––

Les Constitutions d'Haïti.

Séance du 30 avril 1886.

M. Marcelin. — Messieurs, en 1884, M. le docteur Louis-Joseph Janvier nous demandait de lui voter une certaine somme pour l'impression d'un ouvrage sur les constitutions d'Haïti de 1801 à nos jours. Vous vous souvenez, sans doute, avec quelle faveur cette demande fut accueillie par le comité de l'intérieur.

La Chambre vota avec enthousiasme, avec élan.

Elle s'attendait assurément à une œuvre scientifique, d'austère impartialité, qui nous aiderait, sans trop d'efforts, à embrasser l'ensemble de nos évolutions législatives. Ce livre pouvait nous être d'une grande utilité, et c'est assurément ainsi que l'entendait l'organe de l'exécutif, M. le secrétaire d'Etat de l'intérieur, quand au Sénat il défendait le vote de la Chambre.

Or, ces jours derniers, l'huissier de service m'a remis le volume en question. Si l'auteur n'avait pas sollicité notre vote, si l'ouvrage n'avait pas été publié en quelque sorte sous notre patronage, je ne m'en serais pas occupé.

Mais il n'en est pas ainsi. Et il m'incombe à moi, représentant du peuple, à moi qui, en cette qualité, ai ma part de responsabilité dans vos actes, de déclarer que M. le docteur Louis-Joseph Janvier n'a pas rempli, selon moi, les conditions de l'œuvre que nous attendions de lui.

Le livre qu'il nous a donné, dans un désir aveugle de généralisations systématiques, foule aux pieds l'histoire et la vérité.

Les contradictions, les erreurs s'y rencontrent à chaque ligne. Ne reposant sur rien, on pourrait croire qu'il n'a pas été écrit pour être discuté, mais bien plutôt pour enflammer l'imagination des crédules et des simples.

Une œuvre de combat, non une œuvre de raisonnement scientifique. Et pourtant, quoi qu'on veuille écrire, Messieurs, on ne peut pas éliminer un des deux facteurs qui forment l'Etat noir d'Haïti.

Je m'exprime avec toute la foi, toute la conviction que me donnent mes antécédents. Je n'ai jamais marchandé à mes compatriotes l'estime, l'éloge, l'admiration pour leurs efforts dans le domaine de l'intelligence et des luttes de l'esprit. Je n'ai jamais manqué d'exprimer, en ce qui concerne M. le docteur

Louis-Joseph Janvier, toute la satisfaction patriotique que j'éprouvais de le voir se faire une place dans
le mouvement littéraire du siècle. J'ai tenu à le lui
dire en personne... Mais quand vous lirez ce livre, et,
sans vous appesantir sur les contradictions qu'il renferme, vous direz, d'accord avec moi, qu'il n'est pas
digne d'une Assemblée qui, comme la nôtre, veut la
paix et l'union de tous les Haïtiens.

Voilà, Messieurs, la déclaration que j'avais à faire.

(*Moniteur* du 13 mai 1886.)

CHAMBRE DES DÉPUTÉS

———

**Discussion du rapport de la Commission spéciale
sur la pétition des réclamants haïtiens.**

SÉANCE DU 16 AOUT 1886.

M. F. MARCELIN. — Messieurs, je ne m'attendais
pas à la lecture et à la discussion de ce rapport
séance tenante. Je suis pris au dépourvu. Mais
quand on combat pour le droit et la raison, on n'est
jamais embarrassé...

Ni vous, Messieurs, ni personne ne s'étonnera de
me voir prendre la parole dans cette question des
indemnités haïtiennes. J'ai eu l'honneur — le premier dans le pays et dans le Parlement — de protester
hautement, au nom de la justice et de l'équité, contre
le traitement indigne dont nos nationaux étaient
victimes. Dans les débats qui eurent lieu à ce sujet,
j'ai déclaré que cette question reviendrait toujours
devant les Chambres. Il paraît que j'avais raison.

11

Après trois ans, elle est revenue devant vous, l'éternelle question, elle est revenue à la barre de vos délibérations sous la forme d'une pétition des habitants de Port-au-Prince. Elle vous demande encore une fois une solution. Que lui direz-vous? Que direz-vous au patriotisme, que direz-vous à l'avenir, que direz-vous à la postérité, qui attendent votre verdict?

Je vous le dis, si vous adoptez les conclusions de votre commission spéciale, vous vous laisserez enlever une gloire que vous pouviez saisir, dont vous n'avez pas voulu et qui va échoir à vos successeurs. Car il est bon que l'on sache que le vote que vous allez donner ne peut lier que vous. Il ne lie, il ne saurait lier les assemblées qui viendront après vous. Ainsi tombe cette argumentation que j'ai vu répéter quelque part, qu'en passant à l'ordre du jour vous enterrerez définitivement la question. Vous n'enterrerez rien du tout, Messieurs. Il n'est pas en votre pouvoir d'enterrer le droit, l'équité. Ces choses-là ne s'enterrent pas. Elles n'ont pas encore trouvé de fossoyeurs. Parfois, on les croit mortes; soudain, elles se réveillent, et ce sont les fossoyeurs qui se trouvent couchés dans la fosse. Et cela est juste, cela est inévitable, cela est certain, Messieurs. Il ne faut avoir que la patience d'attendre. Or, si vous écoutez les conseils qui vous sont donnés, si vous acceptez l'ordre du jour proposé par votre commission, si vous fermez l'oreille aux plaintes des malheureuses victimes des 22 et 23 septembre, vous n'avez que retardé l'heure de la justice; mais, soyez-en persuadés, vos successeurs accompliront l'œuvre que vous avez dédaignée.

Tout a été dit, Messieurs, au point de vue du droit, sur la légitimité des indemnités haïtiennes. Tous les journaux du pays s'en sont occupés. Ils ont tous démontré victorieusement le bien-fondé de ces réclamations. Dans une argumentation serrée, lumineuse, toute de principes, ils ont écrasé les sophismes intéressés et réprouvés par les honnêtes gens dont on essayait d'envelopper cette demande (1). S'il y a eu des organes de publicité qui se sont tus, qui n'ont pas osé aborder le débat, ils n'ont agi ainsi que par timidité et parce qu'ils esquivaient le terrain brûlant. Je ne leur en fais pas mes compliments. Les journalistes ne prêtent pas serment, comme nous, de défendre les droits de leurs concitoyens; mais il y a des obligations morales auxquelles ils sont assujettis, et, en première ligne, il faut placer le devoir de défendre les causes justes. Personne n'est obligé d'être journaliste, mais quand on a embrassé cette profession, il ne faut pas craindre de laisser parler sa conscience. Dans un pays comme le nôtre, où l'obéissance passive, la crainte de dire la vérité sont générales, on s'honore en gardant l'indépendance de sa pensée. Et ceux-là qui parlent librement, sans restriction, sont généralement de très bons citoyens.

(1) Au premier rang des journaux qui se montrèrent dignes de leur mission, l'opinion publique a fait une place à part et exceptionnelle au vaillant journal *La Vérité*.

Jamais ils ne songeront à attenter à la paix publique en conspirant contre le pouvoir établi. Pourquoi échangeraient-ils la pensée, dont ils savent le redoutable pouvoir, contre le fusil, cette arme bête aux mains du révolutionnaire, et admirable seulement aux mains du soldat défendant la patrie?

Il est donc hors de conteste, Messieurs, que jamais proposition fut plus équitable, plus juste. Cela est reconnu, cela est indéniable. Voyons maintenant quelle est aujourd'hui la position du débat, quel pas il a fait depuis le jour où je le fis entrer au Parlement par une proposition que la commission chargée de l'examiner baptisa du nom de « Loi Marcelin ». Cette qualification, je l'accepte ; je m'en honore.

Ce sera peut-être tout mon bagage devant la postérité, et il me fera pardonner bien des défaillances, bien des fautes, hélas !

La commission spéciale, chargée d'examiner ce projet de loi, fit son rapport le 3 octobre 1884. Elle concluait négativement, *en raison*, disait-elle, *des lourdes charges qui pèsent actuellement sur la République et vu l'état précaire de nos finances* Remarquez, Messieurs, ce mot *actuellement*. C'était admettre virtuellement le principe de l'indemnité, tout en en réservant la solution à un temps ultérieur.

A cette même époque, l'exposé général de la situation, chapitre des relations extérieures, s'exprimait ainsi :

« Il était difficile d'opposer un frein à la lutte qui allait s'engager et aux fâcheuses conséquences qui devaient naturellement en surgir : l'autorité fut débordée et, quoi qu'elle pût faire, il lui fut impossible d'arrêter les malheureux élans qu'avait provoqués le parti insurrectionnel lui-même. Dans cette triste mêlée, éclairée par les flammes de l'incendie, on voyait cependant les agents du pouvoir exhortant le peuple à rentrer dans l'ordre, à revenir au calme, à suspendre ces représailles dictées évidemment par une aveugle et bien excusable réciprocité! »

Ainsi, Messieurs, le gouvernement reconnaît lui-même que l'*autorité fut débordée*. Voilà tout le point de droit élucidé, mis en relief, et par le pouvoir exécutif lui-même. Dans tous les pays où l'autorité est débordée, où elle est impuissante à maintenir l'ordre, le gouvernement, dont c'est précisément la mission, le gouvernement, qui doit faire respecter les propriétés et les personnes, est tenu de réparer les dommages qu'il n'a pas pu empêcher. Vous l'avez vu souvent en France et en Belgique. Dans ce dernier pays le peuple a saccagé des manufactures, des châteaux. Le gouvernement a été tenu pour responsable et il a indemnisé. Pourquoi les peuples ont-ils un gouvernement? C'est justement pour les protéger contre ces excès. Ils disposent de la force armée ; à eux donc de veiller au salut des citoyens. Les dommages réfléchis, dont la collectivité est l'auteur, doivent être réparés par l'Etat. Le principe de la solidarité le veut ainsi.

Il y a de cela quelques mois, et cette année même, un groupe de victimes des malheureuses journées de septembre s'est adressé directement au pouvoir exé-

cutif. Le pouvoir exécutif a répondu par une dépêche dont je vous cite le passage suivant :

« Le Conseil, dans sa séance du 10 mai dernier, a
pris lecture de cet exposé et a décidé de renvoyer
l'examen de cette grave question à d'autres temps. »

Vous voyez, Messieurs, que le pouvoir exécutif,
de même que votre commission de 1884, réserve la
solution de la question à une autre époque. Et, aujourd'hui, en dépit de votre premier vote, en dépit
de vos traditions sur la matière, on vous parle de
l'enterrer ! On vous dit, on vous somme de la rejeter,
c'est-à-dire de donner un soufflet à la justice, au
droit, vous qui n'êtes quelque chose que par la justice et par le droit !

Non, vous ne ferez pas cela. Vous ne passerez pas
à l'ordre du jour. L'ordre du jour ! Pour une question qui est le sang, la vie, l'honneur de vos concitoyens ! Non, vous ne commettrez pas cette action-
là ; vous ne porterez pas le dernier coup, le coup de
grâce au commerce national !

Vous ne déclarerez pas par votre vote, car c'est là
ce qu'on vous propose, que le mal qui a été commis
est juste, que vous l'avez voulu, que vous vous en
applaudissez ! Et si vous le faisiez, ce serait déclarer
qu'il n'y a plus de sécurité en Haïti pour l'Haïtien
laborieux, travailleur. On vous a dit qu'en accueil-
lant le principe des indemnités haïtiennes, comme
vous l'avez fait pour les étrangers, vous accorderiez
une prime d'encouragment aux révolutions; c'est
précisément le contraire. Nous vous demandons de
consolider la paix par une mesure sage, patriotique,

Car, en définitive, ces malheureux pères de famille, ces conservateurs, ces travailleurs qui ont été incendiés, ruinés, quel intérêt auront-ils désormais à suivre une ligne de conduite qui ne les a pas préservés de la ruine? Quel intérêt y a-t-il à être commerçant, quand le commerçant n'est pas protégé? Tout au contraire, quand cette profession le met en grand danger, ses marchandises le désignant au pillage, à l'incendie! Il faut enfin lui accorder un peu d'intelligence, un peu de bon sens. Il faut croire que lassé de travailler pour l'État, en enrichissant la caisse publique par les droits qu'il paye, il se demandera s'il ne ferait pas mieux d'aller grossir la foule des parasites, des politiciens, des faux hommes d'État en expectative, de tous ceux enfin qui vivent ou entendent vivre du budget. Débarrassé de toutes charges, le jour d'une effervescence populaire, il sera sans doute à point pour demander sa part du gâteau..... Mais, Messieurs, c'est une supposition injurieuse pour le commerçant haïtien. Nous n'avons rien à craindre de semblable de sa part. Il périra, s'il le faut, à la tâche, mais il restera ce qu'il a toujours été : un admirable type de dévouement civique et de laborieuse énergie. Il est la ressource, le suprême espoir de la patrie; il le sait. C'est pourquoi, lui, qu'on outrage après qu'il a été pillé, incendié, ruiné, lui le conservateur qu'on transforme en conspirateur, en fauteur de trouble, presque en incendiaire, en pillard, il reste calme. Sans trêve ni repos, il augmente le rendement de nos douanes. Aux calomnies il répond par cette énergie, cette activité, cette patience qui, au lendemain des excès de septembre, lui faisaient, dans les cendres encore fumantes de sa maison incendiée, relever un toit pour sa famille, à la stupéfaction de ceux qui le croyaient à jamais anéanti! On ne meurt pas quand on a ces qualités tenaces. On se relève toujours plus fort, plus vaillant.

Et maintenant votez, Messieurs. Votez comme vous le voulez. Notre cause — je me permets de vous le dire — est au-dessus de votre verdict.

Elle est immortelle et chaque jour qui s'enfuit lui donne une force nouvelle !

Notre mandat finit; il prend fin dans quelques jours. Beaucoup d'entre nous — le suffrage universel, surtout dans notre pays, est plein de surprises — ne se retrouveront sans doute plus ici l'année prochaine. Eh bien ! à celui qui viendra après moi, quel qu'il soit — car dans les Chambres nouvelles, il s'en trouvera au moins un — à ce successeur inconnu, je lègue — glorieux héritage! — la défense du droit méconnu, du patriotisme outragé. Je lui donne mission de faire revivre, en 1887, toujours et toujours, la question des indemnités haïtiennes !

Je propose à la Chambre de rejeter les conclusions du rapport de sa Commission spéciale.

M. LE PRÉSIDENT. — En vertu du règlement, le député Marcelin est prié de formuler sa proposition.

M. Marcelin fait parvenir au bureau la proposition suivante, dont lecture est donnée par le 1er secrétaire :

« Les députés soussignés demandent que la Chambre rejette les conclusions du rapport de la Commission spéciale, et qu'elle déclare réserver la solution de cette question à d'autres temps.

« Port-au-Prince, 16 août 1886.

> « Signé : F. MARCELIN, J.-C. LAFERRIÈRE, O. PIQUANT, OSWALD-DURAND, JOSEPH OSSON. »

(*Moniteur* du 6 novembre 1886.)

CHAMBRE DES DEPUTES

**Discussion du rapport de la Commission spéciale
sur les indemnités haïtiennes.**

M. LE PRÉSIDENT. — Je mets en discussion la proposition du député Marcelin, qui amende le rapport
de la Commission.

M. Marcelin demande la parole.

Elle lui est accordée.

M. MARCELIN. — Messieurs, je ne veux pas vous
refaire mon discours de lundi passé. Les arguments
dont je me suis servi à cette séance sont encore présents à votre mémoire et vous les avez trop sympa-
thiquement accueillis pour que je doute un seul instant de votre verdict.

A trois reprises vous avez voté ma proposition, et
il a fallu que la séance fût levée à l'extraordinaire
pour empêcher de proclamer un résultat que chacun
avait pu constater.

Or, ce que vous avez fait lundi, vous le referez aujourd'hui. Les suggestions, d'où qu'elles viennent, vous laisseront impassibles, fermement résolus à défendre le droit et la justice. Vos travaux législatifs seront clos dans quelques heures ; vous ne les fermerez pas par un acte que réprouveraient la raison, le patriotisme et l'honneur. Vous tiendrez à sortir de cette enceinte entourés de la sympathie de tous vos concitoyens et non en foulant aux pieds le commerce national, mortellement frappé les 22 et 23 septembre, et qui serait définitivement achevé par vous dans cette mémorable séance, si vous rejetiez ma proposition.

Au surplus, vous comprenez la responsabilité qu'on veut faire peser sur vous, et cette responsabilité vous n'en voudrez pas, parce qu'elle n'est pas basée sur l'équité.....

Messieurs, je vous ai fait voir lundi dernier tout l'illogisme, le décousu, du rapport de votre Commission spéciale. Ce rapport ne soutient pas le raisonnement. Il fait les meilleurs considérants sur le bien-fondé de la pétition ; il déplore dans les termes les plus pathétiques les malheurs qui ont injustement frappé les commerçants haïtiens ; il établit le point de droit, il le prouve, et puis quand on s'attend, conformément à ces considérants, à une conclusion logique, à la prise en considération, il conclut... illogiquement... à l'ordre du jour.

Mais si la Commission spéciale trouvait la proposition intempestive, elle n'avait pas à l'entourer de tous ces considérants, elle n'avait qu'à demander purement et simplement l'ordre du jour !

Comprenez-vous cette façon de faire, Messieurs ?

La Commission n'avoue-t-elle pas elle-même son embarras, ses réticences, ses... timidités?

Ne ferait-elle pas mieux, et pour elle et pour la Chambre, de conclure selon la logique et le raisonnement ?

Que lui demandions-nous, en effet? Simplement de suivre les traditions de cette Chambre qui, déjà en 1884, avait statué sur la question en la renvoyant à d'autres temps, vu l'état précaire de nos finances ; de faire comme l'exécutif, qui a répondu dernièrement, et pour les mêmes motifs sans doute, au commerce national, *qu'il réservait l'examen de cette importante question à une époque ultérieure.*

Quand tout le monde, Chambre et pouvoir exécutif, juge que cette importante question est digne d'examen ; que son principe est adopté par tous ceux qui ont une parcelle de justice et de vérité, pourquoi cette Commission vous propose-t-elle l'ordre du jour?

Quel est son but? Pourquoi, dans un rapport illogique, veut-elle que la Chambre décide autrement que l'exécutif ?

Pourquoi vous propose-t-elle de déclarer que le mal qui a été commis ne doit pas être réparé? Pourquoi vous propose-t-elle de vous y associer en quelque sorte?

En effet, Messieurs, c'est ce que vous propose votre Commission spéciale.

Elle vous propose de réduire vos concitoyens labo-

rieux et honnêtes au désespoir, de donner le coup de
grâce au commerce national, de refuser aux meilleurs de vos compatriotes un dédommagement que
vous n'avez pas marchandé aux étrangers ! Elle vous
propose de décréter que le commerçant haïtien n'est
pas digne de protection, que c'est la gent taillable et
corvéable à merci.

Le vote de l'ordre du jour dirait clairement et sans
ambages au commerçant haïtien ce qu'il doit attendre de vous !

Du moment que vous ne voulez pas réparer un
malheur immérité, vous associer à un acte de réparation, c'est dire que l'acte ne doit pas être
réparé...

Vous ne ferez pas cela, Messieurs !

Non, je vous en conjure ! je vous en conjure pour
vous-mêmes, pour la patrie, pour l'humanité ! Comme
je vous le disais l'autre jour et comme je vous le
répète aujourd'hui, il ne vous appartient pas d'enlever à vos malheureux compatriotes le dernier bien,
la ressource suprême des affligés, l'espérance ! Votez,
votez ma proposition !

(*Moniteur* du 10 février 1887.)

TABLE DES MATIÈRES

TABLE DES MATIÈRES

—

Paris. — Imp. J. KUGELMANN, 12, rue de la Grange-Batelière.

www.ingramcontent.com/pod-product-compliance
Lightning Source LLC
Chambersburg PA
CBHW071617270326
41928CB00010B/1665